本书为中国社会科学院"'一带一路'法律风险防范
与法律机制构建"大型调研项目最终成果

法治"一带一路"文库编委会

编委会总顾问

谢伏瞻

文库主编

莫纪宏

编委会成员
（以姓氏拼音为序）

崔建民　戴瑞君　韩　晗　何晶晶　蒋小红　李　华　李庆明

李　霞　李　正　廖　凡　刘洪岩　刘敬东　刘晓红　刘小妹

柳华文　罗欢欣　毛晓飞　马金星　梅向荣　莫纪宏　任宏达

沈四宝　孙南翔　孙壮志　吴　用　夏小雄　谢增毅　杨　琳

姚枝仲　张初霞　朱伟东

法治"一带一路"文库
文库主编 莫纪宏

拉美国家城市规划的法律规制研究

Research on Legal Regulations of Urban Planning in Latin American Countries

韩晗 著

中国社会科学出版社

图书在版编目（CIP）数据

拉美国家城市规划的法律规制研究／韩晗著 . —北京：
中国社会科学出版社，2023.9
（法治"一带一路"文库）
ISBN 978 - 7 - 5227 - 2756 - 1

Ⅰ.①拉…　Ⅱ.①韩…　Ⅲ.①城市规划法—研究—
拉丁美洲　Ⅳ.①D973.022.97

中国国家版本馆 CIP 数据核字（2023）第 224878 号

出 版 人　赵剑英
责任编辑　郭曼曼
责任校对　胡新芳
责任印制　王　超

出　　　版　中国社会科学出版社
社　　　址　北京鼓楼西大街甲 158 号
邮　　　编　100720
网　　　址　http：//www.csspw.cn
发 行 部　010 - 84083685
门 市 部　010 - 84029450
经　　　销　新华书店及其他书店

印　　　刷　北京明恒达印务有限公司
装　　　订　廊坊市广阳区广增装订厂
版　　　次　2023 年 9 月第 1 版
印　　　次　2023 年 9 月第 1 次印刷

开　　　本　710×1000　1/16
印　　　张　20.25
字　　　数　308 千字
定　　　价　108.00 元

法治"一带一路"文库总序

莫纪宏[*]

2013 年 9 月和 10 月，国家主席习近平分别提出建设"新丝绸之路经济带"和"21 世纪海上丝绸之路"的合作倡议。2015 年 3 月 28 日，国家发展和改革委员会、外交部、商务部联合发布了《推动共建丝绸之路经济带和 21 世纪海上丝绸之路的愿景与行动》。"一带一路"倡议旨在借用古代丝绸之路的历史符号，高举和平发展的旗帜，积极发展与沿线国家的经济合作伙伴关系，共同打造政治互信、经济融合、文化包容的利益共同体、命运共同体和责任共同体。

"一带一路"倡议是在党的十八大以来实行全面推进依法治国战略的历史背景下提出的，因此，作为治国理政的基本方式，在国家战略层面，法治始终与"一带一路"倡议的实施行动并肩前行，起到了很好的保驾护航的作用。习近平总书记高度重视法治在共建"一带一路"中的重要作用。在 2019 年 11 月 10 日给中国法治国际论坛的贺信中，习近平总书记指出，推动共建"一带一路"，需要法治进行保障，中国愿同各国一道，营造良好法治环境，构建公正、合理、透明的国际经贸规则体系，推动共建"一带一路"高质量发展，更好造福各国人民。

但也要看到，"一带一路"倡议实施以来，由于缺乏对境外法治环

---

　　* 莫纪宏，中国社会科学院法学研究所所长、研究员，中国社会科学院大学法学院院长、教授。

境状况的充分了解，中国企业和公民走出国门后面临诸多不可预测的法律风险，不仅出境后的资产面临合法性的挑战，资本正常运行的制度保障也受到各种非法因素的干扰，中国企业和公民在境外的合法权益尚未得到法治原则的有效保护，造成了一些非预期的财产损失，甚至人身权益也受到了威胁。种种迹象表明，中国企业和公民要走出国门，要保证人身权益和财产权益的安全性，必须要寻求法治的庇护。一方面，我们自己的企业和公民应有合规意识，要懂得尊重驻在国的法律制度，要学会运用驻在国法律乃至国际法来保护自己的合法权益；另一方面，对于走出国门的中国企业和公民可能面临的潜在的法律风险，必须要提早作出预判，并且要有相应的法律服务机制加以防范。对此，除了在"一带一路"倡议具体的实施行动中采取各种有针对性的法律防范措施之外，还需要从宏观层面整体把握"一带一路"倡议实施中可能遇到的法律风险，在全面和详细了解中国企业和公民走出国门后实际遇到的各种法律风险和法律问题基础上作出正确的判断、提出有效的应对之策。

为了加强对法治"一带一路"问题的系统性研究，2018 年年底，时任中国社会科学院院长谢伏瞻学部委员牵头设立了中国社会科学院大型海外调研项目"'一带一路'法律风险防范与法律机制构建"（课题编号：2019YJBWT003），具体实施工作由我负责，中国社会科学院法学所、国际法所、西亚非所、世经政所、拉美所等所的相关科研人员参加。课题的主要工作就是到"一带一路"国家去调研，了解中国企业和公民走出去之后所面临的各种法律风险，研究这些法律风险形成的原因，提出解决法律风险的对策和建议。2019 年课题组到近 20 个国家进行了深入的"海外"基层调研，走访了大量中国企业、机构、组织，掌握了大量的第一手材料，撰写了近 50 篇内部研究报告，很多要报反映的情况和提出的建议引起了有关领导和部门的高度重视。2020 年初突发的新冠疫情使得课题原计划继续实施的海外调研工作不得不中止。但课题组对"一带一路"法律风险问题的研究并没有止步。在过去的三年中，课题组加强了对法治"一带一路"的基础理论问题研究，收集和整理了"一带一路"沿线国家和相关国家的法律制度方面的资料，进行分类研究，全面和系统地梳理了"一带一路"倡议实施行动中所面临的各种具体法律制度和法治环境的特点以及可能存在的法律风险点，既有法理上的介绍和阐释，又有法律服务和应用上的具体指导，形成了这套可以充分了解和有效防范"一带一路"法律风险的知识体系和实用性指南性质的法治"一带一路"文库。

法治"一带一路"文库作为中国社会科学院大型海外调研项目"'一带一路'法律风险防范与法律机制构建"的重要学术成果，得到了谢伏瞻院长、中国社会科学院科研局和国际合作局领导的大力支持，同时也得到了法学所、国际法所、西亚非所、世经政所、拉美所等社科院同事的倾力相助，特别是中国社会科学出版社王茵副总编、喻苗副主任对文库的面世作出了最无私的奉献，在文库出版之际，一并表示衷心感谢。正是因为各方的齐心合力，法治"一带一路"文库才能为中国企业和公民走出国门提供最有力的指导和帮助，贡献课题组的微薄之力。

2023 年 4 月于北京海淀紫竹公寓

序　言

　　本书是中国社会科学院拉丁美洲研究所韩晗博士研究拉美及加勒比地区相关国家的城市规划法律规制的重要学术著作。书稿是在韩晗博士的同名博士论文基础上进一步完善形成的。韩晗博士曾经在中国社会科学院拉丁美洲研究所科研外事处工作过，是国内为数不多的西班牙语出身的法律专家。2008 年国庆节期间曾经陪同法学所、国际法所代表团赴墨西哥做为期 10 天的学术考察。在高强度的旅行途中，韩晗博士出色地完成了各项翻译工作，赢得了墨西哥朋友的高度赞许以及法学所、国际法所访墨代表团成员的充分信任。因为国内法学界既懂法律，又精通西班牙语的专家屈指可数，而随着中国与拉美国家的经济文化交流活动日渐频繁，国内国际两个领域对掌握西班牙语和法律的复合型法治人才需求旺盛。在这种大背景下，我与法学所几位领导商量，希望把像韩晗这样年轻有为的西语专家引进到所里工作，既可以加强法学所作为国家队对西语国家法律制度的研究，同时也可以在法学所与拉美国家法学界建立起相对固定的学术交流平台。我跟韩晗博士多次表达过欢迎她来法学所工作的想法，不过也是因缘际会，韩晗博士最终还是选择了到法学所来攻读博士学位，并选择了张明杰教授作为指导老师。由于我经常邀请韩晗博士做一点西语翻译工作，特别是请她为秘鲁前宪法法院院长塞萨尔·兰达先生做学术翻译，为社科院研究生院和中国人民大学法学院的师生系统传授拉美国家法律制度的知识。韩晗博士成功完成了上述各项任务，并且认真选择了以拉美国家城市规划法律规制问题为研究主题的博士学位论文。因为新冠疫情出现前法学所与拉美的墨西哥、古巴、秘鲁、巴西、阿根廷等国家的著名法律院校都有频繁的学术交流，所以，韩晗博士选择研究的拉美国家城市规划法律规制问题特别有学术上的价值。中国在经济飞速发展的过程中如何避免拉美经济发展的陷阱，如何在全面依法治国的战略框架中有序地推进各项事业向前发展，这些具体的实践问题都需要进行详细的研究，尤其是要进行实地考察。很高兴，在韩晗博士撰写论文期间，能够与她就论文涉及的一些重要问题进行反复商讨，关键是突出一些值得中国在实现社会主义现代化过程中，特别是在推进城市文明发展进程中应当加以吸取经验教训的拉美国家的做法。韩晗博士利用自身熟练运用西语工具的能力，全面和系统地收集了相关资料，进行了梳理分类，描述了相关制度、特征以及实际运行机制、存在的问题及值得吸取的经验教训。在论文写作过程中，恰逢"一带一路"倡议的实施迈出了实质性的步伐。中国企业和公民要走到拉美去，必须要了解拉美国家的基本法律制度，像城市规划法律规制这样的法律制度，表面上看与"一带一路"倡议实施没有直接关联，但实际上中国大量的企业在拉美国家投资、承揽大型建筑工程等等，都与这些国家的城市规划有密切关系。所以，在韩晗博士撰写论文时，我跟她进行了详细沟通，让她在阐述相关制度的时候一定提早关注"一带一路"倡议如何在拉美国家和加勒比地区有效实施和推进的问题。韩晗博士在完成论文的过程中很好地关注了上述问题，最终出色地完成了论文预设的各项任务。

在我承担了 2018 年中国社会科学院大型海外调研项目"'一带一路'法律风险防范与法律机制构建"的实施任务后，我也反复与韩晗博士协商过，希望她能跟随我们的调研项目组到拉美国家走一走，围绕着城市规划法律规制问题再仔细地收集一下实际材料，对原来的博士论文加以充实，最后纳入《法治"一带一路"文库》作为在拉美国家和加勒比地区投资、经营和合作的中国企业和公民的辅助学习资料。由于新冠疫情的突发打断了调研项目组原来设计的访问拉美国家的调研计划的实施。故跟韩晗博士商量后，请她从各种文献和资料数据库中收集近两年拉美国家城市规划法律规制方面的最新信息和资料，在此基础上把原来的博士论文充实提高一下以供出版。很高兴韩晗博士在短时间内完成了这一任务，使本书得以在 2023 年下半年如期面世，成为《法治"一带一路"

文库》中最早出版的著作之一。希望本书的出版能够为"一带一路"倡议的有效实施提供基础性的法律知识背景的帮助，也期盼法学界有更多的专家能够关注拉美及加勒比地区国家、全球范围内西语国家的法律制度发展状况。为了响应习近平总书记提出的"统筹推进国内法治和涉外法治"的重要指示精神，中国法学界还要更多关注全世界范围内法治发展的趋势，当然，更需要为在世界范围内讲好中国法治故事、传播中国法治声音尽心尽力。

借本书出版之际，祝韩晗博士百尺竿头更进一步，利用自身掌握西语和法律的双重优势，在加强中国与拉美及加勒比地区国家的法学学术交流方面做出更大的成绩。

莫纪宏
2023 年 6 月于北京海淀区紫竹公寓

目　　录

绪　　论

　　城市化是现代社会不断发展的一股重要力量，是当今世界重要社会现象。由于社会生产力的限制，早期城市化并不是发展的主导路径。1900 年，全世界仅有 15% 的人口居住在城市，20 世纪彻底改变了这一现象。1950 年进入城市人口快速增长期，2018 年 5 月，联合国经济和社会事务部人口司发布报告称，目前全球约 55% 的人口生活在城镇。预计到2050 年全球城市化水平将接近 70%。城市面积虽然占世界总面积不足2%，但产生了约占全球国内生产总值 80% 的经济总量并产生了 70% 以上的全球垃圾和碳排放。2000—2030 年，世界发展中国家年均城市人口增长将保持 650 万人。近 10 亿全球人口是"城市穷人"，其中大多数人生活在非正规城市住区。①

　　城市化的速度和规模为确保提供足够的住房、基础设施和交通提出了挑战，同时也因城市资源分配问题，产生了冲突和暴力。因此，城市化进程需要国家和地方政府进行有效管理。发展中国家与发达国家由于面临不同的地区背景及影响因素的制约，城市化进程与现状呈现多样化结果。发展中国家正在经历着前所未有的城市化进程。联合国认为，到2030 年，城市化水平都将呈绝对性增长趋势。城市化的经验说明城市化是"双刃剑"，不能盲从。随着中国改革开放步伐的不断加快，经济发展带动了中国城市化进程的不断深化，能否顺利实施城市化，科学的城市规划是前提。

---

　　① 联合国人居三会议（联合国住房和城市可持续发展大会），参见 https://www.un.org/sustainabledevelopment/zh/habitat3/。

随着人类社会经济文化的发展、城市的出现、人类居住环境的不断演变，以及人类自觉和不自觉地对居住环境进行的规划安排，产生了城市规划思想并不断发展。

城市规划是研究城市的未来发展、城市的合理布局和综合安排城市各项工程建设的综合部署，是一定时期内城市发展的蓝图，是城市管理的重要组成部分，是城市建设和管理的依据，也是城市规划、城市建设、城市运行三个阶段管理的前提。它是关系城市形象和城市发展的一项十分重要的基础性工作，合理的城市规划可以促使该城市拥有良好的形象，对当地社会、经济、文化等方面的发展起着举足轻重的作用。按照《大不列颠百科全书》①的解释，城市规划与改建的目的，不仅仅在于安排好城市形体，即满足城市中的建筑、街道、公园、公用事业及其他的各种要求，而且更重要的在于实现社会与经济目标。城市规划是一门集系统性、科学性、政策性和区域性等特质于一身的综合性学科，同时受到同一时期的经济学、哲学、社会学等学科的影响。现代城市规划学科主要由城市规划理论、城市规划实践、城市建设立法三部分组成。

城市规划是一门综合学科，作为其核心的城市规划法既是推动城市化进程的法律依据，又是这一进程的法律保障。"依法治国、建设社会主义法治国家"已在第九届全国人大二次会议时写入宪法。党的十五大明确指出"依法治国，建设社会主义法治国家"是中国治国理政的基本方略。在建设法治政府、进一步转变政府职能的大背景下，研究如何进一步规范城市规划、如何以法律制度保障规划的科学性以及规划的具体实现等问题，对中国的未来发展和城市化具有重大的现实意义。②

目前，中国城乡统筹发展、城镇化进程进一步深化，城市快速发展面临新挑战，政策立法层面对该问题日益重视，政府与党中央会议工作报告和文件多次提及城乡规划内容。

中国于 2008 年 1 月 1 日正式施行《中华人民共和国城乡规划法》。

---

① 参见 urban planning，《大不列颠百科全书》网站：http://www.britannica.com/search?query = urban + planning。

② 岳世祯：《浅谈城市规划中的行政法》，《西部大开发》2011 年中旬刊。

这部法律体现了科学发展和城乡统筹思想，为进一步提高统筹城乡发展水平，规范城乡规划规范行为，保护公共利益提供了法律依据，在法律领域贯彻落实了党的十七大精神。与《城市规划法》相比，《城乡规划法》虽仅有一字之别，却体现了城乡统一的规划法律体系思想，即打破城乡分治局面，促进城乡社会积极的全面、可持续发展，让更广泛的民众享受到经济社会发展成果。该法是将原《村庄和集镇规划建设管理条例》涉及的规划内容上升为法律，一方面表明农村问题获得了进一步重视；另一方面有利于指导规范村庄和集镇的规划制定，有利于农村地区建设的规范化、法制化管理。《城乡规划法》立法目的在于："改善人居环境，促进城乡经济社会全面协调可持续发展"，①这也是以人为本、以民为先，打造共建共治共享新格局的具体体现。

中国在城市规划发展过程中，已逐步从个体城市规划向城市群、都市圈规划方向转变。2019年2月，国家发改委印发的《关于培育发展现代化都市圈的指导意见》是中国第一份以"都市圈"为主题的中央文件。在此之前，2014年《国家新型城镇化规划（2014—2020年）》提出，特大城市要推进中心城区功能向一小时交通圈地区扩散，培育形成通勤高效、一体发展的都市圈。都市圈不同于常规城市行政规划，而是打破了之前的历史沿革和行政壁垒。中国目前已有19个城市群。②这些城市群将成为未来中国经济发展的新增长极。城市群问题不仅是简单的区域经济发展合作，也有可能改变现有行政区域和体制，甚至可能形成新的利益壁垒，阻碍市场经济健康发展。因此，城市群立法模式的选择离不开一定的原则。区域发展的制度性调整离不开系统性考量，公法的纵向管制性调整离不开私法的横向平等性调整；实体法治与程序法制皆应发挥保障作用。在城市群规划立法中，必要的立法引导与规制的出台应遵循一定原则。首先，城市群法制作为区域法制，下位法的制定不得与上位法相冲突；其次，下位法的实施不得与上位法相抵触；最后，区域法制

---

① 宋芳：《依法加强城乡规划管理促进城乡经济社会全面协调可持续发展》，http://www.npc.gov.cn，2007年。

② 新华社：《中华人民共和国国民经济和社会发展第十四个五年规划和2035年远景目标纲要》，2021年3月12日。

在使用中上位法优于下位法。如何将城市群规划纳入法律，是中国城市规划法律发展面临的新问题。如何避免城市化中各城市规划冲突、城市群之间乃至城市群与其他地方之间的立法冲突等问题都值得我们思考。因此，在城市群立法过程中，还应遵循法制统一原则、行政区划稳定原则、互利共赢原则、立法资源效益原则等。只有必要的行政法支持，才能确保城市群的良性发展，使其真正成为经济发展的动力。

中国的城市规划发展的另一个特点是突出城镇化。习近平总书记2014年在北京考察工作时指出："城市规划在城市发展中起着重要引领作用，考察一个城市首先看规划，规划科学是最大的效益，规划失误是最大的浪费，规划折腾是最大的忌讳。"① 2015年12月12—13日，习近平总书记曾在中央城镇化工作会议上发表重要讲话，分析城镇化发展形势，明确推进城镇化的指导思想、主要目标、基本原则、重点任务，其中提到加强城镇化管理及城市规划立法。要加强城镇化宏观管理，制定好国家新型城镇化规划，有关部门要加强重大政策统筹协调，各地区也研究提出符合实际的推进城市化发展意见。提出培养一批专家型的城市管理干部，用科学态度、先进埋念、专业知识建设和管理城市。建立空间规划体系，推进规划体制改革，加快规划立法工作。城市规划要由扩张性规划逐步转向限定城市边界、优化空间结构的规划。城市规划要保持连续性，不能政府一换届，规划就换届。制定空间规划和城市规划要多听取群众意见、尊重专家意见，形成后要通过立法形式确定下来，使之有法律权威性。此次会议讨论的《国家新型城镇化规划》是中国加强城市规划立法的重要纲领。② 此外，习近平总书记还指出：无论是城市规划还是城市建设，无论是新城区建设还是老城区改造，都要坚持以人民为中心，聚焦人民群众的需求，合理安排生产、生活、生态空间，走内涵式、集约型、绿色化的高质量发展路子，努力创造宜业、宜居、宜乐、宜游

---

① 习近平：《立足优势 深化改革 勇于开拓 在建设首善之区上不断取得新成绩》，《人民日报》2014年2月27日。

② 《习近平在中央城镇化工作会议上发表重要讲话》，2013年12月14日，新华社（http：//news. XInhuanet. com/politics/2013－12/14/c_125859827. htm）。

的良好环境，让人民有更多获得感，为人民创造更加幸福的美好生活。①

2016 年第十二届全国人大四次会议中听取和审议国务院总理李克强所做的政府工作报告。这份报告多次提到中国城乡规划建设，认为城镇化是中国现代化的必由之路，更是中国最大内需潜力和发展动能之所在，会议提到的城乡规划内容包括：（1）深入推进新型城市化；（2）加快农业转移人口市民化；（3）推进城镇保障性安居工程建设和房地产市场平稳健康发展；（4）加强城市规划建设；（5）优化区域发展格局。其中，有关如何加强城市规划建设管理工作，报告指出："增强城市规划的科学性、权威性、公开性，促进'多规合一'。开工建设城市地下综合管廊2000 公里以上。积极推广绿色建筑和建材，大力发展钢结构和装配式建筑，提高建筑工程标准和质量。打造智慧城市，改善人居环境，使人民群众生活得更安心、更省心、更舒心。"资料数据显示，中国城市地下纵横管廊现已突破 1000 公里，2016 年开工建设规模为现存量两倍。地下管廊建设有利于改善城市居民生活品质。报告指出，中国将着力打造"美丽宜居乡村""光网城市""城乡社区建设""互联网＋政务服务"等。②北京大学姜明安教授提出："既然是把政府活动全面纳入法制轨道，就是把政府行为的全过程都纳入法制轨道，这就包括行政决策、行政立法、行政执法、行政监督、纠纷解决机制五个方面。"③

当前中国城市发展是建设中国特色社会主义的重要一步。要有中国特色就必须了解国际城市化的基本情况，尤其是城市化过程中法制的作用与法律的实施经验和教训。建立城市规划法律保障机制是实现城市有序、健康发展的关键所在。在全球化进程中，发达国家的法律经验对中国的法治化进程起到了重要作用。已有研究中对英美法系及大陆法系诸多西方国家的法律理论及实践阐述已相对完备；而对同处发展中国家的拉美地区，由于语言及地缘等因素，对其法律发展研究仅处于初级阶段。

① 中共中央宣传部、中华人民共和国生态环境部：《习近平生态文明思想学习纲要》，学习出版社、人民出版社 2022 年版，第 41 页。

② 参见《把政府活动纳入法制轨道》，2016 年 3 月 6 日，一财网（https：//www. yicai. com/news/4758087. html）。

③ 参见 http：//finance. sina. com. cn/china/gncj/2016 - 03 - 07/doc-ifxqaffy3673831. shtml。

相较发达国家，对发展中地区的比较法律研究的重要意义有如下三点：（1）借鉴其优秀法律经验；（2）认知并吸收其他国家尤其是欧美国家法律的本土化经验；（3）通过比较研究，对其他发展中国家法律发展经验的学习有助于规避中国法律体系发展风险。

选取拉美城市规划法律规制问题研究的目的在于：

第一，拉美研究是中国域外法研究领域（涉外法治建设的重要领域之一）的边缘地区。"拉丁美洲和加勒比地区，总面积约 2070 万平方公里，包含 33 个独立国家以及十余个未独立地区，[①] 地区总人口 6 亿左右（见表 0 - 1）。"该地区曾经是欧洲殖民地，经历过长久的民族独立运动斗争史及民主政府与军政府轮流执政的历史，国家现代化进程一直伴随其行政法体系的不断发展。拉美地区国家于 20 世纪 50 年代前后纷纷进入城市化加速期，城市化率迅速提高，但过快的城市化进程与经济发展水平不够协调。在拉美国家城市化进程中，城市规划法制化进程是否避免"城市病"，法律法规制定与实施的原则和效果等问题值得我们思考和借鉴。诚然，国家的宏观产业政策、人口政策以及政府政策等多方因素都对城市化进程产生着影响，本书试从比较行政法角度，就拉美地区的城市规划研究加以归纳，探究可以为中国目前城市化提供法律有效参与的经验或教训。

表 0 - 1　　　　　　拉美经委会公布的 2020 年地区人口数量

地区	总人口 （千人）	城市人口 （千人）	城市人口比率 （%）	农村人口 （千人）	农村人口占 总人口比率 （%）
拉美和加勒比地区	661724	539427	81. 52	125046	18. 90
拉美	650882	530302	81. 47	120580	18. 53
加勒比	44428	32251	72. 59	12428	27. 97

资料来源：拉美经委会（CEPAL）统计数据网站（http：//estadisticas. cepal. org/cepalstat/WEB_CEPALSTAT）。

---

① 苏振兴主编：《拉丁美洲的经济发展》，经济管理出版社 2007 年版，第 1 页。

第二，地区国家较早经历大规模快速城市化①，城市化率较高，城市人口在 20 世纪 90 年代以前增长迅速（见表 0 - 2、图 0 - 1、图 0 - 2）。规划历史发展悠久，可借鉴近似经验丰富。拉美地区是世界上城市化率最高的地区，目前城市人口已占地区总人口的 80%，有研究表明至 2050 年拉美地区城市人口将达到 90%。② 与此同时，该地区的城市也必然呈现了经济活动高度集中等特点。③ 该地区拥有多个人口过千万的城市（又称超级城市），这些超级城市已成为拉美发展的中心。在创新、专业劳动力集中性、有活力的经济活动发展以及教育、文化和娱乐服务供给等方面发挥着巨大作用。

表 0 - 2　　　　　　近 60 年的五年期人口年均增长率　　　　　　（单位:%）

地区		1970— 1975 年	1980— 1985 年	1990— 1995 年	2000— 2005 年	2010— 2015 年	2020— 2025 年（估值）
拉美和加勒比地区	总体	2.37	2.14	1.74	1.32	1.07	0.84
	城市	3.68	3.10	2.45	1.74	1.47	1.15
	农村	0.62	0.21	-0.02	-0.05	-0.16	-0.49
拉美	总体	2.41	2.17	1.76	1.34	1.09	0.84
	城市	4.00	2.95	2.35	1.92	1.50	1.16
	农村	0.36	0.53	0.06	-0.55	-0.24	-0.47
加勒比	总体	1.76	1.39	1.20	0.85	0.67	0.58
	城市	3.22	2.68	1.73	1.70	1.39	1.10
	农村	0.40	-0.14	0.49	-0.60	-0.69	-1.02

资料来源：拉美经委会（CEPAL）人口数据，2021 年数据。

---

① 1950 年拉美及加勒比地区总人口为 1.68 亿。拉美及加勒比地区总人口增长率为 2.77%，城市人口增长率为 4.53%。

② 拉美经委会（CEPAL）统计数据网站（https://statistics.cepal.org/portal/cepalstat/dashboard.html? theme = 1&lang = en）。

③ 参见拉美经委会网站研究报告（www.cepal.org）。

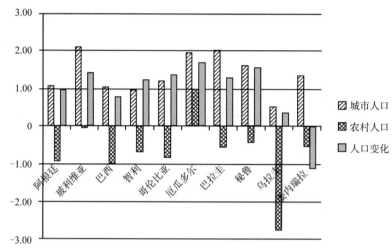

图 0 - 1　2015—2020 年南美国家城市、农村人口年均变化指数图

数据来源：拉美经委会（CEPAL）人口数据，2021 年结果。

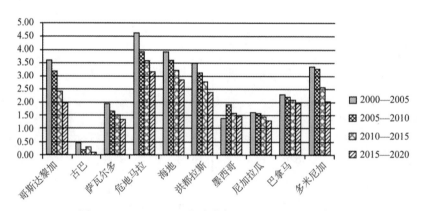

图 0 - 2　2000—2020 年中美洲 10 国城市人口增长率

数据来源：拉美经委会（CEPAL）人口数据，2019 年结果。

　　第三，同为发展中国家，同样面临城市发展与环境可持续等规划立法挑战。这一加速增长面临的最大挑战是环境与社会的可持续性，如贫富悬殊、失业、不平等、社会治安、环境污染以及公共服务缺乏等问题。同时，极端气候导致了城市的脆弱，特别是城市中的弱势群体。此外，城市生活又加剧了气候变化。城市作为人口、建筑、交通和物流集中地区，也是高能耗和高碳排放的集中地。城市的能源和温室气体排放量分别占全球总量的 75% 和 80%①。这些问题的存在，也将长期威胁着城市居民的生活质量。

第四，城市规划管理不断发展，拉美国家有经验也有值得吸取的教训。城市基础设施建设和公共服务的供给与城市发展的可持续性息息相关。无论是城市生活质量的提高还是社会的进步都需要干净的水源、持续的电力供给、照明系统、整洁的街道、干净的空气、快速安全的交通、教育、住宅、稳定的医疗系统以及没有污染的公园、河流或港湾。拉美地区的经济与人口都在增长，均衡的基础设施建设以及更高质量的要求也随之在不断提高，人们更注重的是环境的改善。应对这些城市居民需求，不仅是拉美地区，更是目前所有国家面临的新挑战。这样，提高可持续以及高水平服务质量的城市规划日益成为城市全方位发展的根本。

本书试图回答何为中国城市规划法治化的应然方向？拉美国家如何通过法律手段缓解经济发展与城市规划间矛盾？其他发展中国家如何规避规划为城市生活带来"不美好"的风险？现有拉美城市规划法治进程中有何成功经验与教训？拉美学者如何进行城市规划法治化？如何在推进"一带一路"高质量发展建设过程中更好地适应拉美国家的具体洲情、区情来选择良好的城市投资环境等问题。

---

① 吴斌：《碳中和时钟嘀嗒作响：城市碳排放占比高达 75%，碳减排"主战场"如何破局？》，2022 年 1 月 14 日，21 世纪经济报道（http://www.21jingji.com/article/20220114/herald/b0f5f320a8084ef634badc46eb72b499.html）。

第 一 章

拉美及加勒比地区国家
城市规划法总论

第一节 拉美及加勒比地区国家城市规划的
发展与产生

一 早期拉美地区城市规划发展的几个阶段

（一）印第安人时期

拉美国家真正意义上的城市规划普遍认为是从欧洲和北美的工业革命才开始的。但是，也有研究者指出，其实早在工业革命之前，该地区就已经出现了城市规划的萌芽，比如说在前哥伦布时期以及殖民地时期。

早在前哥伦布时代，即印第安文明时期，分布在今墨西哥地区的阿兹特克人，现在的危地马拉、墨西哥等地区的玛雅人，以及活动在今秘鲁、安第斯山脉地区、玻利维亚、哥伦比亚、智利和阿根廷等地的印加人就已经发展起了复杂的城市规划系统。1325年阿兹特克人到达墨西哥谷，之后很快就对于其都城——特诺奇提特兰城（Tenochtitlán）——制定了一个全面而详尽的规划。比如他们从湖泊中挖出淤泥，建立了专门服务于农业生产的浮动花园，这些举措帮助维持了该城市的人口规模。之后，随着人口的增加，阿兹特克人又把浮动花园改建成了城市居住地，创造了一个由运河和水渠连接的上万个小岛屿组成的城市，这个城市高度的组织化可谓令人叹为观止。随后，他们又在特诺奇提特兰城的临近岛屿上建立了另外一座城市——特拉特洛尔科城（Tlatelolco）。值得一提的是，早在那个时候，阿兹特克人就已经在城市规划的过程中考虑到了生态环境的脆弱性。①

另外，玛雅人也在很早的时候就已经有了连接城市中心的道路系统。在公元 1200 年左右，印加人就有了自己的城邦——库斯科城（Cuzco）。库斯科城沿着海平面形成了一个倾斜的高度，周边有两条河环绕，这样的设计代表了最早的将城市分为高地和低地的想法和实践。当时也已有了形形色色的基础设施建设，诸如公路和一些公共场所：寺庙或宫殿等。最为典型的例子就是著名的马丘比丘（Machu Picchu），它坐落于库斯科城西北方 50 公里处，历史学家认为它最初是由帕查库提（Pachacuti）②建造的，用来作为第二宫殿或行宫。③

（二）殖民地时期

三个世纪的殖民统治，使拉丁美洲的文化艺术，包括城市建设规划等都深深印上了殖民统治者的烙印，具体表现为：印第安文化与西班牙文化或葡萄牙文化的结合。奴隶贸易开展后，拉美许多地区还加入了黑人奴隶的非洲文化。④

到 1580 年，西班牙人在拉美地区已经建立了 225 座城市⑤，当时的西班牙在现在的墨西哥城和利马分设了总督职位，管理殖民地的经济政治事宜，逐渐形成了当时不平衡的城市化发展。殖民者只关注权力集中的城市地区，对于内陆地区不闻不问。由于城市地区对于剩余劳动力的需求，大批农村人口涌入，更加剧了当时西班牙殖民区城市化的不均衡发展。1573 年的《西印度群岛法》（Law of the Indies）是西班牙治下的殖民区对城市建设规划立法的一次较早尝试。

---

① Emily Umberger, "The Metaphorical Underpinnings of Aztec History：The Case of the 1473 Civil War", *Anciente Mesoamerica*, Vol. 18, No. 1, 2007, https：//www. jstor. org/stable/26309319.
② 帕查库蒂（1438—1471/1472）：印加帝国沙巴第 9 代统治者，其克丘亚语含义为"颠覆世界"。
③ Federico Kauffmann Doig, *Macho Picchu sortilegio en piedra*, Tomo II. , https：//www. academia. edu/44594392/Machu_Picchu_Tomo_I_and_II, 2003.
④ Rebecca Leshinsky, "Knowing the social in planning law decision making", *University of Melbourne*, 2009, p. 3.
⑤ 程晶：《城市化进程中拉美国家城市环保的经验及教训》，《世界历史》2007 年第 6 期。

在拉丁美洲的殖民地巴西，葡萄牙一直更为关注商业的发展，而不重视领地发展。因而较之于西班牙的殖民城市，巴西的城市发展因早期缺乏规划而分布不规则。

法国、英国和荷兰在拉丁美洲及加勒比地区也有殖民地，如伯利兹、圭亚那、牙买加等地。另外，美国在 19 世纪中期也设法在拉美地区插足立身，如古巴、波多黎各、海地、萨尔瓦多等地。直至今日，古巴还有不少当时修建的美式豪宅，街道及街名的设计也受到外国的影响。[①]

有拉美学者以城市结构的历史发展进行研究，通过对委内瑞拉东北部城市巴塞罗那这一原西班牙属拉美殖民地做典型分析，并对其殖民地区的印第安法律进行了剖析，最终也得出了类似观点。[②]

综上所述，至少在殖民的初始阶段，西班牙王室对其在拉美的领地的殖民化并不热忱，这片殖民地对于西班牙而言只是其掠夺财富的源泉，因而侧重制定一系列策略和计划来巩固其领地之间的持续性和贯通性。结果是在 300 年的时间里，西班牙为了维护殖民统治，对这片土地的建设以及其城市区域的发展客观上做出了很多"努力"。早在菲利普二世（1556—1598 年在位）时期，西班牙为其诸殖民地制定了更为详尽的管理制度，其中与居住区建筑相关的规定是主要内容。这些管理制度由菲利普二世于 1573 年 7 月 13 日颁布，被统一称作"大发现时代的制度"（Ordinances of Discovery，New Settlement and Pacification）。该系列制度文件被收藏在西印度群岛总卷宗内（the General Archives of the Indies），具体在一般无差异部第 427 号文件的第 29 册书中（the General Indifference Section，dossier 427，book 29）。该文件对于现今伊比利亚—美洲的城市架构的影响仍清晰可见，其中的城市规划原理促进了这片区域城市进程的组

---

① Clara Irazábal，"Revisiting urban planning in Latin America and the Caribbean"，*Regional study prepared for revisiting urban planning*：*Global Report on Human Settlements 2009*，http：//www. unhabitat. org/grhs/2009，p. 40.

② Roberto Rodriguez，"The foundational process of cities in Spanish America：the law of Indies as a planning tool for urbanization in early colonial towns in Venezuela"，*Focus*，Vol. 2，Issue 1，Article 13，4 – 2005，http：//digitalcommons. calpoly. edu/focus.

织性和条理性。①

二　近现代、当代拉美城市规划的发展

城市化进程的描述首先需从城镇的定义说起。国际上对农村人口住宅与城市人口住宅的区分有不同规定。从国际角度来讲，一般将人口规模为 1.5 万—2 万人的地区，称为城市居民中心。拉美国家对城市规模的界定区分大都市和一般县级市。如墨西哥社会发展秘书处对大都市的定义为：人口超过 25 万。在此之下，为县级市。目前按行政单位划分，墨西哥全境拥有 2454 个县级市单位。②

全球化进程已将世界各国联系在一起，独立于世界体系外的孤立发展几乎已不存在。国际性组织对各国城市发展的关注始于 1976 年。1976 年 5 月，在加拿大召开了联合国第一次人类居住大会，目的是在国际上广泛推动国家相关政策的建立，并为各成员国提供城市规划制度的标准。1996 年 6 月，在土耳其伊斯坦布尔召开的第二届人类居住大会上，通过了《人居议程》（*Agenda Hábitat*）。《人居议程》进一步明确：国家和政府应逐步、全面地实现本国居民有适当住房权的承诺。除确立相关原则外，《人居议程》还提出了推动适宜所有人居住、人类居住可持续发展的全球城市化建设的倡议。此外，有关城市发展与市民住宅问题的国际性文件还包括：《关于新千年中的城市和其他人类住宅的宣言》（2001）、《千年宣言》（2000）等。在重要国际公约中，也有不少公约涉及国家城市规划一系列标准的界定。为应对城市人口增长、气候变化等一系列问题，2021 年 10 月 17 日至 20 日，在厄瓜多尔基多召开了联合国住房和城市可持续发展大会（人居三大会）。会议以实现 2030 年可持续发展议程目标，"建设包容、安全、有抵御灾害能力和可持续的城市和人类住区"

---

① Roberto Rodriguez, "The Foundational Process of Cities in Spanish America: The Law of Indies as a Planning Tool for Urbanization in Early Colonial Towns in Venezuela", *Focus*, Vol. 2, Issue 1, Article 13, 4 – 2005, http://digitalcommons. calpoly. edu/focus.

② 《墨西哥 2015 年统计与地理数据报告》，http://internet. contenidos. inegi. org. mx/contenidos/productos//prod ＿ serv/contenidos/espanol/bvinegi/productos/nueva ＿ estruc/aegeum/2015/702825077280. pdf。

为主题。与会各国领导人同意《新城市议程》（以下简称《新议程》）：
（1）为应对气候变化，采取行动减少温室气体排放；（2）加强城市降低
灾害风险和影响的能力；（3）承诺将采取措施，帮助移民、难民和境内
流离失所者为社会做出积极的贡献；（4）加强社会联系和支持创新、绿
色倡议城市规划可以促进人类交流。此外，《新议程》认识到城市规则和
条例的重要性，敦促各国改进城市规划和设计，以市政融资促进城市
发展。①

　　城市规划是科学、合理调整城市生态系统的有效手段，而城市规划
法是有关城市规划编制和实施的法律规范。在城市规划实施的过程中，
要具备战略性眼光和前瞻性考虑，相关部门要从各个方面增强规划的严
肃性和权威性。只要是科学的、符合当地经济文化发展需求，并且不会
对当地生态环境造成伤害的规划，应当以法律的形式固定下来，不得随
意改变。② 城市规划法律体系的基本结构特征在很大程度上明确了中央与
地方、立法与行政之间立法权限的分配关系，决定了规划立法中各类主
体的基本职能、立法程序和形式等主要内容。

　　制定城市建设法规最初的目的是维持整齐、清洁、安定的城市环境，
以保障居民健康。英国 1906 年颁布了《住宅与城市规划法》；瑞典 1907
年制定了有关城市规划和土地使用的法律；美国纽约 1916 年颁布了控制
土地利用和建筑高度的分区区划法规，后来为了适应新情形，在 1961 年
将之修改成为区划决议。各国的实践表明，城市建设和管理要有相应的
法律体系，严格的城市规划法规可以有效提高城市规划的质量。

　　然而现实是立法机构的民意代表们大多数并不具备充分的建筑工程、
城市规划、房地产经济或法律等方面的专业和技术知识，而具备专业能
力的行政机构和专家又不一定能有机会充分地代表民意。因此，城市立
法模式的建立，往往总是需要在民主性和专业性这两个基本要求之间进
行必要的协调和补充。③

---

① 参见《联合国人居三会议》，https：//www. un. org/sustainabledevelopment/zh/habitat3/。
② 参见穆祥纯《考察巴西城市建设及相关启示》（下），《特种结构》2008 年第 4 期。
③ 参见王郁《美英日城市规划立法模式比较研究》，《城市问题》2009 年第 6 期。

　　由于缺乏健全的城市规划机制、法律法规，拉美地区发展过快的城市化带来了诸多问题。其城市化不是建立在相应的工业化和农业发展的科学规划基础之上，而是主要依赖其传统的第三产业。所以城市人口的过度增长，城市基础设施建设步伐缓慢，无法满足移民聚集而快速的城市人口，导致大量的城市居民并没有足够的就业机会和良好的生活条件。因而失业及衍生的相关社会问题成为长期困扰许多拉美城市的问题之一。另外，许多地区的城市化发展并没有完全顾及当地的生态环境，这些都给日后的发展埋下了隐患。正因如此，拉美地区的很多城市开始寻求推动城市规划的机制化、法律化，以保证城市规划的合理有序。

　　随着全球性的城市化进程，世界已有近半数人口进入城市定居。拉美及加勒比地区的这一进程发生于 20 世纪，并成为世界上城市化率最高的地区。根据拉美经委会数据，2020 年，地区总人口 6.61 亿，城市人口 5.39 亿，约 81.54% 的人口居住在城市，这一趋势仍呈高速增长态势。①

三　国别城市化案例——墨西哥的城市化发展特点与问题

　　城市化是人口趋于向城市地区集中的过程。北美是世界上城市化程度最高的地区，其中 82% 的人口居住在城市，而拉丁美洲及加勒比地区则以 81% 位居第二。就数量而言，2020—2050 年，世界城市人口将增加 25 亿人，其中 90% 的增长将在亚洲和非洲。但城市化最早最快发生于拉美地区，其中墨西哥的城市化发展进程更具地区代表性。

　　早期墨西哥城市化进程可追溯到哥伦布到达美洲之前，墨西哥特奥蒂瓦坎、特诺奇蒂特兰两座当时最繁荣的印第安文明古城分别有 10 万、30 万人口。西班牙殖民时期，墨西哥形成了三种主要城市类型：以墨西哥城、梅里达等为代表的商业、行政和军事中心；以阿卡布尔科和维拉克鲁斯为代表的港口城市；以圣路易斯波托西、瓜纳华托等为代表的矿业中心。近代以来，城市发展主要经历了 1940 年以前的缓慢发展期；1940—1970 年的高速发展期；20 世纪 70 年代以来的规划性逐步发展期。

---

　　① 联合国拉美经委会统计数据网站，Población, por área urbana y rural，参见 https://statistics. cepal. org/portal/cepalstat/dashboard. html? theme = 1&lang = es。

墨西哥城市化发展历史悠久，逐渐形成以首都为主要城市中心。墨西哥为联邦共和制国家，实行总统制。国土面积196万平方公里，是拉美及加勒比地区面积第三大的国家，由包括首都墨西哥城的32个联邦州组成。墨西哥拥有1.28亿人口（2020年），① 人口数量居拉美地区第二，仅次于巴西（超过2亿人），城市人口占总人口的79%。主要城市包括墨西哥城、瓜达拉哈拉、蒙特雷、莱昂、普埃布拉等。其中，墨西哥城为世界性重要城市，由墨西哥州59个市镇以及伊达尔戈州的1个市镇组成，是世界上面积最广、人口最多的城市之一。墨西哥城历史悠久。早在1325年即有了特诺奇提特兰城，哥伦布到达美洲后，在此建立了墨西哥城。现代意义上的墨西哥城，始于1824年11月18日墨西哥国会创立联邦区的决议。2020年，人口总数已超过9209.94万，约占全国总人口的7.3%，城市人口占99%。墨西哥城占全国总GDP的15.8%，面积仅占全国的0.1%。②

20世纪40年代以来墨西哥城市化进程飞速发展，城市化率较高。1900年墨西哥共和国时期，墨西哥人口为1300多万，当时80%的人居住在农村地区，墨西哥城人口约40万。20世纪末期，随着不断加速的城市化进程和人口增长，墨西哥城市地区成为国家人口定居地，在仅仅100年中，就有近80%的人口集中到城市，在这个传统的农业大国，农村地区人口现在仅为20%。20世纪40年代以来，为墨西哥城市化进程快速发展期。在短短20年中，城市化率由1950年的42.6%，增长到1970年的66.3%。而相比欧洲城市人口50年增长20%的速度（从40%提高到60%），拉美国家平均只用了25年，而墨西哥仅用了20年。早在2008年，墨西哥城市化率就超过德国等发达国家，达到77.2%。

快速城市化进程带来一系列"城市病"。高速城市化进程没有与之相应的经济发展与工业进步，导致城市人口增加与有限的城市资源矛盾加剧，社会失衡。非正规住宅大量出现、城市贫困人口增加、贫富差距增

---

① 此处及本段数据，均来自墨西哥统计局网站（http：//www.inegi.org.mx/default.aspx）。

② 数据来源于墨西哥统计局网站（https：//cuentame.inegi.org.mx/monografias/informacion/df/default.aspx？tema=me&e=09）。

大、交通拥堵、社会治安、环境污染等一系列问题随之而来。这一系列问题曾是社会学、公共管理、社会保障等研究的重点，但解决城市相关问题的关键还是在于城市规划法律体系。

积极寻求城市问题解决之道是墨西哥与现代拉美城市面临的共同挑战。单纯依赖政府、社会政策或专门组织的作用，结果是行为分散，对于城市问题的解决只是短期或片面的。现实说明城市的发展离不开法律体系的建立与保障，法治国家建设同样离不开部门法的保障。因此，行政法中的城市规划规制与拉美城市发展息息相关。

第二节　拉美城市规划特点

一　拉美国家整体城市规划特点

近年来，拉美地区的城市化发展呈现出以下几个特点。

（1）城市化逐步向中小城市移动和展开。拉美地区约40%以上的城市人口都居住在中等城市内（拥有10万到50万人口的城市），其结果是这些城市的社会和经济地位日益凸显。

（2）城市人口的年龄构成对城市发展有很大影响。

（3）传统的城市—农村之间的截然对立状态开始改变。原因是随着农村人口向城市转移，农村地区越来越多地参与到国际产业链中，同时，农村与城市的关系也不断加深；另一个原因就是城市化过程造就了大片的城市边缘地区，这也使得城市和乡村之间明显的界线逐渐消失。

（4）在拉美的城市化过程中，服务型和创新型行业的重要性凸显。

（5）日益增多的非正规住宅、低收入人群及相关城市规划执行、修改、合法化、监督、预防非正规住宅产生等，是立法的重要议题。因为不断增加的这类人群往往缺乏相应的社会保障和法律保护。

（6）城市化负面效应愈演愈烈，可持续发展面临挑战。城市地区经济和人口的增长，资源能源的不合理利用以及高排放量产生了一系列全局性的负面效应。例如，交通拥堵、空气污染、水污染，等等。这就要求城市规划不但应在城市化区域开展，更应将相关周边环境纳入考虑范畴。①

二 主要拉美城市规划关注的重点问题

拉美地区资源丰富，500 年前欧洲人与美洲人在拉美地区相遇，随后 300 年的殖民史，让一些地区面临"资源诅咒"的困境。直至 200 年前，各国纷纷独立，拉美地区仍延续了过去的"中心—外围"经济发展模式。尽管颁布了宪法，但拉美地区一些国家政治民主化进程百年来也左右摇摆，受到内外不同政治、经济思潮深刻影响。当代拉美国家，依旧以初级产品出口为主要经济模式，这让一些地区国家成了"坐在金椅子上"的"乞丐"。同时，初级产品价格波动也影响着很多国家的发展。对此，拉美主要国家通过调整财政政策，实施逆周期财政措施，逐步减少了外部金融波动对其本国经济发展的直接性冲击，获得了更多的财政自由和城市发展资源，也有助于提升国家法治化发展受到的外部影响。

但在这一过程中，一直存在的中央—地方权力博弈、政党间关系等政治因素深刻制约着地区城市的发展。加之单一经济模式，让很多城市由于资源开采而兴起，后因资源枯竭而衰败，如玻利维亚的波托西。② 此外，单一初级产品出口为主的经济模式还制约着拉美一些城市的发展。例如，很多拉美城市拥有丰富历史文化资源，城市规划立法中也明确了对自身物质文化遗产的保护。但受制于第二产业发展的水平，因相关建材需要进口，一方面造成了历史保护所需建材匮乏，提高了城市规划法实施的公共成本；另一方面也因依靠进口而造成城市公共设施与基础设施建设的高成本，政府难以依靠单一财政拨款依法保障公民基本权益。

因此，在某些西方政治主张的影响下，一些拉美国家在内外交困的

---

① Ricardo Jordán, Johannes Rehner, and Joseluis Samaniego, "Regional Panorama Latin America: Megacities and Sustainability", Economic Commission for Latin America and the Caribbean (ECLAC), Project Document Collection, Dec. 2010. II. Context and Methodological Approach, p. 14.

② 波托西（Potosí）：玻利维亚南部城市，1545 年因发现巨大银矿而成为地区重要城市，繁华异常。后随着银矿枯竭而城市衰落。1987 年被收入世界遗产名录（因城市悠久历史和丰富殖民地建筑）。

情势中，选择了简单地信奉市场的作用，依据：（1）政府必须铲除所有阻碍市场运行的法律法规，实现贸易自由化、金融自由化。（2）政府应出售一切资产，包括：土地、矿藏、铁路、航天、军工、通信等，由私人资本企业经营。建设"小政府、大市场"的"公民社会"。（3）减缩政府开支，减少教育、医疗、基础设施建设和公共福利等领域投入，改由私人资本来经营。①

由此，拉美多国进行了大规模私有化进程。私有化的自来水公司以及能源类公司，造成了拉美城市规划很大程度上受制于经济因素。因而大量相关法规出台的同时却只能面临城市规划无法按计划实施；城市人口因加工业发展而迅速增长，然而新增人口在城市没有住宅，大规模非正规城市住宅在城市空地大量出现，出现拉美"贫民窟"现象等，随之引发大量社会问题。但究其根源，就是经济发展不能与国家立法需要相匹配，而其后的私有化又使形势进一步恶化。大量关于拉美社会问题和城市问题的研究涉及不同学科，总体分析结果无一不是拉美教训或城市化失败，或是过度城市化等结论。

根据里卡多·乔丹（Ricardo Jordán）教授等人②的一份研究报告，就拉美几个大城市（波哥大、布宜诺斯艾利斯、利马、墨西哥城、智利的圣地亚哥以及圣保罗）进行了城市规划问题的调研，总结了如下城市化迅猛发展带来的问题

（一）人类生活相关的问题

1. 极端贫困问题

波哥大、布宜诺斯艾利斯以及圣保罗等一些城市饱受极端贫困问题的困扰。近几年，虽然波哥大和利马在这方面有了很大的改善，但是问题仍然存在。布宜诺斯艾利斯和圣地亚哥则在改善城市人口营养问题上

---

① 参见牧川《拉美历史之鉴——私有化与国有化执政党实质是国家主权之争》，中国经济史论坛，http://economy.guoxue.com/? p=9324。

② Ricardo Jordan, Johannes Rehner, and Joseluis Samaniego, *Megacities in Latin America: Role and Challenges*, ResearchGate, December 2011, https://www.researchgate.net/publication/225975562_Megacities_in_Latin_America_Role_and_Challenges.

采取了多重措施。① 调查还显示，这几个主要大城市在排水系统、自来水饮用以及用电等方面均有较高的覆盖率，尤其是居民用电，普及率已达100%；然而在其他公共服务设施方面仍存在不足，如利马在居民饮用水供应和污水处理方面显然有所欠缺；圣保罗在污水下水道系统方面的服务设施也明显不到位。至于健康相关的保险问题也很欠缺，在墨西哥城和利马至少有50%以上的城市居民尚未参加任何形式的保险体系。

2. 教育问题

上述几个大城市的人口在成人文盲率方面的情况相似。近几十年来它们都比较强调全民接受教育的义务。但是仍不排除有一小部分年轻人口，他们大都在15—29 岁的年龄，因为游离于正规教育体制之外，导致受教育程度较低。这种情况在利马、圣保罗等城市的非正规居住区内的低收入移民群体中尤为严重。一些社会弱势人群中，时常会有学生未毕业就退学的情况，这主要是由于日益严重的社会贫富分化所致。

3. 住房问题

不正规的居住点、贫民窟的存在及低收入家庭的住房不足等原因，导致圣保罗和墨西哥城的人口密度极高。利马和布宜诺斯艾利斯则存在大批住房过度拥挤的家庭。而波哥大和智利的圣地亚哥的拥挤程度则相对较低，这主要是由于这两个城市的公共住房政策同时采用了小住房单位，取得了较好的效果。另外，圣保罗和波哥大有大量人口仍居住在贫民窟，其次是利马。在圣保罗约有20%的人口居住在贫民窟。而智利的圣地亚哥则较好地改善了这一情况。此外，无家可归者的问题也日益引起人们的关注。近年来，仅圣保罗就有约12000 名无家可归者。②新冠疫情加剧了城市贫困，因隔离政策、非正规就业人口规模庞大、高失业率等因素，城市非正规住宅区域的贫困程度和规模均大幅提升。

---

① 城市规划与居民营养不良问题的关系，参见倩公《城市规划、建筑与居民营养不良》，《环境》1994 年第 2 期。

② 参见 Ricardo Jordán, Johannes Rehner, Joseluis Samaniego, "Regional Panorama Latin America: Megacities and Sustainability", Economic Commission for Latin America and the Caribbean (ECLAC) —Project Document Collection, Dec. 2010, A Human Life, pp. 26 – 62。

（二）自然资源问题

1. 水资源消耗和污水处理

"联合国人类居住议程目标"十分重视和强调获得饮用水及污水处理方式，以达到水资源的有效供给。拉美的布宜诺斯艾利斯、墨西哥以及圣保罗和智利的圣地亚哥均存在家庭用水消耗率较高的问题，主要因为当地居民收入水平较高，当地水资源较多，以及政府实施的低水价政策造成的。相反，1996—2005 年，波哥大由于政府的控制供水，提供水费等措施，减少了 20% 的家庭月用水量。

在污水处理方面，由于圣地亚哥市政府大幅度增加了污水处理的预算，并将相关事宜交由两家专业的污水处理公司负责，因而该城市的污水处理率较高，84% 的污水都能被及时回收，其中 70% 左右的污水能够得到及时处理。

2. 水供应与水污染问题

城市饮用水供应已有一定改善，获得供水服务的人口比例从 1960 年的 33%，上升至 2000 年的 85%，约 7700 万人仍未获得水供应服务，其中，农村人口 5100 万，城市地区约 2600 万。水费因部分国家自来水服务的私有化，而出现较大差异。水资源分配缺乏均衡性。[①]

目前拉美地区存在的水污染问题主要是污水处理不当或缺失引起的，这其中来自家庭污水污染是重要原因。例如，一项研究指出，波哥大的河流污染 90% 是由家庭废水造成的，只有 10% 的污染源自工业废水，地区约 14% 的废水未经处理。[②]

3. 能源和电力消耗

拉美大城市 50% 的能源消耗都来自交通运输。联合国人居署 2008 年的一项调查显示，2004 年，墨西哥城有 53% 左右的能源消耗都是由交通运输造成的，而 2000 年布宜诺斯艾利斯则达到了 49%。另外，用电情况，布宜诺斯艾利斯、智利的圣地亚哥、圣保罗以及波哥大居民用电水

---

① 参见 "Problemas de Agua en Latinoamérica"，https：//www. worldwatercouncil. org/fileadmin/wwc/News/WWC_News/water_problems_es_22. 03. 04. pdf。

② 参见 "Problemas de Agua en Latinoamérica"，https：//www. worldwatercouncil. org/fileadmin/wwc/News/WWC_News/water_problems_es_22. 03. 04. pdf。

平极高，只有利马和墨西哥城居民用电水平较低，尽管墨西哥城的电费很低。但又有拉丁美洲能源供应主要来自化石资源和大型水力发电厂。能源部门的温室气体排放量占地区总排放量的近一半（约 46%），而能源的消耗主要集中在城市。[①] 2015 年拉丁美洲及加勒比地区的城市每年人均资源消耗量在 12.5—14.4 吨之间。该地区一半以上的城市能源消耗在巴西（38.1%）和墨西哥（21.1%）的城市地区。预计到 2050 年，该地区人口将达到 6.8 亿，城市国内人均物质消费量可能上升到 25 吨，远高于被认为可持续的人均 6—8 吨的范围。[②]

联合国环境规划署拉丁美洲和加勒比区域主任指出，今天该区域的许多居民都因环境退化、无法获得服务和前景黯淡等形式的资源不可持续利用而受到影响。

4. 固体废弃物的产生及管理

一个城市的固体废弃物的产生与其人均收入是直接相关的，一般来说，人均收入水平越高，产生的废弃物也就越多。比如，圣地亚哥、圣保罗和布宜诺斯艾利斯均有较多的固体废弃物产出，而波哥大和利马产生的固体废弃物则相对较少。

关于固体垃圾处置情况，该指标主要与一个城市的区域面积大小相关。由于布宜诺斯艾利斯有较完善的垃圾管理体制，因而该城市的垃圾处置率也较高。而墨西哥城和利马的情况就不那么乐观，这两个城市不但垃圾处理能力低下，而且现有的垃圾填埋池也已不堪重负。大多数拉美国家都忽视了垃圾的回收。

据拉美经委会统计，拉丁美洲年均约产生 436000 吨城市固体废物。其中 50% 的最终处置仍然不足，大都市边缘社区的废物收集仍然不足。缺乏特殊和危险固体废物处理的区域统计。据估计，拉美大约有 120 万张

---

① "A un alto costo, Generación de Energía en América Latina", Heinrich B？ll Stiftung, 2020/01/16, https：//mx. boell. org/es/2020/01/16/un-alto-costo-generacion-de-energia-en-america-latina.

② "Cambio climático y Medioambiente Noticias ONV", Enero 5, 2022, https：//news. un. org/es/story/2022/01/1502162 #：～：text = Seg% C3% BAn% 20el% 20informe% 2C% 20las% 20ciudades% 20de% 20Am% C3% A9 rica% 20Latina, las% 20ciudades% 20de% 20Brasil% 20% 2838% 2C1% 25% 29% 20y% 20M% C3% A9 Xl co% 20% 2821% 2C1% 25% 29.

病床，每天可产生600吨需要特殊管理的危险医疗废物，新冠疫情大大加剧了这一问题。然而，尽管各国现行的环境立法禁止未经事先处理的特殊和危险废物的最终处置，但在许多拉美国家，特殊垃圾与普通废物常常一同处理。①

波哥大和墨西哥城还存在一个严重的问题，那就是有大量未及时收集或清理的垃圾，不但对水、土壤造成伤害，还会危及大气层。温室气体甲烷的排放在墨西哥城和圣保罗较多。

5. 交通拥堵

"平均路上时间"在圣地亚哥、波哥大和利马大约要花45分钟，而墨西哥城和圣保罗则分别要花75分钟和100分钟。"平均路上时间"反映了城市的交通拥堵情况。

6. 土地利用与绿化面积

智利的圣地亚哥的净人口密度（只计算居住区内），在拉美的城市中比较低，为142人/公顷。而这个数字在国际范围已是相当高的值了。就绿化面积而言，国际上比较接受的绿化程度是8平方米/人。在墨西哥城，城市中心区域的绿化面积大概只有3平方米/人；墨西哥城中心东部的低收入且人口密度较高的地区则更是不尽如人意；而人口密度低、高收入人群聚居区则有明显较高的绿化面积，约合35平方米/人（SMA，2009）。在智利的圣地亚哥，绿化面积的分布比较极端，在市中心区域，尽管其住房密度高，但是由于市中心建设有三个重要的中心公园，所以其绿化面积较高，可达16平方米/人；在其城郊，也达到了7.3平方米/人的绿化程度，远超过其城市区域的绿化水平。可见，人们对绿化程度的评估不但要考虑该城市的总面积、绿化面积、人口、人口密度、住房密度、人群收入水平，还应关注城市规划。

哥伦比亚首都波哥大一向被认为是拉美地区城市治理的典范，它在2000年开始启用了第一部领地规划（The First Plan of Territorial Planning

---

① "Reciduo Sólido", OPS, https：//www. paho. org/es/temas/etras-equipo-tecnico-regional-agua-saneamiento/residuos-solidos#：~：text＝Am%C3%A9rica%20Latina%20produce%20apro XI madamente%20436%2C000%20toneladas%20de%20residuos，a%20gencraci%C3%B3n%20de%20residuos%20s%C3%B3lidos%20especiales%20y%20peligrosos.

for Bogota，POT)，并在 2004 年对其进行了详细阐述，POT 主要是针对其首府区域的规划。贫困、不平等、社会分裂一直是困扰波哥大的难题，政府在其规划中也致力于改变这些现状，如建立了一系列管理机制（如人口居住发展计划 ICT、CVP 等），加大对困难人口的援助，建立一些聚居区以促进社会不同人群的融合，建设公共资金的住房项目等。①

7. 非正规定居点（Informal Settlements）

非正规定居点是拉丁美洲地区城市发展的一个重要组成部分，在拉美所有的城市居住区中，非正规定居点大约占据了 1/10 至 1/3 的比例。其产生原因可以归结为以下几点：居住者的收入水平低下、居住区不符合城市规划、缺乏具备公共设施的土地，以及功能失调的法律体系，等等。大多数拉美国家都缺乏相关的立法和司法体制，而且长期容忍不符合法律的非正规定居点。由于民众没有相关的法律知识，加之人们无法通过法律有效解决冲突问题，现行法律很难得到充分的实施。

而这些非正规定居点让城市公民和政府都付出了巨大的代价：其一，居民的土地使用权得不到保障；其二，非正规定居点缺少公共服务设施，由于所居住的特定环境因而丧失了平等的公众权利；其三，因其大多建在自然环境较脆弱的地区，因此对当地环境及其个人健康都产生了一定威胁；其四，非正规定居点的改造工程给当地政府造成巨大的资金负担。此外，还有各种其他问题，比如暴力犯罪等各种社会问题。

近年来，拉美诸多国家都进行了将非正规定居点正规化的尝试。比如，秘鲁采用的是将这些定居点命名，以达到合法化，进而保障居民对土地使用权的期限；在巴西，政府一方面给予非正规定居点以合法化的名称，另一方面采取提高该地区社区公共服务设施建设、提供就业机会等举措。正规化政策往往涉及一些复杂的社会经济问题：城市环境现状，土地利用，以及城市、环境、财政等多方立法，力图促进社会公正，弥

① Ricardo Jordán, Johannes Rehner, and Joseluis Samaniego, "Regional panorama Latin America: Megacities and sustainability", Economic Commission for Latin America and the Caribbean (ECLAC) —Project Document Collection, Dec. 2010, pp. 26 – 62.

补历史原因造成的社会不公。①

　　城市化是世界性进程，城市规划也因城市发展现状、资源乃至国家制度等而具有自身特点。在分析其法律规制时，欧洲的城市也许可以被殖民者在拉美大陆复制，欧洲的制度也曾被现代拉美国家接受。独立以来，随着各国宪法的不断完善，拉美国家对自身法律体系建设和城市规划的管理是基于本国国家利益实现的，也体现各自城市居民意志、具有法律效力的文本。因此，理解拉美学界对城市化、城市规划及其相关法律内涵的分析路径是必要的。

第三节　拉美及加勒比地区城市规划法的产生

一　现代西班牙语文化中的"城市规划"与"城市规划法"内涵②

　　1492 年，哥伦布航行到达美洲后，开启了拉美地区多元文化的历史，随后到来的西班牙殖民者，统一了这片印第安多民族居住的地区，将西班牙语、天主教文化乃至欧洲城市建设纷纷带入拉美。因此，今天大西洋彼岸的拉美地区与欧洲伊比利亚半岛的西班牙，便有了同宗的语言和文化。在西班牙语中，关于城市规划的词汇主要有如下三个：urbano、ur-banismo 和 urbanización。

　　urbano 一词源自拉丁语词汇。在拉丁语中 urbs、urbis、urbanus 等具有城市含义的词汇，延伸的含义为有关于城市的内容。举凡有关于城市的词汇，多以 ur 开头。

　　在《西班牙皇家学院辞典》中，自 1956 年起，将 urbanismo（城市规划）定义为：人类生活中，关于人们居住的物质需要与秩序的建立、发展、改革和进步等知识的总和。同时，城市规划是关于建筑、社会和经

---

　　①　Edésio Fernandes, "Regularization of Informal Settlements in Latin America", *Policy Focus Report*, Lincoln Institute of Land Policy, 2011.

　　②　José Pablo Martínez Gil, "El Derecho Urbanístico", del Libro *Derecho Urbanístico* (Coordinadores: Silvia Patricia López González, Jorge Fernández Ruiz), 2011, México, D. F.

济等方面城市秩序的学科。①

关于 urbanización（城市化），西班牙专栏作家阿尔伯托·马丁·加梅罗（Alberto Martín Gamero）认为，该词的第一次使用与出现，是在 1910 年伦敦举行的城市规划专家委员会中。同年，瑞士一份地理社会简报（Nufchatel）使用了该词。在此之前，城市化意指通过使城市化、市政建设（urbanizar）进行的城市人口、建设、建筑、美学发展行为。在加入了土地管理后，城市化不仅是为了居住者发展的简单机制，也包含了城市规划的原始含义，源自 1931 年《雅典宪章》（la Carta de Atenas），② 已不仅是最初西班牙语语义学含义，受到外来语影响，在原有词义上，还代表城市全方位规划，包含可持续发展、城市发展、人类居住等多重抽象、具体语义。

现代西班牙语的发展与部门法的出现，影响并引发了对拉美传统法律体系变革。有关城市规划法作为部门法之一，也是法学界讨论议题之一。③

城市规划法近年来兴起，是一个较新的法律内容。然而，这并不意味着所有城市问题以前曾被法律界遗忘。

随着殖民制度建立，已出现了规范的墨西哥城及相关城市发展的规定。如阿方索·加西亚（Alfonso García）1522 年创制的第一部首都总督设计图（见图 1 - 1）。在殖民城市中，对居住空间使用、农牧业、商业和工业用途的城市土地做了严格的规定，明确行政辅助部门以及中央行政机构职责。甚至，实际执行中，还明确规定了人口中心区的限制性条款以及中心区的等级。

事实上，法学家一直致力于探寻城市规划法的内涵，并从其他学科相关概念中整理出城市规划的法律规范对象，而城市规划法也在对其他专业或社会城市规划突出问题进行丰富的法规建设。

---

① 参见《西班牙皇家学院辞典》（Diccionario de la Real Academia Española），http：//www.rae. es。

② 参见《雅典宪章》，http：//ipce. mcu. es/pdfs/1931_Carta_Atenas. pdf。

③ Ruiz Massieu, José Francisco, "Introducción al derecho Me xi cano", Derecho Urbanístico, Primera edición, México, UNAM, 1981.

　　然而，拉美学者还未完全归纳出城市规划法律的完整框架。现有的城市规划还需长期努力才能形成基本城市规划体系化法规，并确立共同目标。环境污染、城市规划、居民住房、城市公共管理的规划等，既是城市规划的基本事项，也是城市管理、合理化建设和发展的共同目标，都需要国家的指导和推动。①

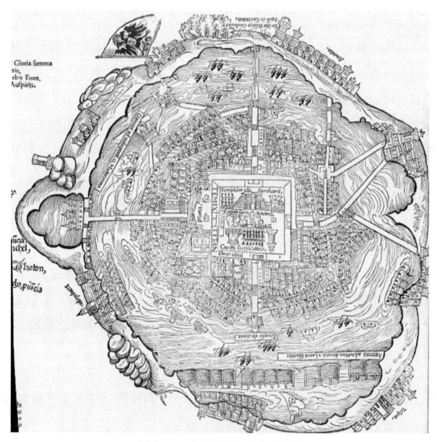

图1-1　总督都城的首次规划图

资料来源：http：//meⅪcochannel. net/maps/mexcity1524. gif.

---

① Ruiz Massieu, José Francisco, "Introducción al derecho MeⅪcano", *Derecho Urbanístico*, Primera edición, MéⅪco, UNAM, 1981.

安东尼奥·卡尔塞耶·费尔南德斯（Antonio Carceller Fernández）教授认为：城市规划法"是通过其自身或通过规划规范，建立关于土地所有、城市秩序和规范土地使用相关行政活动的城市制度法律规范的集合"①。

拉蒙·帕拉达教授（Ramón Parada）认为，城市规划法是通过城市化和城市建设对土地管理的过程，以及城市规划和房屋建设而变更土地用途的法律规范总和。制定明确的公共规则法定目标（regulación potestades públicas），如土地整体的管理，城市化和构筑权中（ius aedificandi）的行政参与；所有权中对所有物用途通过建设行为，变更为住宅、工业或其他目的用途中的行政规划管理等。城市规划的立法对象还包含对土地规划和城市建设过程的程序性管理，或称创立和修改交流公共空间（广场、街道、公路、基础设施等）行为。保障今后居住区的公民权及公共利益，也是城市立法核心和特别目标。②

何塞·弗朗西斯科·路易斯（José Francisco Ruiz Massieu）将城市化定义为：关于城市及城市问题的合理化、规范化和指导性规范、制度和原则的系统集合。③

综上所述，在西班牙语语境中，城市法是法律规范的总和，是规范人类在城市运转中发生问题时的行动指南，为了城市土地的合理管理和公共服务的正确操作，以赋予居民所需的人类指引的规范为最终目的。

二 早期（殖民时期）拉美城市规划立法及影响

城市的建立与发展离不开漫长的城市建立和规划过程。回顾拉美地区城市规划起源，需要提到的是西班牙国王菲利普二世时期的《城镇、

---

① Antonio Carceller Fernández, *Derecho urbanístico sancionador*, ATELIER LIBROS, S. A. 2009.

② José Ramón Parada Vázquez, *Derecho Administrativo. Tomo* 3, *Bienes públicos y urbanismo*, (626 paginas), Undécima edición（última 2010）, Editorial：Marcial Pons, Ediciones Jurídicas y Sociales S. A. Madrid.

③ Jorge Carpizo, José Francisco Ruiz Massieu, Clemente Valdes, "México Contemplado Por Los Juristas", www. acervo. gaceta. unam. mx, 1979.

居民、人口条例》（*las Ordenanzas de Poblaciones del Rey de España Felipe
Ⅱ*，见图 1 - 2 左），于 1573 年在塞戈维亚颁布，后作为《西印度等地法
律汇编》（见图 1 - 2 右）的一部分，在西属美洲殖民地，特别是在新西
班牙总督区（Nueva España），[①] 用以推动居民定居点（poblamiento）的发
展。该法也因此成为拉美地区城市规划法最重要的历史性法律之一。《城
镇、居民、人口条例》第 34 条、第 35 条、第 36 条中提道："在我们管
辖区内，可直接在某省份或地区定居。在其领土范围内，居住者可获得

图 1 - 2　根据菲利普二世规划建立的墨西哥维拉克鲁斯城市平面图
资料来源：Wikipedia.

土地上作物收获、动物和牲畜，以及美好的空气……"如上条款表明：
居住地所有土地、牲畜、印第安人，以及空气、阳光、水源等一切，归
定居这片土地的居民所有。这些条款限于颁布的年代和当时的殖民文化
背景，在获得土地使用及私有物所有权的居住人主体中，并不包含印第

---

　　① 新西班牙总督区：殖民时期墨西哥等周边地区统称。西班牙自 1535 年起先后建立四个
总督区，分别为：1535 年成立的新西班牙总督区，首府设在墨西哥城，名义上管辖西班牙在新
大陆上的所有领地，实际上仅管辖新西班牙（墨西哥）、新加利西亚、中美洲及加勒比海诸岛等
地。1542 年成立秘鲁总督区，首府设在利马，统治整个西属南美。18 世纪，又设新格拉纳达总
督区和拉普拉塔总督区，前者成立于 1718 年，以波哥大为首府，辖地相当于今哥伦比亚、委内
瑞拉和厄瓜多尔；后者设立于 1776 年，以布宜诺斯艾利斯为首府，辖地相当于今阿根廷、乌拉
圭、巴拉圭和玻利维亚等地。总督掌握殖民地的行政、军事、财政和宗教事宜，有权任命管区内
的官吏和教会负责人，参与审理重大司法案件。西班牙美洲独立战争后不复存在。

安人和黑人等，权利主体欠缺平等性。①但不可否认，作为最早的拉美地区城市规划法的起源，出现了对居民聚居点土地管理权的相关规定，也就其他与居民生活相关的基础设施的所属有了分类及规划，可谓是最早的该地区有关居住规划的法律文件。

三　现代意义的拉美国家城市规划法的阶段性发展

（一）拉美是较早颁布城市规划法的国家

1934 年，智利建立了一所城市化研究所（Institute of Urbanism），在 1931 年通过了一部名为《建筑物与城市发展通用法》（*Ley General sobre Construcciones y Urbanización*）的法律，继而又举行了建筑物和城市化第一次代表大会，这一切都使智利成为当时拉丁美洲有关城市化最有发言权的国家。

墨西哥在 1930 年就通过了一部关于城市规划的一般法律《居民住宅总法》，是拉美地区最早的城市规划专项立法，墨西哥因此成为地区城市规划立法的代表性国家。

尽管在 20 世纪初巴西面临了一系列诸如政治不稳定、政权不稳固的社会动荡，但在城市化方面却保持着先进性。尤其是行政化、专业化、学术机制化等领域的工作令人瞩目。早在 1927 年，巴西就出现了国家城市化协会（National Association of Urbanism）；1932 年巴西又建立了城市管理部（Department of Municipal Administration），为地方政府提供帮助，进一步推动了该国城市规划的机制化。

阿根廷于 1932 年建成了城市规划办公室（Office of the Plan），还于 1935 年举办了城市化第一次代表大会。②

---

①　不可否认的是，其中带有对印第安人人权的严重侵害，也体现了对印第安人居住权的忽视，缺乏对居民的平等性。同时，由于当时的殖民地宗主国为君权神授的西班牙，法律条款中仍可见关于神权对土地权利的授予等内容，也客观反映了当时的立法背景和法律文本的时代局限性，但从拉美城市规划法的历史纵向发展来看，毫无疑问，该地区较早出现了城市规划早期法律文本。

②　Arturo Almandoz, "Urban Planning and Historiography in Latin America", *Progress in Planning* 65 (2006) 81 – 123, online homepage：www. elsevier. com/locate/pplann.

（二）国家经济发展促进了城市规划立法发展

近半个世纪以来，拉美地区经历了深刻的经济、政治、文化等方面的变革，逐渐形成了以城市为主的社会，城市化也随之成为讨论地区发展问题的主要路径。现在拉美的地区和国家在这一变革过程中，先后经历了三个重要的法律机制建设历史阶段：国家主导或者说干预主义时期（promotor）、国家作为规范者的阶段、国家成为发展引导者的阶段。根据这三个拉美城市化发展的阶段，可以从法律角度分析、论述拉美城市规划不断走向规范化的过程。其间，国家通过法律、政策以及行政行为，在城市形成过程中有着不同的作用，也带来了不同影响。西语美洲国家虽有近似的文化，又同处一洲，但受城市化进程和国情的制约，各国不同城市的立法、行政和司法过程有所差异。全球化过程日益重视国家经济发展与各领域之间的联系，通过城市规划法律实践，拉美在法学领域的经验是否也对地区国家经济有所裨益呢？[1]

在短短50多年中，拉美各国实现了大规模城市化。多数国家的大规模城市化进程始于20世纪50年代，1960—1990年达到巅峰。其标志是大量农村人口向城市移动，从安第斯山脚下到里约河南岸，城市成为发展机会的代名词，从而导致广大农村难以避免出现衰败现象。在过去三四十年的时间里，大多数拉美国家由农业、农村为主，转向了以城市人口为主。然而，这一快速城市化进程却没有相应提供更多城市就业的工作机会，或是国家经济的增长或工业化进程的同义词。对于传统农村地区来说，大量农村劳动力被城市化浪潮裹挟着涌入城市，通过寻找工作改善生活。不幸的是拉美地区多数国家的城市化并未与国家工业化进程同步，拉美地区著名的学术争论——中心—外围经济理论，延展到了多个学术领域，而城市规划的相关法律研究也由此展开。

第二次世界大战后，受世界经济发展影响，拉美地区建立起了一系列的新制度。但是它们并不完全符合当时拉美地区以大宗农业出口为主的经济模式。而"出口替代"作为城市化经济浪潮的推动力，实现了当

---

[1]　Claudia Acosta，"Trajetorias Da Regula Regulação Urbanística À Luz Das Fases Do Desenvolvimento Na América Latina"，http：//www. publicadireito. com. br/artigos/？ cod＝259c22cfdc742412.

时拉美地区民主进程的发展,可这一发展进程十分缓慢。因为一是拉美地区很多国家的发展特点是生产率低下和劳动力廉价;二是不同城市还要照顾其特有地区特点,不仅需要满足城市发展需要,更要面对不同类型城市发展的需要和城市人群的需要。拉美经济和社会不同领域的城市问题呈现出与世界其他国家,尤其是发达国家不同的特点。由此,需要深刻分析拉美地区和城市发展,这是了解城市规划法律形成的前提。

(三) 城市规划立法阶段性发展与城市规划的阶段性变化

大卫·特鲁贝克 (David M. Trubek)[①] 认为,拉美地区从国家在规划职能中的行政职能来划分有以下三个主要历史阶段,即国家主导(干预主义)时期、国家行使规则制定权力(城市治理价值—机制时期)以及国家以规划立法与执行促进发展时期(公共—私人部门城市发展协议时期)。而这三个时期也是城市规划立法机制的三个时代。

1. 第一阶段:国家主导(干预主义)时期(1930—1980 年)

1930 年以来,作为城市规划法律第一阶段,面对工业化带来的城市化,城市规划内容在法律体系中出现,标志着拉美地区城市化进程开始。城市化和各国政府的促进工业化政策同时深化。自 1950 年起,根据"拉美经委会"当时的政策导向,多个拉美国家为摆脱贫困问题采取了不同的经济刺激政策,寻求结构性解决问题的办法。

当时面临的主要问题是贫困和大批来自农村的人口。虽然初期的人口增长为拉美地区城市发展带来了充足的劳动力,提供了"人口红利",并成为经济发展动力。但由于当时拉美地区的人口增长过快,并且不是简单的自然增长,而是由于拉美地区相对优越的自然条件和稳定的政治、经济环境,导致外来人口增多。与此同时,国内人口流动规模扩大,出现城市人口激增。一方面,吸引了来自当时世界上受到战争影响地区的移民,为躲避战乱和战后的萧条,很多欧洲移民来到南美城市居住。因为这里有西班牙和葡萄牙殖民者留下的欧洲风格的城市建设,以及近似

---

① David M. Trubek, "Law and the New Developmental State: Understanding Neo-Developmentalism in Latin America", http://ebooks. cambridge. org/chapter. jsf? bid = CBO9781139381888&cid = CBO9781139381888A013.

的城市文化和历史传统。另一方面，拉美国内的人口流动加快。由于进口替代工业化政策的实施，城市的各种机会吸引了大量农村人口。然而，当工业化进程已不能满足人口增长所需的就业规模之时，城市原本的住宅和基础设施无法满足大量新增人口的基本生活需求；而城市的公共服务和基础设施建设不能在短期内飞速增长。由此，城市周边"贫民窟"、城市规划用地过度、社会治安恶化等问题普遍存在于拉美地区的城市，形成所谓的拉美"城市病"，造成城市的各种问题。例如，非法用地、城市无序发展、失业、贫民窟、贫富差距加大、暴力犯罪问题、社会分层严重等问题逐步在拉美城市中间显现和流行。

这些现象，从历史—结构主义角度看，可以归因于政府并未对城市发展有足够的认识，没能提出合适的应对措施；并未在体制发展中及时建立相应的行政实体；同时缺乏相关法律机制。

从城市规划角度，明显存在着巨大的改善空间，为工业发展和基础设施建设，以及城市服务投资提供具体规范和操作条件，并与生产力发展相联系，让低收入人群在规划过程中有机会成为城市土地上的"生产者"，以此满足城市规划和发展需要。

上述"发展型"拉美国家在该阶段共有的特点就是通过公法实现国家对重要经济发展战略的干预，也有学者将这一时期称为威权主义。国家通过对土地使用进行法律规制，通过立法及行政实现城市规划。在相关立法获得通过后，主要大城市会通过城市区划的总体规划，将"贵族"集中的地区或特别项目分开，以用非重要城市规划的形式保护"贵族"区域，但这一规划并不一定完全符合经济、社会和城市土地的现实。

有关城市问题处理的条款无论是对规划过程还是对城市规划包含的具体领域都非常有限。早期的城市规划条款内容更像是城市法令，其内容主要以城市建筑和城市设计等技术性标准条款为基础。除了技术标准，也涉及了产权、市场以及城市服务和支持等融资问题等内容。有关所有权的条款，是寻求绝对所有权和承担城市责任之间的平衡。如墨西哥创造了享誉全球的"墨西哥经济奇迹"。通过城市工业的快速发展，实现了经济领域的快速发展。同时，全国城市人口比例也由 1950 年的 42.6% 上升到 1980 年的 66.3%，奠定了墨西哥城成为拉美地区最主要城市的基础。在 30 年的时间里，2 万人口以上的城市也由 60 座飞涨到 180 座。①
多数拉美城市面临高速城市化与低速城市规划规制的不匹配问题。以墨
西哥城为例，在 30 年高速发展的城市化进程中，唯一相关的国家法规是
1974 年颁布的《人类居住法》（Ley General de Asentamientors Humanos）。②
拉美学者安东尼奥·阿苏埃拉（Antonio Azuela）认为，该法的颁布值得
肯定，它为城市几十年快速建立了规划法律体系，为城市规划领域法律
建设奠定了基础，将城市规划发展进程纳入法律制度中，对所有权关系
的规定相对较多，对城市发展中具有重大影响的经济问题进行了规范。③
但是，立法规范内容不够全面，且对程序规范欠缺具体要求。因此，该
法还不是一部代表着重大改革的法律。特别是该法并未对城市不动产所
有权体制进行根本性的改革；对城市居民与社会相关保障内容也没有过
多涉及。无论是法律颁布实践，还是内容，未能满足城市化的现实需求。

　　城市规划立法在拉美难以匹配现实发展的问题较为普遍。一方面，
拉美国家过度依赖通过经济、政治政策对城市发展中的问题进行调整；
另一方面，当时拉美各国军政府执政，威权主义主导国家政治。因此，
拉美缺乏对国家权力的法律制约，也缺乏通过法律手段确立国家在规划
中主导作用的立法。此外，由于与土地相关的经济利益集团势力强大，
对城市所有权规则制定的社会需求随之强烈。

　　2. 第二阶段：城市治理价值—机制时期（1980—1990 年）

　　20 世纪 80 年代，拉美地区经济发展严重下滑，被称为"失去的 10
年"。政府公共资源投入的减少与公共投资的低迷导致公共服务的提供、
基础设施网络建设，以及社会住宅项目等城市规划中相关政府行为缩水。

　　自 1980 年以来，拉美地区就出现了对行政机关管理不力，甚至是无
法解决并参与城市问题的讨论，并希望通过自由市场实现发展。负责发

---

　　①　Estes dados foram publicado em 2009 e provem do trabalho "Urbanización en perspectiva" citado
na bibliografia.

　　②　参见墨西哥《人类居住法》，http：//www. diputados. gob. mx/LeyesBiblio/pdf/133. pdf。

　　③　Antonio Azuela, Natalia Cosacov, "Transformaciones urbanas y reivindicaciones ambientales：
En torno a la productividad social del conflicto por la construcción de edificios en la Ciudad de Buenos Ai-
res"，*Eure-revista Latinoamericana De Estudios Urbano Regionales*，2013.

展计划的国际机构提出了两个对拉美国家法律有重要影响的要求：国家法治化和单一标准。①要求国家有责任提供物质和服务，却不要求国家在市场中承担直接参与的职能，同时，限制国家对私有权的管控。发展计划作为经济增长路径的一部分，也同时引领了对私有权的强化和保护的改革。目标是法治环境以及完全自由的市场。1980年，拉美地区的城市发生了深刻变革。这一阶段也是以土地所有权获得不平等和城市服务失衡为特点的。低收入街区的大规模出现与正规的城市化进程平行发展，造成了城市服务和基础设施的结构性缺失；低质量的城市人口生活水平下降，以及城市环境（河流、自然保护区、山地等）的退化加剧。

　　新国家管理模式是以新自由以及去规则化理念为特点的，也深刻影响了城市规划领域。因缺乏行政资源和执行力，城市规划和管理呈现法律执行难。大市场—小政府行政模式对城市管理的基本制度乃至城市规划立法都影响颇多。比如，1989年哥伦比亚第9号法是有关城市改革的法规。国会就城市问题成立一个小组，专门负责城市相关问题的法案起草。这是哥伦比亚第一部有关土地的综合性法律，这部法律包含了城市土地市场参与的机制，并确立了土地所有者经济开发的相关责任。然而，这部法律并未能完全执行。随后，在1997年，第二部特别规划立法第388号法出台，于2000年开始执行。该法确立哥伦比亚城市建设的基本动力为市场趋势。又如巴西于1988年通过了《巴西联邦宪法》，其中包含城市改革一章。2001年又出台专项法律，落实上述宪法内容。2004年以来，随着国家第二代规划的通过，开始了巴西城市规划法治化进程。在巴西实施新自由主义时期，无任何新增城市土地市场的立法。各城市均遵循联邦第6766号法（1979年《土地流转法》）。

　　纵观拉美地区城市土地市场的法律规范特点与实施机制，总的来说，与物权相关的法律关系，重点在于私人所有权的强化。城市土地面积的增加，土地政策的改革为非正规用地带来了更多附加价值。城市土地公

---

① Estas duas premissas são amplamente discutidas por Mario Schapiro（2011），no texto "Amarrando as próprias botas do desenvolvimento：A nova economia global e a relevância de um desenho jurídico-institucional nacionalmente adequado".

共所有权制度不断完善，不仅确保所有权安全、自由地在私人所有者之间流转、持有，而且还有助于释放市场流动性，抑制非正规用地的大规模膨胀。①

3. 第三阶段：公共—私人部门城市发展协议时期（21世纪至今）

进入21世纪以来，拉美国家特点为高比率城市人口以及城市区域整体所有权的基本固化，很多地区缺乏城市服务，但城市民主却在提升。民选市长制度在地区基本实现通过财政改革、分权制改革减少了提供城市服务的困难，城市基础设施获得融资。此外，很多城市在其责任内扩大了服务范围，尽管较高的城市收益并不稳定。同时，自20世纪90年代初期以来，随着地方城市管理经验的丰富，管理水平全面提升，法律确立城市规划内容增加。哥伦比亚和巴西，在这一时期以城市规划一体化立法为特点。这些法律在不同地区差异明显。哥伦比亚延续政府立法起草惯例，巴西受到社会运动影响，城市改革也增加了城市参与。两国的土地和街区管理都受公共舆论监督。

从法律角度看，21世纪，拉美地区通过颁布新规划法，使法律基本涵盖城市各领域，尤为重视城市土地市场法规，如"2006—2009年，萨尔瓦多、洪都拉斯、巴拿马和乌拉圭先后通过了新的国家城市规划立法。玻利维亚、厄瓜多尔、多米尼加共和国在近年宪法修订中增加城市规划和所有权、社会职能等内容。哥斯达黎加、秘鲁和委内瑞拉在讨论修改城市规划相关的法律。墨西哥进行了多项州城市规划法修改。例如，克雷塔罗州（Querétaro）等。尽管法规并不一定能保障实现相关立法目的，但城市规划的法规化进程明显，让城市规划议题日益受到地区政治和社

---

① Para atingir o objetivo de reduzir o crescente mercado informal de terras, e também outros objetivos associados à propriedade rural, foram implementados na região diversos projetos de reforma de terras do tipo One size fit all. De acordo com Barnes, et. al. (1999), com o apoio da USAID, o Banco Mundial, o Banco Interamericano de Desenvolvimento, e outras agencias bilaterais, a partir de 1980 foram financiados na América Latina projetos de registro de terras, titulação, administração de terras e de cadastro, todos eles orientados à formalização jurídica da terra. Se identificaram como problemas: a centralização excessiva das instituições de registro, regímenes de propriedade limitados, ausência de bases legais para projetos pilotos, a ausência de vinculo entre os sistemas de registro e cadastro, a complexidade os registros históricos da propriedade, e a degradação e insegurança dos documentos jurídicos.

会议程重视"①。

四 国家案例分析——以智利为例

拉美地区的许多城市都从实际情况出发，既考虑到人类的活动需求和利益，又兼顾环境的自然演变过程，秉承人与自然和谐相处以及可持续发展的理念。拉美国家相继出台了生态保护与城市规划合一的政策或计划。

这里以智利为例，具体考察一下在快速城市化过程中，如何面对新的挑战和新的城市规划的法律参与，十分有借鉴意义。

20 世纪 60—80 年代，智利城市化进程最为迅速。智利城镇人口数量占总人数比重从不足 68%，到 1978 年，城镇人口突破 80%。之后直至世纪之交，智利的城镇人口虽仍然发展较快，但速度放缓，2000 年突破 86%。进入 21 世纪以来，智利的城市化发展基本是平稳缓慢发展，2020 年达到 87.7%（见表 1-1）。2020—2025 年，智利的城市化将以年均 0.78 的速度发展。

表 1-1　　　　　1960—2020 年智利城镇人口所占总人口比重

年份	1960	1970	1980	1990	2000	2010	2020
占比（%）	67.8	75.2	81.2	83.3	86.1	87.1	87.7

资料来源：《城镇人口（占总人口比例）—Chile》，世界银行，https：//data. worldbank. org. cn/indicator/SP. URB. TOTL. IN. ZS？view＝chart&locations＝CL。

智利在城市化过程中，较早意识到了城市发展的影响和可能对自然和社会的影响。因此，在国家层面及时建立了相对完整的法律和制度体系，为城市化的发展和社会进步提供了可持续的进步空间。主要有以下法律法规。

---

① 参见联合国人居署报告《联合国适足住房"拉丁美洲和加勒比地区 2012 年城市现状：新变革的现状"》，第 127 页。

第一，"环境影响评估体系"（Environmental Impact Evaluation System，SEIA）。在智利1994年颁布的环境法中明确提出，土地规划的进行应该结合环境影响的调查研究，而且应在可允许的框架内执行；在实施土地规划工程之前，就应该尽可能避免可能带来的环境变化，或者应使其最小化。①

第二，环境保护。环境问题和气候变化在智利越来越受到关注，也逐渐形成了包括环境保护和气候质量监督的法律体系。主要有：1980年《政治宪法》保障公民在无污染环境中生活的权利，并编纂了国家的义务：确保公民在无污染环境中生活的权利；保护自然。1994年第19.300号法，即智利《环境基本法》（*Ley sobre Bases Generales del Medio Ambiente*，Ley N° 19.300），为智利的环境事项和各种环境管理工具确立了一般法律框架，例如战略环境评估制度；环境评估环境影响评估系统；环境质量标准；排放标准；以及预防和去污计划。第20.417号法，即智利《设立环境部门、开展环境评估服务和环境监督局法》（*Ley de Crear el Ministerio，el Servicio de Evaluación Ambiental y la Superintendencia del Medio Ambiente*，Ley N°20.417），为环境合规和执法提供了监管框架。环境监督局（SMA）负责执行环境法规并促进合规性。第20.600号法，即智利《关于设立环境法院的法律》（*Ley de Crear los Tribunales Ambientales*，Ley N°20.600），创建了智利的三个专门环境法院，每个法院都有自己的专属管辖权。第20.920号法，即智利《关于废弃物管理、制造者延续性责任和促进回收的框架法》（*Marco para la Gestión de Residuos，la Responsabilidad Extendida del Productor y Fomento al Reciclaje*，Ley N°20.920）确立了废物管理框架，扩大了生产者的责任和促进再循环，并寻求减少废物的产生，鼓励再利用、再循环和其他增值行动。最高法令40/2012，该法令建立了环境影响评估系统实施条例。

第三，污染管理。智利有较为有效的污染控制措施和相关的规定。首先是明确责任和义务。在土壤受到污染的情况下，通常适用第19.300

---

① 参见 Rebecca Leshinsky，"Knowing the social in planning law decision making"，University of Melbourne，Carlton Victoria 3010，2009。

号法即《环境基本法》中规定的环境损害赔偿责任规定。环境损害诉讼必须向相应的环境法院提起诉讼以获得补救。寻求土壤污染补救的当事人也可以援引《民法典》规定的侵权责任引起的民事诉讼，受影响的一方如果受到侵权行为的影响，可以要求金钱赔偿。其次是严格评估。在完成土地交易之前，须采取环境尽职调查措施和针对具体地点的初步风险评估。①污染补偿。智利已经形成了实用的程序。在智利，如果出现了污染，补救费用可以通过提起环境损害或民事侵权诉讼来索取。通过豁免第1690/2011号决议，环境部批准了识别和初步评估有污染物证据的废弃地点的方法。该文件确立了该部在智利全境调查被遗弃地点以寻找污染证据时采用的风险评估方法。② 补偿主要针对最常见的空气污染和水污染。

第四，垃圾和有害危险物管理。智利运用法规严格明确定义"废物"。由于智利是《巴塞尔公约》的缔约国，因此废物的所有监管定义均以该公约第2（1）条规定的定义为基础。第20.920号法为扩大生产者责任和促进重新黏附建立了一个监管框架。它将"残留物"或"废物"定义为"其产生者处置或有意图或有义务根据现行条例处置的物质或物体"。同样，第148/2003号最高法令（《危险废物卫生管理条例》）将"残留物"或"废物"定义为："发生者处置、打算处置或必须处置的物质、元素或物体。""危险废物"包括所有直接或由于其当前或可预见的管理而对公众健康构成风险和/或对环境产生不利影响的废物或残留物组合。第11条规定的特征是：毒性；可燃性；挥发性和腐蚀性。智利的垃圾处理包括：垃圾储藏，第20.920号法为废物管理、生产者责任和促进重新利用建立了一个框架；第148/2003号最高法令，其中规定了《危险废物卫生管理条例》；第594/1999号最高法令，批准了《工作场所基本卫生和环境条件条例》，并规定了工业废物储存条例；以及第6/2009号最高法令，该法令批准了《医疗中心废物管理条例》。垃圾运输也有相关

① "Pollution Control Regulations in Chile", Lexology, July 22, 2019, https：//www. lexology. com/library/detail. aspx？g＝13d03071-4999-40d1-813f-5c4b8914699c.

② "Pollution Control Regulations in Chile", Lexology, July 22, 2019, https：//www. lexology. com/library/detail. aspx？g＝13d03071-4999-40d1-813f-5c4b8914699c.

法律，根据智利法律，危险废物的运输主要由第 148/2003 号最高法令管制，该法令制定了《危险废物卫生管理条例》。第 20.920 号法将"废物管理"定义为处理废物的任何操作行动，包括运输。智利的垃圾处理，从环境角度来看，第 20.920 号法确立了指导废物处理的法律和监管处理的原则。该法确立的主要指导原则是所谓的"废物管理等级"，即通过垃圾填埋场处置废物应是最后的手段。从公共卫生角度看，在第 20.920 号法之前，有几项卫生条例对废物处理做了规定，并根据废物的类型制定了不同的管理标准。例如，第 148/2003 号最高法令，该法令确立了《危险废物卫生管理条例》；以及第 189/2008 号最高法令，该法令批准了卫生垃圾填埋场基本健康和安全条件的法规，并规定了卫生垃圾填埋场的建设、运营和关闭要求。垃圾的重复利用，在智利第 20.920 号法中有具体规定，为扩大生产者责任和促进回收建立了一个框架，以及指导对废物的回收、再利用和增值的法律和监管处理的原则。[1]

综上所述，智利较早意识到了城市化与社会和环境的关联性，以及对可持续发展的影响。因此，在城市化发展过程中，智利关注城市扩张的综合治理。在规划、管理、立法与评估和补偿等方面都做了有益尝试。更可贵的是在实践中，智利还注重上述领域的互动，形成可操作的城市发展的规划和治理网络。城市化是动态的，且面临的新挑战在不断更新和升级。智利的案例的意义不在于其成功与否，而是对城市化的前瞻性和现实中的探索与多方面协调参与。

五　拉美城市规划立法特点

（一）大规模城市化和欧美法律影响催生拉美地区城市规划立法

拉美及加勒比地区是发展中国家中城市化水平最高的地区。至 1990 年，大约有 1/3 的拉美人居住在城市；在世界上最大的都市区域中有 2/5 都分布在拉美，如墨西哥城、圣保罗等。1999 年，拉美地区城市化水平已高达 75%，几乎达到当时世界发达国家水平（77%）。以巴西为例，它

---

[1] "*Waste and hazardous substance regulations in Chile*", Lexology, July 22, 2019, https://www.lexology.com/library/detail.aspx? g = 330fd387-717b-4568-9cbb-7fe002f9cc04.

1950 年时有 74% 的人口都生活在农村地区；到了 2000 年，全国人口就有 82% 居住在城市。[1]拉美及加勒比地区的城市总人口从 1960 年的 1.1 亿已经增长至 2020 年 5.3 亿。[2]同期，拉美及加勒比地区的城市总人口在地区总人口中的占比从 49.5% 上升至 81.1%[3]。有预测，到 21 世纪中期，拉美及加勒比地区的城市总人口将达到总人口的 90%。在制度上，拉美及加勒比地区的城市化受欧美影响较大。

（二）城市规划法中融入"价值获取"（Value Capture）

"价值获取"这一概念[4]在学界受到关注，其含义主要是指为了社区或团体的广大利益，设法提高非土地拥有者所产生的全部或部分土地价值增量，比如公共基础设施投资、土地使用规范的管理方法的改变等。其目的是提高地方政府的土地使用管理效率，为当地的城市基础设施建设和服务设施建设提供资金支持。

"价值获取"并非拉美的"特产"。早在 1500 年，这一概念就在西班牙和葡萄牙等地生根发芽，之后传到欧洲其他国家，以及拉美、亚洲等地区。最早践行"价值获取"概念的拉美国家是 1607 年的墨西哥。拉美地区很早就开始实施"价值获取"政策，且该种政策在拉美国家与地区的城市规划和管理领域获得了质和量上的发展。[5]"价值获取"政策在拉美日益盛行的原因可归结为以下几点：地区经济的稳定性和财政权的下放；日益进步的城市规划和管理策略；再民主化带来的社会大众的意识觉醒；民众要求公正合理的公共政策回应；在私有化和公私合营关系问题上摇摆不定；多边机构的影响；以及为地方团体募集资金的考虑而获

---

①　参见 Martim O. Smolka, *Implementing Value Capture in Latin America Policies and Tools for Urban Development*, Lincoln Institute of Land Policy, February 2013 executive summary。

②　"Urban Population-Latin America & Caribbean", World Bank, https：//data. worldbank. org/indicator/SP. URB. TOTL? locations = ZJ&name_desc = false。

③　"Urban Population（% of total population）-Latin America & Caribbean", World Bank, https：//data. worldbank. org/indicator/SP. URB. TOTL. IN. ZS? locations = ZJ&name_desc = false。

④　参见 Martim O. Smolka, *Implementing Value Capture in Latin America Policies and Tools for Urban Development*, Lincoln Institute of Land Policy, 2013。

⑤　Martim O. Amolka, *Value Capture in Latin America: Notable Experiences*, Activating Markets for Social Change, April 14 – 15, 2016, https：//socialinnovation. usc. edu/wp-content/uploads/2017/09/Smolka-USC-on-VC-in-LAC-5-16-16. pdf.

取土地价值的增量。

拉美地区大多数国家或地方司法体系都有"价值获取"的立法。拉美地区最系统和详尽的相关立法是哥伦比亚1997年第388号法（Ley 388 de 1997）和巴西2001年的《城市法》（Estatuto da Cidade）。以哥伦比亚的第388号法为例，其中第73条指出，凡是能提高城市土地利用的公众行为，都有权参与相关的土地价值增值。第79条规定地方或地区委员会可以分享其中30%—50%的增值量。①此外，第388号法还包含了价值增值相关的其他条款，诸如在得到土地拥有人的同意后，允许对其闲置土地进行公开竞拍，用于社会房屋建造；社会大众有购买土地的优先权；在一些规划中可以进行土地的重新调整；等等。

巴西早在1988年宪法第182条中就已经包含许多相关城市改革规范，2001年的《城市法》则进一步囊括了其中与价值获取相关的原则。比如，建筑权和土地所有权的分离等。当然，其中还确立了新的规定，特别是在市政府拥有优先获得土地的权利，开发权的转移使用等方面。

总体来说，巴西和哥伦比亚的立法还是有不同之处的，譬如哥伦比亚在开发权的规则制定上显然对该地区其他国家产生了更深刻的影响，巴西则没有如此重大的影响力。因为巴西比较侧重更为宏观层面的问题。究其原因，还是受了其前殖民者的影响，哥伦比亚的相关立法显然带有西班牙立法的印记，而巴西则受法国相关立法影响较多。

当然，除了巴西和哥伦比亚，拉美的其他国家也通过了国家立法，以增强政府调动土地价值增值的权利。乌拉圭2008年颁布的《土地管理与可持续发展法》（Ordenamiento Territorial y Desarrollo Sostenible）规定，在城市化过程中，应合理分配公众和私人两者之间的收益，这其中就包括在土地使用规划和发展中产生的土地价值增值。

巴西、哥伦比亚等国家还通过明确的立法，呼吁政府重视"价值获取"原则。但是事实表明，要使一些司法管辖区使用这一潜力巨大的筹

---

① 参见 Martim O. Smolka, *Implementing Value Capture in Latin America Policies and Tools for Urban Development*, Lincoln Institute of Land Policy, 2013。

资机制，来进一步实行符合本地需要的治理机制，仅仅靠国家的立法是远远不够的。所以，至少应该在三个层面来改进存在的不足。首先，在实施"价值获取"政策和方法时，应吸取多方经验教训；其次，增进认识，增强关于各种"价值获取"途径的知识；最后，推动理解，就如何使"价值获取"方法更好地帮助和改善社区管理的问题，促进政府官员和社会大众之间的相互理解。

（三）立法保护"战略性城市规划"

近些年来，世界上一些大城市都开展了战略性城市规划（Strategic Urban Planning），比如西班牙的巴塞罗那、里斯本，美国的洛杉矶等。它们所取得的成果也吸引了拉丁美洲一些城市开始进行战略性城市规划。例如，阿根廷首都布宜诺斯艾利斯。该城有 1300 万人口居住，其中有300 万人住在该城的核心区。布宜诺斯艾利斯于 1996 年拥有自治权，政府马上就建立了战略性城市规划委员会（Strategic Planning Council, CPE）。1996 年的第 310 号法规定实行法律托管，以保证战略性城市规划的长期有效执行。另外，第 1213/2000 号法的颁布也进一步巩固了战略性城市规划的更好实施。该城市战略性规划的口号是"布宜诺斯艾利斯，一个宜居之城"。该计划实行的初期阶段主要涉及四个领域，分别是实体发展、社会、经济和机制建设，旨在发动全体市民参与其中。布宜诺斯艾利斯城拥有良好的金融环境，并在公众审计方面占据优势，这些都有利于这项未来规划的实施。此外，布宜诺斯艾利斯还做了大量的准备工作，并且积极学习其他城市和地区的经验。

哥伦比亚的首都波哥大也在 1994—1997 年开启并施行了战略性城市规划。1997 年颁布的第 388 号法奠定了该项规划的基础，第 388 号法规定哥伦比亚所有城市都必须全力配合并遵守该城市规划。为推动计划的实施，波哥大市政府还成立了一个相关议会，一个由六位成员组成的技术团队，以及一个咨询委员会；先后有 450 多个公立或私人或非政府组织参与了这项规划。但是在实施过程中，它遭遇了诸多问题。比如，市政府没有事先将财政状况考虑其中；再者，波哥大的战略性城市规划成形于 1997 年，它在批准执行时，并未得到市议会全体一致的支持，导致规划缺乏强制性，谁也无法保证在政府换届时，下届政府会继续实施这项规划。事实也证明，1998 年，新的市政府就任后，这项规划很快就被修改乃至放弃。新政府在此基础上，形成了一项新的规划，叫作"城市结构规划"（Urban Structure Plan，POT），不过比较庆幸的是，POT 依然保留了之前规划中的一些核心要义和项目。

玻利维亚的西部城市拉巴斯也开启了战略性城市规划进程。该市政当局及其规划评估指挥中心（Direction of Planning and Evaluation）共同组织了此次规划进程，此外，市技术小组（Municipal Technical Team）也提供了技术上的支持与合作。1999 年拉巴斯市通过了市政法律（the Law of Municipalities）。到 2000 年，玻利维亚所有的直辖市都应具备自己的城市发展规划（Municipal Development Plan，PDM）。虽然在规划的执行过程中有多方的参与，也保证了一定的透明性，但美中不足的是，项目的信息公开和透明度不够；另外，同波哥大城面临的问题一样，在市政府领导班子不断更迭的情况下，拉巴斯 1999 年颁布市政法律也无法保证市发展规划的长期有效运行。[1]

2016 年 10 月，在厄瓜多尔基多举行的联合国人居会议上通过了《新城市议程》（New Urban Agenda）。拉美国家是参与实施该议程程度最高的地区。该议程成为近年来地区国家推动城市规划战略性发展的主要依据。这有助于地区国家城市规划立法的一体化和现代化。阿根廷、智利和玻利维亚等国家根据议程开展的立法行为更加积极；哥伦比亚围绕国家整体发展目标创立城市建设的文件，统筹不同的公共政策要素；巴西、墨西哥等国通过行政行为践行该议程主张。当前，拉美国家普遍面临政策实施条件不足、融资困难、前期政策缺失等战略发展挑战。公共和开发银行的资源严重不足，需要大量私营部门的参与。此外，由于项目实施不及时，既定城市规划战略发展目标仍待完成。

---

① 参见 Florian Steinberg，"Strategic Urban Planning in Latin America：Experiences of Building and Managing the Future"，*HIS Sinpa Papers*，November 2002，Institute for Housing and Urban Development Studies Rotterdam/ The Netherlands。

（四）注重立法保护"生态"在城市规划中的重要地位

1. 与国际组织协作，建立生态城市理念

生态城市规划与传统的城市规划相比有本质的区别。传统的城市规划以物质空间规划为主体，偏重于关注经济效益，忽视整体的生态效益；而生态城市规划是运用生态学的原理，将城市作为一个统一的生态系统进行规划。生态城市建设这一概念是在联合国教科文组织发起的"人与生物圈计划"中提出来的，是解决未来城市可持续发展的最有效和最现实的途径。生态城市在国际上有着非常广泛的知名度和影响，巴西南部巴拉那州首府库里蒂巴（Curitiba）被称为是全球最为接近生态城市的地区。首先，该城市非常注重宣传和普及民众的生态意识；其次，推行环境项目，贯彻可持续发展理念，如其代表性的垃圾回收项目；最后，库里蒂巴实行了"公交导向的城市发展规划"，实现了土地利用与公共交通的一体化。①

2. 立法保护"生态城市"

现如今，城市规划法律制度的一个明显的发展趋势就是将城市规划与环境保护统一起来，在规划过程中的每一个阶段都实现土地利用与环境、生态保护相结合。②

许多国家的城市规划制度都经历了从传统向注重生态保护的转变。③力图对城市环境问题做出积极回应。然而，生态规划理论很大程度是对传统城市规划的否定与批判。城市规划学者黄光宇对生态城市规划的定义是：生态整体规划设计是在对传统城市规划方法总结反思的基础上，以生态价值观为出发点，综合发展而来的新的规划设计方法理论。④拉美"生态"城市规划立法仍缺乏制度实效性。

① 刘岩：《巴西生态城市建设的启示》，《生产力研究》2006 年第 12 期。
② 应良波：《生态城市规划立法的理念与原则》，《城乡建设》2014 年第 8 期。
③ 包晓磊：《论城市规划法的生态化》，硕士学位论文，中国政法大学，2007 年。
④ 吕斌、余高红：《城市规划生态化探讨——论生态规划与城市规划的融合》，《城乡规划学刊》2006 年第 4 期。

第四节　拉美城市规划法与其他学科关系

城市法与一系列学科有着联系，拉美地区学者对此有着丰富的法理学论述，是城市规划立法研究的基础，主要包含城市规划法同法学学科及其他非法学学科两方面内容。在此，仅罗列其中较为重要的如下几点。

一　同法学学科关系

城市法与其他法学学科如宪法、行政法、生态法、金融法、地方法和农业法的关系，在此仅做如下概述。

（一）同宪法的关系

宪法规定中包含了城市发展的内涵，在墨西哥《宪法》第 27 条中提到城市发展、由于公共利益限制私有权等相关内容。此外在《宪法》第 4 条[①]、第 26 条、第 73 条、第 115 条中（见表 1 - 2），规定了城市规划法应包含和保护的几项内容：法律安全、平等、自由、社会保障、所有权保障、和统一性的保障与如上所有条款确认的法律权益。[②]

表 1 - 2　　　　　　　　墨西哥《宪法》有关条文内容

法条	条文内容
第 4 条	规定："国家应保障公民获得健康环境。对环境的损害和破坏行为应承担相应法律责任。……每个家庭都有权享有体面和适当的房屋，未达到该目的，法律应规定政府应提供的必要的设施和支持"

---

① 参见世界知识产权组织网站：墨西哥合众国宪法（Constitution of Mexico, 1917），http：//www. wipo. int/wipolex/zh/details. jsp？id = 8010。

② 参见世界知识产权组织网站：墨西哥合众国宪法（Constitution of Mexico, 1917），http：//www. wipo. int/wipolex/zh/details. jsp？id = 8010。

续表

法条	条文内容
第 26 条	规定："……规划应具有民主性。通过不同社会部门的参与，规划将包含社会对融入规划和发展项目的期望和要求。联邦政府的项目有义务遵守国家的发展规划。法律将推动行政机关明确各类规划的参与和公众咨询的程序、规划的形成、手段、可见度和评估以及相关发展项目。行政机关决定负责规划程序的机关，通过与联邦政府机构的协议，建立联邦行政机构合作依据，使其具备开展、执行、引导和参与规划职能。联邦国会有权干预民主规划"
第 73 条	关于国会立法权包含对环境保护和回复生态平衡、规划、人类居住等
第 115 条	规定州和联邦特区权利包含城市规划、公共行政程序等，市议会及州立法机构承担批准、计划和管理城市化和城市发展

人权，逐步被解释为与其自身个性有不可分割和内在联系的权利，是自身元素和固有特性。例如，应当是具有合理性、面对国家和行政机构具有独立法人地位的。相反，对个体的保障意味着对这些内容的积极法律让渡，意味着给他们授权义务和权利，为了获得国家机关和社会对其尊重。最后，人权总的来说，部分内容是对个体的保护，这些都离不开与政府的关系，包括与国家和机构的关系。[①]

（二）同其他法律之间的关系

1. 同行政法关系

行政法是管辖政府行政机构活动的法律部门。行政法主要指行政部门规章的制定（行政部门规章一般称为"条例"）、裁决或执法。行政法是公法的一个分支。行政法涉及政府行政单位的决策与管理行为，涉及领域广泛，包括国际贸易、制造、环境、税收、广播、移民和运输等。

20 世纪，行政法规模快速扩张，主要由于各国的立法机构创建了更多的政府机构来规范人类互动的社会、经济和政治领域，它们主要集中在城市中。

拉美国家基本属大陆法系国家，通常有专门的行政法院来审查这

---

① Ignacio Burgoa Orihuela, *Las garantía individualesa*, México, Porrúa, 1997, p. 167.

些决定。与大多数普通法司法管辖区不同，大多数大陆法系司法管辖区都有专门的法院或部门来处理行政案件。作为一般规则，这些案件适用专门为此类案件设计的程序规则，与私法程序中适用的程序规则不同。

（1）巴西

在巴西，行政案件通常由联邦法院（与联邦有关的事务）或州法院的公共财政部门（与州有关的事务）审理。1998年，由费尔南多·恩里克·卡多索（Fernando Henrique Silva Cardoso）总统领导的宪法改革将监管机构引入行政部门。自1988年以来，巴西行政法受到对公共行政宪法原则（联邦宪法第37条）的司法解释的影响：合法性、非人格化、行政行为的公开性、道德和效率。①

（2）智利

在智利，共和国总统与各部委或其他当局合作行使行政职能。部级：每个部委都有一名或多名副部长，通过公共服务真正满足公众需求。没有一个专门的法院来审理针对行政实体的诉讼，但有几个专门的法院和审查程序。②

在拉美国家，行政法对城市规划法制度发展贡献最为广泛，是城市法新体系发展的关键。城市规划法规、公共管理城市规划，都属于行政法范畴。国家以强制方式和非强制方式的管理方式指引和引导城市发展。

2. 与生态权相关立法关系

在有关保护（preservar）和改善物理环境以及人居环境的条件时，居民住宅法中，都提到了城市中心以及周边地区合理、协调的发展的相关内容，这是满足城市需求的重要条件之一。

3. 与财产权相关法关系

涉及城市规划财产制度的规则属财政法内容，对资本收益征税和房地产领域相关规定，以及社会分配城市经济和非经济部门的城市不动产

---

① Constitución de la República Federativa del Brasil, Observatory on Principle 10 in Latin America and the Caribbean, https://observatoriop10. cepal. org/en/node/119.

② Constitución de la República Federativa del Brasil, Observatory on Principle 10 in Latin America and the Caribbean, https://observatoriop10. cepal. org/en/node/119.

增值税、不动产税及相关条款。

4. 与市政管理（municipal）相关法律关系

市政管理类法律实现了城市管理与规制的相关具体目标，是城市规划法体系中的重要保障性组织法。城市政府是具体规划设立、执行、监督和修改的关键部门，也是与城市法关系最为密切的法律领域。地方政府行政权的划分与保障是城市规划立法的根本。

5. 与土地法关系

规范城市发展的规定，同样涉及部分具有农村性质的私有财产，比如，土地。当农村土地变更土地用途及使用区域，尤其是在大城市的发展过程中，具体包括如下情形：当农村的私人所有权涉及城市发展，或其使用转变为以居住为目的，或归村社所有的土地变更为居民居住用地。

对农村合法财产权的转化，在墨西哥需要首先对土地进行区划。议会负责根据相关法律划定城市居民住宅用地及居民住宅储备用地或其他城市用途用地。这一行为受到《土地法》第65条的约束。此后，相关部门负责村社土地权利变更的程序（第68条）。[①]

在市级公共部门，即城市发展与生态秘书处（Secretaría de Desarrollo Urbano y Ecología，SEDUE），现为社会发展秘书处（Secretaría de Desarrollo Social，SEDESOL）负责具体的执行标准（第66条）。无论是城市居民用地还是其他用于社区公共服务的建筑用地或各类储备用地的土地权流转，都受到该法的管辖（第67条）。公共服务用地主要包括公共服务建筑所必需的土地面积，如办公楼、学校、公共建筑（市政厅、监狱等）及需要更大开放空间的土地，如绿化、检验检疫区域等。

此外，还有部分土地流转行为适用于征收权的使用（第68条）。在《人类住区法》规定下，城市发展规划及其相关立法，必须明确其土地用途并遵循相关条款。

墨西哥的《土地法》对城市发展过程中土地权流转行为有着重要的补充作用。第87条、第89条包含了城市增长区域土地的特殊规定。其适

---

① José Pablo Martínez Gil，"El Derecho Urbanístico"，Derecho Urbanístico（Coordinadores：Jorge Fernández Ruiz，Silvia Patricia López González，México，D. F. 2011，pp. 33 – 38.

用需符合《人类住区法》规定。州和市级政府在转让储备用地中的村社所有土地时，具有优先获得权。

为了城市人口增长而开展的授权项目，明确了城市储备土地用途，将其划分为住宅用地、必要的公共服务用地等。在住宅区中，经调整符合私人所有制度的房屋，就从村社和共同体农村住宅用地中脱离出来。同时，作为合法田产，需遵循私人所有权的相关限制性法律条款。

二　同非法学学科关系

与公共管理、城市化、建筑学、地理、统计、社会学、历史和哲学的关系，是城市规划法外延性特质之一。

（一）公共管理学与城市规划法

城市危机，特别是在欠发达国家中，大多是随着严格的技术性城市化在政治、经济和社会领域不断深入形成的。人口中心引发的严重生态问题，让人们不得不正视因加速城市化进程所带来的诸多刻不容缓的城市问题。所有城市问题的解决和执行落在公共管理部门头上。

城市建立以来，到逐步发展出指导和限制城市发展的规划，公共管理与空间管理，集体和私人对城市服务的规范。总的来说，人口中心的组成是为了保护和提升居住质量，这也是多层级（国家、地区和地方）行政管理的目标。然而，城市发展管理又十分复杂。不仅要求行政能力、专业性，同时要求提供大量服务，用以应对所有城市规划和发展需求。推动城市发展是城市公共管理的任务和要求，也是法律规范的责任。在墨西哥，政府还将城市公共管理纳入现代化战略。

（二）城市化与城市规划法

城市化与城市规划法，二者拥有诸多共同目标：社会关系进程管理，对集体生活模式的人口集中和聚集等城市现象进行管理。城市规划始于以传统的农耕为主要经济来源的生产模式不复存在，人们放弃农村生活，开始城市化生活，农牧业活动由机器和技术替代。二者的主要区别见表1 - 3。

表1-3　　　　　　　　　城市化与城市规划法主要区别

	具体目标	形式
城市化	城市形成的现象	获得更好生活质量
城市规划法	让所有人及其所处的城市规划中的行为，对其他人享有权利承担义务	明确责任行为的规则和法律指导

（三）建筑学与城市规划法

国家发展规划设想的提出最早并非源自城市化，而是源于工程学和建筑学，与工程项目相关。城市化依据这一纯技术内涵，首先扩大了其内涵，开始对公路设计和扩建进行指导。随后，加入了区划的技术性条款，对城市规划学科措施进行了发展，如绿化带的设立、农村土地保护等。现在国家发展规划已获长足发展，也在一定程度上逐步减少私有权内涵。城市规划法也与建筑密切相关。建筑学家应当努力对具有历史、艺术和文化价值的财产进行保护，而不仅是对考古遗迹的保护。还应当与城市规划者一起，对认定为具有历史、艺术、生态或文化价值的建筑进行必要修缮。规划工作的建筑学家，承担从法律和行政意义拯救上述建筑的责任。

（四）地理学与城市规划法

城市空间结构研究的目的在于分析对不同社会空间和用于居民住宅的空间影响。需要就地区污染进行精确评估，在全球化进程中，通过城市空间的转化，有可能涉及国家、城市、社会和土地等多方面关系。城市规划法与地理学研究主要有四个方面：地理理论研究，主要关于结构化进程，以及社会空间时间，在灵活经济以及生产性行为新分配、组织和管理的背景下，强调城市演变的历史视角，更好理解城市当今现状，着手恢复地区所失去的环境利益。通过对地区资源以及风险的研究，判断城市空间结构布局。在此基础上，加入居民生活问题，从城市整体视角和个体需求出发，最终提出措施，涉及如何利用现有资源，实现地区发展可持续的建议，从战略规划中已实施的内容，到地区需求，乃至人口生活质量。

（五）统计学与城市规划法

在新城市规划的制定过程中统计学是基础和主要学科，通过细化的微观研究为城市规划或住宅规划设定所需进行前期准备。首先，需要对纳入城市化进程地区的居民数量进行统计，这样才能确定应当建立住宅的数量和类型。其次，还需统计所有可能进行城市化地区的居民人口资料，同时还需了解这些居民的经济状况，以及在适当的地区建立适当类型城市设施和居民住房。

（六）社会学与城市规划法

工业革命后，19世纪和20世纪大量人口被迫从农村迁移到城市。大量移民的产生是由于大量城市地区产业体系中产生了大量就业机会。但同时，也为这些农村进城人口带来了如何适应城市生活的困境。此外，城市的扩张还为本来生活在城市和进城的农村人口带来系列问题：人口过度集中、污染、噪声、交通拥堵、卫生问题等。城市生活特点及其问题，使很多传统社会学家如马克斯·韦伯（Max Weber）和乔治·斯米尔（George Simmel）等开展对城市化及其问题的研究。①

城市社会学研究城市规划进程中的当代社会：城镇，客观增长和社会分工，专业人员提升，技术人员，公职人员，技术官员的增加，以及家庭成员和职能的降低及其对社会关系与生态关系的影响。社会学家试图从社会组织的角度，解构社会管理流动以及集体生活在现代城市中，其主要管理者寻求社会生活所有领域合理化的结果。

"城市生活的复杂性，是对预期多样性选择的结果，需要研究并考量所有方面。这样，同样需要考虑地理、经济和生态学理论。"②

"城市生态秩序，是一系列参与性进程的结果，一些类别的基础性参与的结果是竞争、冲突、适应和同化。冲突，是为了生存条件的改善。是持续、客观地存在于生物界的，其职能是为了控制和规范组织间关系。竞争，不仅存在于生物组织中，也在工作分工的集体专业组织中存在。

---

① George Ritzer, *Teoría Sociológica Moderna*, España, Edit. McGraw Hill, 2002, p. 10.

② Gianfranco Bettin, *Los Sociólogos de la Ciudad*, España, Gustavo Gili, S. A., 1982, p. 75.

社会层面的竞争，也可称为冲突。"①

迈肯泽（McKenzie）教授将"人类生态学"定义为"在一定环境中，人类在选择性、分配性和适当性力量影响下的空间和时间关系"。从生态学角度，大致有四类交流类别。第一类初级服务交流例如农业、矿业和渔业等。也就是说，在缺乏工业活动的情况下，是一种有限的延伸性关系。第二类交流方式是商业性城市。第三类交流方式是工业城市，其发展也影响着前两类交流。工业性的交流关系没有延伸性有限的特点，它的发展，与工业的自身生产能力和商业组织有关。"第四类交流方式不以自主性经济为基础，它的存在媒介依赖于世界其他区域，并不以某种职能为发展动力，或者说不直接依赖某种生产力，或是商业布局。"②

麦肯泽从社会学领域分析具体城市现象，其研究路径是解释城市，从两个方面入手：第一，"城市产生以及城市发展路径"；第二，"人类如何与其所处环境相适宜"。这两方面的研究兴趣是生态社会学主要关心的问题，并就此产生了有关空间或社会的城市相关科学性研究。

（七）历史学与城市规划法

城市规划法与历史学有着内在关系。悠久的传统文化使拉美很多国家拥有无数建筑和历史遗迹，应当获得良好保护，同时应在新城市规划中避免对上述建筑的施工。历史研究包括对规划中涉及历史建筑的保护、保存、重修和历史、艺术遗迹以及历史遗迹区的复建工作。历史学家同时对法律执行承担责任。以墨西哥为例，公共教育秘书长、人类学和历史学国家研究所、艺术美学和文学国家研究所，以及国家和地方行政机关，都需遵照各自章程承担相应责任。建筑、艺术、历史以及遗迹区，都受城市规划法保护。

（八）哲学与城市规划法

虽然城市规划法与哲学并没有太多的共性，但事实上二者之间存在关系。哲学的社会职能，不仅是实现文化信仰的保护，而且是人类在同一环境健康共存的基础。

①　Gianfranco Bettin, *Los Sociólogos de la Ciudad*, España, Gustavo Gili, S. A., 1982, p. 88.

②　Gianfranco Bettin, *Los Sociólogos de la Ciudad*, España, Gustavo Gili, S. A., 1982, p. 92.

文化、科学、社会和专业职能，是现代哲学的特殊学科表现。社会职能意味着对有教养、有技术的人或科学研究者的培养，同时也承担着指导和赋予这些使命意义的职能。哲学因此成为城市规划发展的学科基础，为规划立法的具体行为提供思想的统一性。

此外，城市规划法，有推动社会公共空间建设的法律职能，对诸如运动场、休闲区的划分是实现社会职能良好运转的关键。同时，学校空间以及娱乐中心等社会功能区的实施规划，也都决定着上述国家问题的解决，是社会真正实现其自身功能的依据。

第 二 章

拉美及加勒比地区国家城市
规划的立法机制

第一节 城市规划的立法机构

拉美及加勒比地区共计 33 个国家，国家政体分为总统制（19 国）、议会制（12 国）、混合制（秘鲁）和全国人民政权代表大会制（古巴）。拉美国家的总统制依照三权分立的政权组织方式建立，但由于历史、社会、政治等多方面原因，总统权力与立法、司法权相比，具有更大影响力，行政部门在国家决策中具有优势地位。因此，拉美国家实行的政体也被称为"超级总统制"。

拉美总统制国家[①]，采用两院制（众议院和参议院）或一院制。审议和通过预算是众议院的特权，一般参议院席位比众议院少。如阿根廷参众两院席位分别为 72 席和 257 席，巴西为 81 席和 513 席。任期 3～8 年不等。多数国家参、众议员由普选产生，但智利参议院 48 人中，有 9 名由总统、国家安全委员会、最高法院和审计总署从前部长和前三军及武警司令中指定。拉美国家议会领导机构分别为个人性质的议会领导机构（议长、副议长）和集体性质的议会领导机构（主席团、议会会议、理事

---

① 拉美总统制国家有：墨西哥、危地马拉、洪都拉斯、萨尔瓦多、哥斯达黎加、巴拿马、海地、多米尼加、哥伦比亚、委内瑞拉、圭亚那、巴西、厄瓜多尔、玻利维亚、智利、巴拉圭、阿根廷、尼加拉瓜、乌拉圭。多为西班牙或葡萄牙原殖民地，主要分布在中美和南美地区。引自彭乔《近看拉美国家议会》，《中国人大》2013 年第 2 期；徐世澄《浅谈拉美国家的立法制度》，《拉丁美洲研究》2000 年第 3 期。

会等）主要职权为主持议会会议。

在 12 个议会制国家中①，3 个国家采用一院制（多米尼加、圣基茨和尼维斯、苏里南），其余 9 个国家为两院制。多数参议员由总统提名或总督任命，少数由反对党领袖等提名或任命。众议员一般由普选产生。

委员会制度。拉美各国议会尤其是规模较大的议会，都建立了与欧美近似的议会委员会制度。通过设立常设委员会、临时委员会、两院联席委员会等，对议会决定起重大影响和作用。允许议员在不同委员会任职，委员会委员比例多按议会执政党与在野党比例分配。

在拉美及加勒比地区的 30 多个国家中，共计有 63 种城市规划制度工具，不同层级共计有 37 类规划立法咨询性程序。拉美各国都颁布了保障和规范城市规划行为的法律。在拉美地区，19 个国家有国家层面的发展规划，都是中长期或战略性的。② 各国规划虽名称不同，但发展趋势较为近似。其中，城市规划的规制范围日增，涉及领域更广。在联合国《2030 年可持续发展议程》签署后，拉美各国也将议程主要内容纳入国家发展规划中，其中城市的发展规划、治理和相关立法是重要领域。

一　国家层面立法机构

拉美及加勒比地区国家的议会是专门行使立法权的国家机关，包括起草和审议通过有关城市规划的国家、地方、以及相关行业的立法。由于各国政体不同，议会实际的具体立法权有所不同。在总统制国家中，总统有权向议会提出法案，有权否决议会通过的任何法案。两院则可以2/3 多数票推翻总统的否决。尽管总统权力很大，议会仍然是拉美国家的主要立法机构，是拉美资产阶级民主制政体的核心立法部门。③ 阿根廷是

---

① 拉美及加勒比地区议会制国家为：苏里南、巴哈马、牙买加、多米尼克、圣卢西亚、巴巴多斯、格林纳达、特立尼达和多巴哥、圣文森特和格林纳达丁斯、安提瓜和巴布达、伯利兹、圣基茨和尼维斯。这些国家多为 20 世纪 60 年代以来获得独立的加勒比地区国家，原为英属和荷属（苏里南）殖民地，现除苏里南外，均为英联邦成员。引自彭乔《近看拉美国家议会》，《中国人大》2013 年第 2 期；徐世澄《浅谈拉美国家的立法制度》，《拉丁美洲研究》2000 年第 3 期。

② Observatorio Regional de Planificación para el Desarrollo de América Latina y el Caribe, https://observatorioplanificacion. cepal. org/es/urban-development.

③ 徐世澄：《浅谈拉美国家的立法制度》，《拉丁美洲研究》2000 年第 3 期。

南美洲南部一个由 23 个省和联邦首都（布宜诺斯艾利斯）组成的总统制联邦共和制国家，和联邦制国家墨西哥不同国别的城市规划立法案例分析可以具体展示相关立法的进程。此外，选取秘鲁作为新型城市规划立法的案例国别，它体现了新冠疫情等因素作用下，拉美的发展对城市立法行为的影响。

（一）阿根廷的城市规划法立法

阿根廷通过城市法规、规则订立过程，对城市化进程以及住宅建设方式加以管理，并影响地方规划。代表国家制定城市法规的立法部门为阿根廷议会。阿根廷议会通过起草与制定涉及城市规划的专项法律、法规和（涉及城市规划内容的）综合性法律，实现国家参与城市规划立法的职责。国家立法主要负责协调阿根廷社会发展—城市扩大—土地结构间的关系与差异。阿根廷布宜诺斯艾利斯都市区立法部门对涉及城市规划中土地所有权内容有结构性立法权。《世界城市权宪章》（*World Charter for the Right to the City*）前言部分指出："城市为居民所提供的适当条件和机会仍很缺乏。"据此，阿根廷明确了国家在这些事务的主要参与者身份。该宪章第 2 条第 1 段规定，城市建设中的社会职能是要求保护城市居民的"由城市提供资源的完全用益权（收益权）"。此外，"城市有责任保障立法、建立机制、规范城市土地利用，以及公共和私人不动产使用"[1]。

国家通过议会有关城市法规和条例的制定参与城市化进程，对城市规划、地方立法有直接影响。

（二）墨西哥的城市规划立法机构规定

拥有规划立法权的相关机构。根据墨西哥《宪法》第 73 条规定的联邦国会职能，包括立法权，确立联邦政府、州政府以及地方政府在该领域的职责。这不仅是确立各级政府行政权力范围的基本法依据，同时也是实现《宪法》第 27 条第 3 段国家规划权力规定的程序性保障。

---

[1] 《城市权世界宪章》，联合国网站（http://portal. unesco. org/shs/en/files/8218/ 112653091412005_ - _World_Charter_Right_to_City_May_051. doc/2005 + - + World + Charter + Right + to + City + May +051. doc）。

获得修订权的机构。墨西哥《宪法》有关城市规划相关修订权体现在 1983 年 2 月 3 日的修订案中，本次修订完善了第 115 条第 5 段和第 6 段中的相关内容。随后在 1999 年 12 月 23 日的修订中，进一步规定在联邦和所在州法律基础上，市级政府在满足一定条件的前提下，也有制定、通过、管理城市规划发展计划的权力，同时还可具有对制定、管理所辖范围相关土地储备、区域发展规划设计的权力。

拥有新增城市规划内容立法权的机构。城市的增加与扩大，为墨西哥带来了跨州或州内、两市或多市组成的城市圈（conurbación），《宪法》第 115 条第 6 段就城市圈管理进行了立法上的规定。当城市圈中的两个或多个城市中心，归属于两个或多个联邦实体时，联邦、州和相应市级政府，在其各自权限内执行其相应规划权，以保障民主和政策连贯性；同时，在联邦法律框架下，处理共同地区或涉及多个实体的法律内容，协调发展相应城市中心相关规则制定和规范工作。

总之，宪法条款的修订，是对《宪法》第 27 条第 3 段内容的进一步明确，在为城市规划立法提供必要行政权，确立和规定具体化基本原则的同时，也明确了部分墨西哥中央和地方的部门权力划分。

二　地方（省、市级）的城市规划立法机构

在拉美及加勒比地区国家的地方立法层面，约有 3/4 的城市颁布了城市规划，2/3 的城市拥有地方实体机构，承担相关规划立法的执行。但对规制行为的地方立法较为有限，主要集中在联邦制国家。

由于联邦制的特点，拉美此类国家的地方立法权自然受到限制。例如，阿根廷《宪法》第 75 条则规定，联邦的立法权限为民法、商法、刑法、矿产法、劳动法和社会保险法。巴西虽为联邦制国家，但地方立法权有限。巴西《宪法》第 21 条、第 22 条中，规定了民法、刑法、程序法、选举法和劳动法为联邦（地方）立法权。拉美联邦制国家中，立法权下放程度宽松的是墨西哥，各州制定了各自的基本法。根据墨西哥《宪法》规定，各州拥有制定除商法和劳动法以外的州基本法立法权。

城市规划相关的法律部门伴随立法专业化进程，逐渐成为国家通过法律手段管理城市规划的重要机构。早在城市规划内容纳入法律范畴之

初，墨西哥就根据《联邦公共行政组织法》成立了"居民住宅和公共工程秘书处"（1976 年，简称 SAHOP），该机构于 1982 年由"城市发展与生态秘书处取代"。随后，于 1992 年 5 月 25 日、1994 年 12 月 28 日和 2000 年 11 月 30 日，联邦多次公布了改革和补充《联邦公共行政组织法》的条款，根据《宪法》第 27 条，明确了"国家社会发展秘书处"（SEDESOL）的法律责任与义务。

拉美国家地方公共行政部门的城市规划职能需符合立法规定。以墨西哥为例，地方主要发挥两方面的作用：一方面，通过颁布地方城市发展成文法，强化各级行政机关的行政组织权。在此基础上，设立城市规划领域相关机构。例如，一些州设立了专项秘书处、全权负责的机关和相关分权机制，实施地方行政规划，实现、补充和完善地方公共行政体系法治化。另一方面，建立了负责公众参与的部门，增加了规划信息公开与过程透明的机制，通过发展规划州委员会、城市发展市委员会、公众参与委员会、公共工程与服务市级合作委员会以及居民委员会等地方专门机构，保障城市规划程序的合法性。

一些拉美国家并未预见到地方政府对城市规划所发挥的巨大作用。如阿根廷《宪法》规定，城市规划立法主体包含国会及地方议会。地方议会指省级议会，而作为规划实施主体的市级议会却没有立法权力。城市规划立法职能主要由省级议会机构（第 21 条）、布宜诺斯艾利斯自治市（《宪法》第 129 条）承担，市县（区）（《宪法》第 123 条）仅有部分立法权，包括：机制、政策、行政、经济和金融领域的内容。也就是说，除首都区外，其他省辖市级议会没有单独的涉及规划行为的立法权。[①]

仍以阿根廷为例，国家议会拥有相关立法权，但立法管辖内容仅涉及《阿根廷布宜诺斯艾利斯城市环境规划》《国家土地战略计划》等部门规划。广大单一制国家的立法机构为一般性立法机构，并非专门性或地

---

① 参见阿根廷宪法，Constitución de la Nación Argentina，https：//www. argentina. gob. ar/sites/default/files/derechoshumanos_publicaciones_coleccciondebolsillo_01_constitucion_nacion_argentina. pdf。

方性立法机构，产生立法规制效率低下等问题。

对此，拉美国家采取了跨行政层级的规划管理委员会，缓解立法管理缺位的问题。如阿根廷布宜诺斯艾利斯都市区拥有较大的管理权限，并成立了超城市层面的布宜诺斯艾利斯城市环境规划委员会，部分行使建设国际化都市区的权利，弥补了规划管理缺乏不同层级协调的缺陷。总的来看，拉美国家城市规划的立法机构客观上提高了城市发展涉及的规划与管理，包括土地权、环境、公共服务等。除联邦制国家外，立法权均由国家议会负责，对城市层面的规划管理并不到位。

三　拉美国家城市规划立法机构特点

拉美及加勒比地区的规划发展较快，重要因素之一是提升了地方政府规划进程参与度。其中，立法机构参与规划领域事务，具有以下四个特点。

第一，城市规划为拉美国家立法发展提供了新的领域，进而促进了地方立法发展，改善了中央和地方立法之间的协调性，但也为立法权划分带来了新挑战。一方面，规划立法促进了地方立法发展；另一方面，城市规划立法需要统筹地方间、城市间规划与资源，大城市向城市圈发展也要求国家立法机构承担相应的立法职能。

第二，立法注重中央—地方立法的综合发展。中央立法机构承担综合性、整体性及地方立法协调性、约束性立法工作；地方立法机构根据地方特点，尤其应当赋予市级政府地方立法权，并通过程序法与地方议会机构发展推动省级、市级城市规划立法同步进行。单纯的省级规划立法不能完全适用于各城市。而由于缺乏立法权造成市级行政机构规划职权与范围的不完整，则是制约规划行政实现的困境。

第三，议会立法程序与立法提案要求较为繁杂，难以应对快速发展的城市现状。墨西哥城市规划立法面临立法时间久、步骤烦琐可谓一斑。地方规划的实施由于过长的审批而不及临时专项计划的实施效果。因此，还需协调实现简化手续与保护城市集体规划利益之间的矛盾。

第四，地方城市立法建设，还需关注专门化立法细节，通过辅助部门制定规划，在组织法、规章或相关条例中，明确规定市级分管行政内容，明细职权划分。

第二节　拉美及加勒比地区国家城市规划
立法依据与原则

一　《宪法》对城市规划的立法保障

在西班牙和葡萄牙等前殖民者法律体系影响下，拉美地区国家沿袭欧洲大陆法系传统。独立后，拉美国家陆续颁布本国《宪法》并逐渐形成立法体系。宪法作为国家根本大法，是国家各项部门法的立法依据，城市规划内容随着城市化进程发展而纳入了各国《宪法》。200多年来，拉美地区各国的《宪法》经过多次修订，其中有关城市规划内容于近100年间呈现快速发展。阿根廷、墨西哥和哥伦比亚等国的经验说明了相关发展进程。

（一）阿根廷

阿根廷规划立法。按照阿根廷《宪法》的规定，城市规划立法主要由国家议会、省议会（第21条），及布宜诺斯艾利斯自治市（第129条）等立法部门承担。国家层面虽依法拥有相关立法权，却未颁布全国性的城市规划总法规。布宜诺斯艾利斯都市区享有管理政策倾斜，与城市国际化进程相关的部分规划管理权，客观结果是有助于改善由于缺乏各级政府协调而造成的规划落实不到位的矛盾冲突。

阿根廷《宪法》第121条规定，省"拥有所有非授权性权力，同时由宪法授予联邦议会，保留其在特殊时期有特别参与权"①。这意味着城市规划立法中国家层面、省层面应当遵循法律规定的各自立法、行政职能范围，是主要立法部门。

1994年阿根廷宪法改革，在第5条（第7段）和第123条（第8段）中规定，共和代议体制下，省立法机构制定本省宪法，包括城市规划相

---

① 参见世界知识产权组织网站：阿根廷共和国宪法［Constitución de la Nación Argentina（versión reformada en 1994）］，http：//www. wipo. int/wipolex/zh/details. jsp? id = 7070 ，参见 http：//www. wipo. int/wipolex/zh/details. jsp? id = 7070。

关立法。这一修改将国家和社会间关系引入宪法，对两者间市级关系重组产生深远影响，是对权力的重新分配。"机构特点、授权职能性质、公共部门和社会部门行为是四个对抗性因素，应当对分权进行足够分析。"①分权行为和去集权化应当同步进行，才是解决上述问题的关键。因为，分权包含中央政府让渡部分国家—民族权力给其他公共行政机关。去集权化，则主要是分配同样的权力在同级法人机构间，或是在具有自治权的不同法律性质机构间的权力划分。

（二）墨西哥

墨西哥《宪法》第 4 条规定，家庭拥有住宅的权利；第 26 条，规划民主；第 27 条，土地和所有权；第 73 条，国会（联邦立法机构）：众议院及参议院的法律权限；第 115 条，州和联邦特区立法机构、立法内容、议会监督和参与权、监督权、救济权等；第 133 条，《墨西哥合众国宪法》及国家层面立法的特殊地位，州法官应当遵守如上法律，尤其是面对州立法与上述法律有冲突情况。

墨西哥《宪法》第 4 条（第 4、第 5 段）明确两项城市公民权：健康的环境权与住宅权。规定："所有人有享有可满足其发展和福祉需要的适当环境的权利。""所有家庭有享受适当和一定设施住宅的权利。法律应建立机制保护实现这一目标的必要条件。"②

墨西哥城市规划立法受《宪法》约束，发展历程复杂，核心是保护城市居民利益、限制私有权和土地权。墨西哥对所有权的保护始于 1917 年《宪法》的颁布。③ 个人利益及所有权的实现以不阻碍公共利益发展、公平分配、土地不过度集中、提高农村和城市人口生存条件为前提，于近 100 年的宪法修改中不断具体化。

---

① 参见 CHIARA, Magdalena y DI VIRGILIO, M. Mercedes, "Gestión social y municipios: de los escritorios del Banco Mundial a los barrios del Gran Buenos Aires", UNGS, Prometeo libros, Buenos Aires. 及 DI VIRGILIO, María Mercedes, "Producción de la Pobreza y políticas sociales: encuentros y desencuentros en urbanizaciones populares del Área Metropolitana de Buenos Aires", inédito, 2008。

② 墨西哥宪法（Constitución Política de los Estados Unidos Me xi canos），http: //www. dof. gob. mx/constitucion/Constitucion_Mayo2017. pdf。

③ 墨西哥宪法（Constitución Política de los Estados Unidos Me xi canos），http: //www. dof. gob. mx/constitucion/Constitucion_Mayo2017. pdf。

1976 年墨西哥在修宪时将城市规划写入宪法。修改后，墨西哥《宪法》第 27 条明确了规划权力：国家享有对居民住宅管理和适当储备、使用、保留规划性土地、水源和森林等资源，并具有优先使用用途订立权。据此，国家行政机构为满足城市发展而使用上述资源，进行有关城镇公共工程、规划、确定用途、保留、改善和增长城市用地时，受到《宪法》保护，同时应遵循合法、合理、适当性原则。① 此次修宪标志着墨西哥城市发展和规划受宪法保护；相关法律的制定、颁布、实施由此开始。

（三）哥伦比亚

哥伦比亚城市规划立法与基本法相比，较晚出现。1991 年哥伦比亚修改《宪法》②，提出了发展城市规划立法的准则和内容。相关内容如下：

（1）第 254 条规定了"高级司法委员会包含行政室与纪律与裁决室"；

（2）（第十编第一章）第 270 条就公民参与及监督进行了规定；

（3）（第十一编第四章）"首都波哥大及昆迪纳马卡省首府，其组织结构为首都区"，有专门的规划立法、财政拨款及与周边土地的"大都会区"制度；

（4）第十二编第二章关于发展计划中，第 339 条规定"国家发展计划包含总体规划、公共投资计划"；"国家将设立国家计划委员会……作为讨论国家规划的部门"；"国家计划机关对于部门和市级计划，有依法、有选择性地进行评估的权力"。③

二　一般部门法有关城市规划的规定

行政法自身的发展包含着多领域的进步，根据法学含义，城市规划法是用以规范土地开发、建设、管理、使用、城市化、工程建筑等城市

---

① 墨西哥宪法（Constitución Política de los Estados Unidos Me xi canos），参见 http：//www. dof. gob. mx/constitucion/Constitucion_Mayo2017. pdf。

② 哥伦比亚共和国宪法（Constitución de Colombia de 1991），参见 https：//www. cijc. org/es/NuestrasConstituciones/COLOMBIA-Constitucion. pdf。

③ 哥伦比亚共和国宪法（Constitución de Colombia de 1991），参见 https：//www. cijc. org/es/NuestrasConstituciones/COLOMBIA-Constitucion. pdf。

规划涉及内容以及城市化金融机制的一系列法律、法规。①

　　拉美国家除通过宪法条款明确规划立法机构，也通过部门法如行政程序法等进行规划立法的具体管理，参与规划立法的部门不仅受到宪法约束，具体执行立法行为的法律依据还包括《立法法》等程序性法律及国家层面部门法。相关立法各国存在较大差异。

　　（一）《人类住区法》是墨西哥城市规划的重要法律依据

　　以《宪法》为核心，墨西哥建立起了城市规划的法律体系。国家城市规划行政法规体系包括：基本法——墨西哥《人类住区法》、地方行政法规及技术性法规。根据墨西哥《宪法》第 27 条、第 73 条、第 115 条的规定，联邦议会于 1976 年公布《人类住区法》，② 增加了第五章补充条款后，于 1981 年 12 月 29 日正式公布，用于规范有关城市发展与住宅等方面的相关土地权限。随后，1984 年 2 月 7 日进行了修订，用以适应《宪法》第 115 条的修订内容。1993 年 7 月 21 日，由墨西哥联邦议会审议通过新《人类住区法》，并在 1994 年 8 月 5 日进一步进行修订。

　　1976 年公布的《人类住区法》是一部有前瞻性和务实的规范法律文本，也是较早颁布的同类型的专门法。对于墨西哥国内来说，该法的推行促进了全国居民住宅的规范化进程，并明确了中央与地方的法律关系；自该法正式实施起，联邦各级立法机构即对其权限内与城市发展相关的法律、规章、计划或项目，以及其他法律条款进行了适应性调整。此外，该法的颁布还有助于墨西哥城市规划专项部门与专项行政职能的发展；依据此法建立了联邦、州和市三级的规划实体部门，对城市规划进行行政管理，负责该领域专业工作的协调。同时，墨西哥根据社会、经济条件的发展，中型城市快速增长等新局面，调整了城市规划法机制，实现了对城市规划与住宅法律的规范。

　　1992 年末，联邦参议院责成居民居住与公共工程委员会及联邦执行委员会，通过社会发展秘书处，在墨西哥全国范围内进行广泛的意见征

---

① 参见 Tomás-Ramón Fernández, *Manual de derecho urbanístico*, 17 ed., EL Consultor, Madrid, 2004。

② 参见墨西哥《人类住区法》（Ley General de Asentamientos Humanos），参见 http://www.diputados.gob.mx/LeyesBiblio/pdf/133.pdf。

集，收集社会对"居民住宅立法"的建议，得到研究人员、学者、专家、技术人员、公众机构代表、非政府组织以及三级政府公共服务部门等多方支持，并就各自城市立法涉及的实施领域以及相应职权范围内工作提出了各种建议，实现了各界对立法过程的参与。在此基础上，议会提出了新《人类住区法》议案，获得国家议会参、众两院的通过。不仅在墨西哥实现了城市法制化，还符合第二次国际人类居住大会的目标。

1993 年 7 月 21 日，新《人类住区法》由官方公布，共计60 条，分 9个章节，基本涵盖所有城市规划领域，内容较为具体。分别为：总则、机构共管与协作、城市中心人类居住和城市发展土地管理规划、城市圈、城市中心所有权规定、后备土地管理、社会参与、城市发展鼓励条款、城市发展控制条款。《人类住区法》的重要意义如下：

第一，明确三级政府在该领域的权限范围，并规定了市级政府在城市规划法执行中的主导地位。市级法律权力主要依靠市政府及相关职能部门来行使。明确市级、城市中心及其相关项目，建立城市土地使用与确权的区划制度。为市级政府规定相应权利，保障市级行政机构具有在村社城市化区域、保护发展，以及规范非正规居民住宅房地产等领域的相关行政执行权。

第二，强调城市发展规划过程的透明度和开放性。该法规定，墨西哥城市发展项目的制定、修改、执行、评估和监督过程都需有社会参与，保障了城市规划领域的公众参与权。在城市发展规划的形成、执行和融资阶段也引入社会参与。规定城市发展规划应包含有助于合作和建立相应机制，实现规划体系目标的内容。

第三，统一城市发展规划与环境保护、自然资源保护、文化遗产保护以及农村发展间关系。城市和生态立法之间需协调统一，并应有相应的社会发展措施来具体施行。规划建立城市中心的功能要符合当地土地的开发及当地城市利用需要，同时应进行开发的环境影响评估，进行必要的自然保护区规划，并对地区文化价值、土地使用和农村合作社或印第安共同体习惯予以充分关注。

第四，按照墨西哥《宪法》第 27 条内容及《农业法》有关村社与合作社土地利用的条款，促进城市发展与住宅建设。提出有关土地所有权和规范化所需的必要条款。包括村社与合作社有权参与和其土地相关的城市储备用地的规划设计；建立储备土地报价和城市土地非正规侵占的清除机制；规范社会发展、合作项目机构建设由三级政府设立，用以保障村社及合作社土地，在被因城市发展和住宅需要而征用时，能被纳入城市生产性活动；指明被利用的区域的村社与合作社不动产，在纳入城市中心范畴过程中或作为城市住宅建设进程中的村社与合作社土地，归属于《农业法》，同时适用国家有关城市发展的计划或项目立法，以及有关区域和不动产储备、使用和功能确定等相关法律条款。①

第五，新法简化了城市圈发展规划流程。

第六，推动了有关城市服务的特许权发展，放宽了社会和私人部门对基础设施建设和设备的投资。当出现有偿转让时，确立了联邦州与市级行政机关在获得有关保护区不动产所有权时的优先原则。

墨西哥《人类住区法》保持了城市规划领域法律文本的相对稳定，并通过适时修订，保持法律的与时俱进。例如，墨西哥有2200万人的生活受到极端降水、热带气旋、冰雹等灾害性天气的威胁，全国74个城市中心有地质和水文气象危险，城市发展与规划也受到影响。针对这一情况，墨西哥国会2014年1月4日通过了《人类住区法》修正案，增加第八章有关人类住宅风险防控内容，规定避免在有地质和水文气象风险的地区建设任何基础设施，国家、州和市三级政府需严格遵守此法规。还对高风险区域进行了明确界定，并规定：覆盖高危地区的城市发展和规划项目、对高危土地的使用与开发需先进行风险研究，严格依照科学规定开展。同时修改法案内容强调了任何风险地区的开发都不允许有基础设施、战略性设施、住宅建设。为此要求个人、法人、集体和私人都需满足基础设施工程、城市规划土地征收等程序的规范要求。地理和水文气象风险的规定性研究作为专项规范由政府秘书处和关于自然资源秘书处联合发布。农业发展、国土和城市秘书处还需将国家灾害预防中心的意见纳入规划。有关城市发展的授权也需符合上述要求和规定。在任何

---

① Óscar López Velarde Vega, "el Futuro de la Legislación Urbana en las Entidades Federativas de MéXIco", 参见 www. jurídicas. unam. mx. pp. 15, 16。

情况下不得在高危区域开发住宅，并严格禁止兴建永久性建筑物。

（二）哥伦比亚城市规划立法依据

尽管城市规划法在当今法律体系中被视为行政法中的专门法或者是其中的一个分支，但无疑是一个新的法律内涵。规范城市规划是规划立法部门的初衷。作为新部门法内容，其法律渊源多样，有关土地使用的法规、行政参与土地问题等土地规划类法律都是哥伦比亚城市规划法体系前身。[①]

需要注意的是哥伦比亚城市规划法的发展日趋分散化，而不具有其他专门法的较强法律紧密性。此外，哥伦比亚更关注的是城市规划相关法律规范的系统化和条理化。近 20—25 年中，作为行政法下属新的分支的城市规划法取得了长足发展。[②]

哥伦比亚城市规划法律规范可追溯到西班牙殖民时期的行政法律规范。当时是殖民者为拉美地区的新城市建设带来了一系列新规范与影响。从城市建设的主要广场设置，到教堂、医院、市集、商店和其他商业形式的设定，都有具体法律规范。

18 世纪末 19 世纪初期，拉美地区爆发了一场反对两个殖民统治、争取民族独立的伟大斗争，西属拉丁美洲殖民地基本获得独立并成立共和国。城市规划作为特殊的、强调政府参与的法律行为，是重点发展的法律领域之一。但在当时仅有的哥伦比亚《民法典》中，只能找到有关土地管理与使用规定相关的少数条款，并通过 1887 年第 57 号法的形式对全国公布实施，内容包括：所有权与所有权限制性条款，土地使用权界定和邻地权利，合伙契约规定（关于土地对半分成的），公共使用的利益等。

随后，哥伦比亚在 20 世纪初出台了一套关于不同领域的法律规范，分别用以规范土地使用权，以及有关土地的行政参与权。二者的一个共

---

① 参见 Jaime Orlando，Santofimio Gamboa，*Derecho Urbanístico*：*Legislación y jurisprudencia*，Universidad Externado de Colombia，Bogotá，2004，p. 28。

② Libardo Rodríguez Rodríguez，"Panorama del Derecho Urbanístico colombiano"，Del Libro *Derecho Urbanístico*，Silvia Patricia López González y Jorge Fernández Ruiz（Coordinadores），México，2011. www. juridicas. unam. mx。

同之处在于规范地方行政部门的相关权限，具体说明了行政执行权范围和标准。

哥伦比亚完整的城市规划法规是《市级法规法》（1986 年），其中（第 1333 号法《环境法》，I，38—51）涉及城市化相关内容。如明确了城市区域定义，以及立法会全体会议。还规范了规则、关注街道的施划与使用、指出了应对影响城市区域工程的监管权、规范了城市发展规划以及公共使用的实施细则、工业活动发展区域及其可能带来的危险控制。然而，这些条款和规定虽与城市规划有关，但内容仍非常不足且缺乏系统化。

在此基础上，1989 年哥伦比亚国会公布了第 9 号法（《城市规划改革法》）①，以法律形式明确了城市发展规划、不动产买卖和征收及其他相关规定。这部法律第一次以相对完整、系统的立法形式，对城市规划问题进行了规范。这部法律的意义还在于：提出了有关发展规划的规则；不动产的获得形式，包括自愿转让和征收两种手段；住宅的社会利益；城市规划相关许可与核准；土地银行；城市不动产所有权征收规定以及城市改革的金融机制。

1989 年第 9 号法颁布并正式实施。此后，为了进一步推动《宪法》中城市规划立法的相关精神，国会于 1997 年颁布第 388 号法（《土地管理法》）②，立法依据为《宪法》第一条：为进一步推动执行 1989 年第 9 号法中的相关条款，根据 1991 年《宪法》修订内容，新增法律内容：《发展计划组织法》《首都区组织法》《国家环境体系法》（SINA）等。这些法律法规为市级地方行政机关履行宪法规定职责提供了明确法律依据，包括：促进土地管理与土地合理、有效使用；保护土地上的生态遗产和文化遗产；预防高危地区住房危害和城市规划的有效实施，同时，保障了土地所有者的使用权；协调了所有权的社会职能；并实现了宪法中有关居住权的获得以及享受公共卫生服务的权利；以及提出了建立和保护

---

① Oficinas de Gobierno de Bucaramanga, http：//www. bucaramanga. gov. co/documents/dependencias/Ley_9_de_1989. pdf.

② Secretaría de Habitat, https：//www. habitatbogota. gov. co/transparencia/normatividad/leyes/ley - 388 - 1997.

公共权利空间、环境保护和自然灾害预防的建设性条款。这些法律法规还推动了国家、州实体部门、环境部门以及其他城市规划相关行政机关、部门间权力协调，在有关土地管理方面履行宪法和法律职责，提升了居民生活质量；简化了城市一体化行政权的行使，便于地方行政管理同国家城市规划政策相结合，有利于负责上述政策发展的实体资源的优化与管理。1991 年哥伦比亚《宪法》修改，成为城市规划立法和司法发展的重要一步。哥伦比亚其他行政组织法也有涉及城市规划内容。

　　拉美城市规划的立法长期面临两大挑战：在基本法及国家层面的立法统筹与协调以及城市规划立法在州、市一级的具体化。

三　地方立法依据

（一）阿根廷城市规划地方立法依据

1. 布宜诺斯艾利斯联邦都市区（Área Metropolitana de Buenos Aires，AMBA）整体地方立法依据

《布宜诺斯艾利斯省法》（*La Constitución de la Provincia de Buenos Aires*）在其第 191 条规定，"立法确立每个部门的职权和责任，确认所有机构必须有效满足地方利益……"。明确市级政府职权来自省级法律对其规定，而非地方组织规定，一定程度上会导致法律不确定性。省级行政机关具有规划的部分或全部自治权。[①]

　　公共服务的提供政策，呈分散和部分分歧状态，缺乏部门间协调。在省和市级行政机构执行过程中，长期缺乏全面管理，并对土地占有机制产生消极影响。

　　总的来说，国家通过规则制定的方式，涉及了地区规划、区划以及土地使用管理，是城市发展进程中长期立法的结果，"在立法过程中，也产生了法律意识，立法过程就是关系构建过程，法律规定中包含了社会

---

① Sabsay Daniel A. ，" Región Metropolitana de Buenos Aires. Aporte jurídico" institucional para su construcción en el marco del Proyecto "Hacia la construcción de una región Metropolitana Sustentable"，Capítulo Ⅲ，Editorial FARN，Buenos Aires. Disponible en：http：//www. farn. org. ar/docs/p13. pdf.

进程"①。这种参与要求国家应保障公民获得适当条件住宅的权利，提供住房获得机会，保障居住在城市的公民城市权。

2. 布宜诺斯艾利斯省（首都区）立法依据

省级法律权限，根据阿根廷《宪法》第 104 条，省立法委员会承担规范公共权力相关问题的职责。这包括土地管理和省级法律的起草，以及法规、法令或城市规划、发展规划的相关立法。

1977 年在布宜诺斯艾利斯省，颁布了第 8.912 号法，规范和确立土地使用，建立了市县法规应当遵循的相应法律框架。该法经过修改保留至今。此外，宪章规范（第 1549 号法令第 83 条）和一系列补充性法规也随之建立。

在缺乏国家层面法律规定的情况下，该地方立法得到多位拉美法学家的积极评价，认为其具有一定立法先进性。第 8.912 号法是"第一个国家颁布土地管理和土地使用等广泛内容机构部门法律机制的原则和法规。同时，作为基础法，确立了所有土地和城市地块活动的法律框架"②。该法通过法律手段，规定了规划、土地次区域区划规则、农场规则以及其他问题的目标、原则、权限、过程和体系。

由于缺乏更高层级的法律，布宜诺斯艾利斯省设立城市规划领域法律属于阿根廷在领域法律的进步。第 8.912 号法是"阿根廷第一个在法律框架下，设立对土地管理和使用的一般规定并确立执行机构"的法律，③ 建立了对不同"城市中心"土地的法律框架基础。该法设立的原则、目标和法律管理范围对规划过程和规划体系、土地次区域使用等问题进行了规定。该法的一大特点是：禁止性规定多于目标性规定，主要实际行政过程中缺乏管理机制或资源，这一特点近几年更为突出。④

---

① 参见 Di Virgilio, María Mercedes, "Producción de la Pobreza y políticas sociales: encuentros y desencuentros en urbanizaciones populares del Área Metropolitana de Buenos Aires", inédito, 2008。

② 参见 Catenazzi, Andrea, "Instrumentos urbanos y exclusión urbana. La aplicación de la normativa urbanística en la aglomeración del Gran Buenos Aires. 1977 - 2000", Versión preliminar, 2001。

③ Catenazzi Andrea, "Instrumentos urbanos y exclusión urbana. La aplicación de la normativa urbanística en la aglomeración del Gran Buenos Aires. 1977 - 2000", 2001, Versión preliminar.

④ Catenazzi Andrea, "Instrumentos urbanos y exclusión urbana. La aplicación de la normativa urbanística en la aglomeración del Gran Buenos Aires. 1977 - 2000", 2001, Versión preliminar.

根据法律要求，进行区划后应公布相应规划。这一法规的执行会提升土地价值。因为规划公布结果会使相应地块涨价。公共区划政策也包含在规划法规中，旨在促进民众对区划的参与和住宅市场的民主性、可获得性，从而带动土地市场交易。而公共土地区划政策在省内的实际执行较差，[①] 反而促进了住宅外部市场，高速公路建设让城市间联系更为紧密。[②]

第8.912号法并未向公民进入正规土地市场提供有力的法律条件，也没有设定实现城市规划中的环境规范目标。此外，规范没有加入推动非正规住宅规范化的相关法律机制，法律欠缺完整性。[③]

国家重新恢复民主制度以来，要求从长远角度立法，保护规划形成的诉求逐步增加。此外，多项有实质性意义的规划权也交给了省级行政部门。然而，依第8.912号法的标准，不可能实现城市街区的调整和统一，需要引导和制定对具体情况的细化法规。

3. 布宜诺斯艾利斯自治市立法依据

1994年阿根廷进行了国家宪法改革，确立了布宜诺斯艾利斯自治市（la Ciudad Autónoma de Buenos Aires，CABA）的自治权。阿根廷《宪法》第129条授予该市"独立的立法和司法权"。1996年，该市颁布了市基本法。

该法第31条规定，通过建立基本法律框架的方式参与城市相关规划管理：一方面将住宅权纳入法律，另一方面市政府承担保障市民获得住宅权的责任。在补充条款2中，规定城市保护"增加限制不动产，推动自治管理规划，城市规划与移民人口社会一体化，完善居住条件，规范支配权和土地登记制度，依据法律规定进行"（市基本法第31条，补充条款2）。第31条有关自主管理规划的规定，是推动和服务于流动人口管

---

① 参见 Clichevsky, Nora, "Políticas Sociales Urbana. Normativa y Configuración de la Ciudad", Espacio Editorial, Buenos Aires, 2006。

② 参见 Svampa, Maristella, Los que ganaron：la vida en los countries y barrios privados. Editorial Biblos, Buenos Aires, 2008。

③ 第8.912号法，网站名：Gobierno de Argentina，网址 https：//www. argentina. gob. ar/normativa/provincial/ley-8912-123456789-0abc-defg-219-8078bvorpyel/actualizacion。

理和人口发展的条文。第 341 号法及其修订法第 964 号法，是有关住宅自主管理的规定，与有关城镇和住宅的第 148 号法共同形成布宜诺斯艾利斯市城市规划问题的市自治法律体系。其中第 148 号法就市镇和住宅区建设、合并、调整项目的制定进行了细致规定，这些内容随后得到了一定程度的执行。

城市自治基本法，从较低的行政层级，就城市规划及相关立法给予法律定义，具有法典和城市规划双重内涵。立法发展进程中，早期的城市规划以不成文法为主，经历较长的立法过程。现在其内容包括非直接形式出现在法典中和实施机制的分散的法律、城市规划法、土地管理法等综合和专项立法内容，但总体特点是立法的可实施性不足。[①] 根据宪法保障预设机制的有效性（《宪法》第 81 条，补充 3），进行了一系列立法领域的机制创新。

（1）颁布《建筑法》（el Código de Edificación），规范建筑标准，保障城市规划发展过程中居民的基本权益。最早于 1943 年公布，又称第 14.089 规章（la Ordenanza No. 14.089），建立对"公共空间和城市形式的法律界定""建筑物、结构和设施施工、选择、拆除、移动和验收"权限。此外此规章约束"验收、有效期等内容""上述建筑环境面积、照明、通风线路和通道建设以及私密性保障的布局设计规定等"。[②]

（2）早期带有政治色彩的《城市规划章程》明确了城市区划立法，后经多次修改。1977 年，军政府统治时期的布宜诺斯艾利斯，时任市长为奥斯瓦尔多·卡西亚雷托准将，颁布了《城市规划章程》（el Código de Planeamiento Urbano），城市规划管理法规主要机制形成。规划中的城市规划大纲以《雅典宪章》为基础，虽然规划法通过政治性技巧表现出了

---

① 参见 Dromi Roberto，"Derecho Urbanístico Argentino"，Conferencia pronunciada en el Instituto de Estudios de Administración Local（IEAL），Madrid，1987。

② Sabsay Daniel，"Región Metropolitana de Buenos Aires. Aporte jurídico-institucional para su construcción"en el marco del Proyecto"Hacia la construcción de una región Metropolitana Sustentable"，Capítulo III，Editorial FARN，Buenos Aires. Disponible en：参见 http：//www. farn. org. ar/docs/p13. pdf。

政治中立，但该法将国家规定为唯一合法参与规划的行政主体。[1] 章程明确了通过区划实现城市功能划分，土地和全面占有的法律要件等。土地占有要件：确认对可供建筑土地表面的所有。全部占有要件：所有面积内可被占有的特定土地，对土地所有面积可采取建筑等支配行为，且享有建筑后增加的面积所有权。如上占有要件也是城市租赁市场逐渐活跃的法律因素。[2] 同时该法还从根本上促进了不动产价格的上升以及城市建设活动的发展。忽略当时政治、经济和社会因素的影响，这基本上是一部规范"责任"的规划法。[3]

因经济发展停滞，该法颁布后于 1990 年经历了修订，为了"恢复"建筑业，灵活调整了政策。由于章程严格规定不允许加入"市场指示"，修订法做出了地方政府无权的规定，反对由于地方或国际经济因素导致城市内或同城市政府进行交易的法律环境。[4]

自 1999 年第 310 号法颁布，根据自治市基本法第 19 条的规定，设立战略规划委员会，"职能为：定期提出经讨论通过的战略规划，为国家政策制定提供依据"。[5]

根据布宜诺斯艾利斯自治市基本法第 27 条、第 29 条、第 104 条确立城市环境规划。同时，城市环境规划委员会的职能包括监督现行城市规划和环境条例在具体项目中的执行。该部门是战略规划委员会下属部门，同时保护规划与地方立法的协调。但这一职能并未真正进入执行环节，战略规划委员会的提案并未得到太多回应。

---

① Longoni, René, "Orígenes de la vivienda social en la Provincia de Buenos Aires. Estrategia y resultados desde Fresco (1936 – 1940) hasta Mercante (1946 – 1952)", presentado en las Primeras Jornadas "Vivienda y Ciudad", Federación Argentina de Municipios, 6 y 7 Octubre 2005.

② 参见 Jaramillo Samuel, "Hacia una teoría de la renta del suelo urbano", *Uniandes*, Bogotá。

③ 参见 Pichardo Muníz Arlette, "Planificación y programación social. Bases para el diagnóstico y la formulación de programas y proyectos sociales", *Lumen Humanitas*, Buenos Aires。

④ 参见 Gorelik Adrián, "Miradas sobre Buenos Aires. Historia cultural y crítica urbana, Siglo XXI" Editores, 2004. Buenos Aires。

⑤ 参见 Sabsay Daniel A, Región Metropolitana de Buenos Aires, Aporte jurídico-institucional para su construcción en el marco del Proyecto "Hacia la construcción de una región Metropolitana Sustentable", Capítulo III, Editorial FARN, Buenos Aires. Disponible en：参见 http：//www.farn.org.ar/docs/p. 13. pdf, 2002。

布宜诺斯艾利斯自治市城市住宅，没有依照现行规划框架中严格规定执行。尽管民主过渡时期以来形成了不同规范项目，但城市规划立法并没有实质性进展，有关住宅的城市规划立法仍不足。城镇改造和一体化项目内容分散，有限的内容交由城市住宅研究所管理，由于制度和配套程序不足，很难实施。此外，在实施的法律规划内容中，由于资金有限，实施效果难以保障。因而出现了"逐步"排斥的社会进程，随后出现了城镇居民通过上交个人税款等方式占有不动产和土地。

4. 市县制定土地管理规划的地方法规

阿根廷布宜诺斯艾利斯省辖 32 市组成布宜诺斯艾利斯都市区。省第 8.912 号法规范各市批准规划条例，对土地使用和土地管理进行规范。据此，各市在不同领域，为不同目的开始建立机制、设立项目。总体来说，各市的具体政策都属预防性机制。土地管理授权给市级政府，依据第 8.912 号法，规范内容包括"所有组织土地的行政政策技术性行为，制定保障性政策和建立符合不同级别的发展总目标"等政府职权。[①] 然而，土地管理作为市级政府行政管理权范畴，缺乏涉及跨市协调法律的机制规定，造成土地管理在布宜诺斯艾利斯自治市内形成分裂状态。

按法律建立的市级管理机制，应当对省内立法与行政机构职权进行评估，并通过相关立法。如果立法缺位，会引起省行政管理和需求之间的失衡。同时，已经依法建立的行政程序与管理职权，在授权给市级政府后，也会因此缺乏行政执行能力。继而土地侵占现象逐步增加，公共管理和地方条例却因此难以负荷。[②]

（二）墨西哥地方法律规范是城市规划立法的重要组成

1. 墨西哥地方立法发展进程

早在 1976—1977 年，墨西哥即确立了联邦实体立法机构，在其职权范围内进行相应的城市发展的地方立法工作，但需执行墨西哥《宪法》

① Dirección Provincial de Ordenamiento Urbano y Territorial 2005，Subsistema de ordenamiento urbano y territorial，etapa diagnóstica para la formulación de los lineamientos estratégicos para el territorio metropolitano de Buenos Aires，p. 4.

② 参见 Chiara Magdalena y Di Virgilio，M. Mercedes，*Gestión social y municipios*：*de los escritorios del Banco Mundial a los barrios del Gran Buenos Aires*，UNGS，Prometeo libros，2005，Buenos Aires。

第27条、第73条、第115条的规定，并需符合《人类住区法》。这样，在所有各级法律机构中，实现了对墨西哥居民住宅规划的法制化。几乎所有的墨西哥联邦州（除两个州）均实现了地方城市立法。特别是1993年现行《人类住区法》颁布实施后，城市发展的国家立法多数情况下是对《宪法》第115条第5段修订精神的实践，但并未赋予市级行政实体所有宪法规定的职权。

2. 《人类住区法》加强市级机构权力是对墨西哥《宪法》第115条所赋予的地方权力的实践

墨西哥《宪法》第115条（特别是1999年宪法修订后）和《人类住区法》生效后，有关居民住宅相关的新增地方立法应赋予地方行政机构以下职权：

（1）制定、通过、行政管理和监督城市中心、市级城市发展计划及其相关规划；规范、管理并监督城市中心地块的保留、使用和土地使用目的管理；对辖区内城市发展规划或项目的区划设定进行行政管理。

（2）促进和执行有关城市中心保护、改善和新增区域规划的执行，并管理相关投资行为。

（3）在符合墨西哥《宪法》及各级相关法律规定基础上，提供市级公共服务。与相关州实体、其他市级行政实体协调，统一提供市级公共服务。

（4）授予土地使用、建设、开发、共管等相关行政权力、证照和许可。参与城市土地规划。参加城市、住宅发展和生态保护区土地保护的建立与行政管理。

（5）城市发展，居民住宅、土地管理，居住、基础设施、次区域划分以及土地，公共区域不动产的发展，城市发展及住宅用地的储存，对城市中心所有权的区域化和制度化管理，建设、重建和拆除行为，文化遗产保护，城市形象的建立与宣传，基础设施以及城市公用设施的建设与使用等。

3. 墨西哥地方城市规划立法成效

随着城市化发展不断深化，与城市发展相关的法律在各州地方法律体系中不断建立健全，是墨西哥行政法发展特点之一。一系列地方法律的发展也让城市规划立法涉及的领域日益增多。① 据墨西哥居住委员会小组（Grupo Mexicano de Parlamentarios para el Hábitat）统计：《人类住区法》公布后，所有州先后建立了地方配套法。

这为国家的法治现代化起到了积极作用。一方面为城市居民生活质量的提高带来了制度性保障。不仅是国家层面有法律规定，地方立法也给予居民以权利和义务规定。另一方面也让国家法律体系的发展与国家各领域，尤其是社会生活方面的现代化相匹配。

四　拉美国家城市规划立法原则

总结拉美国家规划立法原则，主要有如下内容及特点。由于哥伦比亚的城市规划立法被视作较好案例，得到一些规划立法学者的肯定，以下以该国为例进行分析。

（一）集体利益优先原则②

这一原则在哥伦比亚《宪法》第1条和第58条中就公共和社会利益优于私人利益的关系进行解释。集体利益的优先权作为哥伦比亚的国家基本原则，对城市规划立法有特别作用。根据这项原则，立法者可以规范土地使用和所有权的执行。此外，这些城市规划法律实施也是对集体利益优先原则的法律实践。

源于哥伦比亚《宪法》的这一原则的重要性在于对立法者的具体立法行为。在1997年第388号法第2.2条，有关于集体利益优先权的规范，并作为土地管理原则的特殊条款，开展了相关的行政管理，使土地使用的规范、规划、限制和控制方面相关行政职能得以实施。

（二）市民参与原则

这一原则是哥伦比亚最重要的法律精神（《宪法》第1条），有关公共事务的集体参与机制逐步实现了多样化，还依据《宪法》第103条内容不断发展。市民参与作为城市规划法中可以实施的原则之一，也纳入

---

① 参见 Gobierno Del Distrito Federal, *Programa General de Desarrollo del Distrito Federal 2007 - 2012*, Gaceta Oficial del Distrito Federal-Gobierno del Distrito Federal, México, 2007。

② Libardo Rodríguez Rodríguez, *Panorama del Derecho Urbanístico colombiano*, Ex consejero del Estado de Colombia, p. 292.

了哥伦比亚城市规划体系。

事实上，1997 年第 388 号法第 3 条指出，行政机关应当促进社会、经济和城市规划利益的实现，通过民众和组织的参与，对管理计划的制订、讨论和执行产生影响，并监督颁布、修订、撤销、废除城市规划过程。

（三）公共职能的平等原则[①]

这一原则是哥伦比亚《宪法》基本原则——平等原则的具体化，也是平等精神在城市规划法中的实施，还可以规范国家在参与土地管理职能过程中的行政行为。

这一宪法原则，在哥伦比亚城市规划立法中，以及在 1997 年第 388 号法第 2 条、第 3 条中有进一步规定，确定土地管理的基础，最重要的原则是平等合理分配职责与权利原则。

同样，除公共职能平等原则本身，在城市规划法发展中，还有很多具体的经济、政策性条款体现了这一原则，如经济性补偿金，建筑和开发权转让，权利、税收鼓励等有关土地所有权的规定，以及历史、建筑或环境保护（在 1997 年《第 388 法》第 47 条、第 48 条、第 49 条），等等。

（四）保障拥有一套合适住房权的原则[②]

哥伦比亚《宪法》第 51 条关于社会权的规定，是拥有合适住宅。规定国家应关注公民必要住宅条件，实现该权利。同时与社会利益相关的住宅计划应公开，获得住宅的金融性计划应有必要保障条件。这一原则是具体发展权在城市规划立法中的体现，特别是有关社会利益的住宅可获性。同时，在立法中，其他规范内容包括：社会福利住宅和社会福利住宅可获性的法律所有权（1989 年第 9 号法第五章），关于社会福利住宅国家体系内容（1991 年第 3 号法第一章）和关于以家庭为住宅补助对象的内容（1991 年第 3 号法第二章）。

[①]　Libardo Rodríguez Rodríguez, *Panorama del Derecho Urbanístico colombiano*, Ex consejero del Estado de Colombia, p. 293.

[②]　Libardo Rodríguez Rodríguez, *Panorama del Derecho Urbanístico colombiano*, Ex consejero del Estado de Colombia, p. 293.

同时，该原则与宪法内容相一致，哥伦比亚《宪法》要求在法律规定范围内，规范、监督和管理有关用于住宅不动产建设和转让行为（《宪法》第313条，第7段），并赋予地方机构在哥伦比亚城市规划法中的职权，具体是市级核心法，任何人都不能忽视。

（五）所有权的社会和生态职责原则①

当代对所有权的定义已经不仅是传统法律意义上的所有者，还增加了开发相关的责任，以及对相应所有物的保护（哥伦比亚《宪法》第58条）。同上述原则一样，立法也承认这是城市规划法实施的特殊内容。根据1997年第388号法第2.1条的规定，土地管理基于所有权的社会和生态原则，立法者要为保障公民所有权利益而制定约束和限制行政行为的内容。

在城市规划立法中，有关所有权发展建设的不同规定，立法者据此规范土地所有权的授予，开展城市规划工程，进行城市发展建设，并需符合上述原则。例如，位于城市扩张区域或城市土地中的非城市规划市级土地，宣布为所有权的发展，应当根据公告内容进行城市规划发展建设（1997年第388号法第52条）。

（六）以公共使用或社会利益为目的的开发原则

该原则依据哥伦比亚《宪法》第58条建立，立法者根据一定行为或环境确立的公共用途或社会利益，行政机关可对公共用途进行征用，但应事先赔偿私人所有权所有者。此外，宪法规定存在两种特殊情况：常规或法律征用，意味着存在常规司法判决。据此，执行土地征用，并确立应当由行政机关赔偿的价值。行政征收，允许行政机关直接管理征收行为，并确立征收价值。当然，遇到对决定有疑问情况下，将其提交给行政诉讼法院（Contencioso Administrativo）裁决。

这一原则是宪法规定在哥伦比亚城市规划立法领域得到较好发展的原则。法律具体确立了公共用途原因的内涵，这也是行政部门应当遵守的过程性内容，行政部门还应向法官解释如何设立赔偿价值规定（1997

---

① Libardo Rodríguez Rodríguez, *Panorama del Derecho Urbanístico colombiano*, Ex consejero del Estado de Colombia, p. 294.

年第 388 号法第七章和第八章)。

(七) 公共空间一体化及其用于公共利益保护原则[①]

哥伦比亚的这一原则将享有公共空间作为集体权利，国家有责任通过必要行为保障公共空间的一体化，也需满足集体利益所需的公共空间使用 (《宪法》第 82 条)。根据这一宪法原则，城市规划立法发展了公共空间原则内涵，地市权限中有关公共空间、法律机制和行政机制对公共空间的保护 (1989 年《第 9 法》第二章；1997 年第 388 号法第 107 条、第 108 条；1998 年第 472 号法)。

(八) 公共实体参与城市规划增值过程原则

这一原则在哥伦比亚城市规划实施过程中，公共实体对特殊的土地不动产带来巨大价值和附加值，应当从经济领域理解为这一价值来源于城市规划行为，通过税收支付，用于支付城市发展所需费用 (《宪法》第 82 条)。这一原则是平等分配权利和义务的补充性条款，在城市规划实施中，是公共实体行为带来了利益。对附加值的赔偿，在城市发展开支中作为其中一项，并对所有受益的社会团体征收。

关于参与增值税、参与性税收规定，包含了有关公告和支付方式的程序性规定，参见 1997 年第 388 号法第九章。

(九) 土地使用规制市县职权原则[②]

哥伦比亚的这一原则是地方行政机构的行政协作行为，也就是在地方委员会、相关行政机构间，规范有关土地使用职权，讨论如何将不同土地纳入市县一体化土地 (《宪法》第 313 条)。这一原则表明了为何城市规划法是市县法制中的核心、地方行政机构规则发展的结果。[③]

城市管理、环境管理、公众参与和可持续发展是城市规划立法中的

---

① Libardo Rodríguez Rodríguez, *Panorama del Derecho Urbanístico colombiano*, Ex consejero del Estado de Colombia, p. 295.

② Libardo Rodríguez Rodríguez, *Panorama del Derecho Urbanístico colombiano*, Ex consejero del Estado de Colombia, p. 296.

③ 市县委员会职能包括：规范土地使用，参见国家委员会，民事咨询和服务厅，1996 年 3 月 18 日内容，radicacion803；国会行政厅，第一庭，1996 年 11 月 28 日决定，expediente 3.967；国会行政厅，第一庭，2000 年 2 月 10 日决定，expediente5.782；国会行政厅，第一庭，2001 年 4 月 4 日决定，expediente6.538；国会行政厅，第一庭，2002 年 10 月 31 日决定，expediente8.006。

四个重要立法关注内容。尽管存在不同的法律来源，关于土地的使用条例以及土地相关的行政参与权，哥伦比亚的城市规划立法是符合当今立法原则的。自20世纪以来，在该领域哥伦比亚一直在进行法律系统化进程，并先后形成了两部主要法律：1989年的第9号法及1997年的第388号法。

哥伦比亚《宪法》原则，直接在《城市规划法》中以多条不同规定来具体实现，其中值得一提的是总体利益的优先权、公众参与、以及公共职能的平等，拥有一套适当住宅的权利保护，所有权中的社会和生态职责，因公共使用或社会利益的征用权可能性，公共空间完整性的保护，以及共同福祉的分享，公共实体部门参与城市规划行为的利益分配，土地使用法规和土地管理规划的市级立法与司法权限，这些都是城市规划立法中的发展实质。

尽管哥伦比亚城市规划立法制度建设较好，但立法部门涉及领域还相对有限，仅集中在有关规划和土地发展、土地使用分级机制、城市规划行为和规划执行、不动产以自愿转让和征收为获得方式，以及城市规划核准与许可等基本领域。[①]

拉美地区城市立法程序的建立基本实现了立法程序法定化，相关规定也在不断完善，但仍需增加政府部门协调性。同时立法部门仍需面对如何就相关法律法规，及规范进行统合，保障宪法内容的实施，避免部门法与程序法的冲突性立法。基于城市规划的特殊性，立法部门的立法程序仍需增加专业人员参与和公众参与，最大限度实现立法的合理性与适用性。还要协同与其他法律、非法律部门的工作。

第三节　拉美国家法律的立法过程

国家立法过程包括：立法提案、审议、投票、修改、颁布、实施等。

---

① Libardo Rodríguez Rodríguez, "Panorama del Derecho Urbanístico colombiano", Del Libro *Derecho Urbanístico*, Silvia Patricia López González y Jorge Fernández Ruiz (Coordinadores), México, 2011, 参见 http://www.juridicas.unam.mx。

拉美国家的立法提案权主要由政府或机构行使。此外，依据法律的规定，公民也享有立法提案权。立法提案权行使主体向议会提出立法议案，提案内容及提案程序需符合相应法律规定。

一　立法提案的产生机制

根据立法程序的规定，一般拉美国家享有立法提案权的部门包括议会立法部门、行政部门、总统（特别立法提案权）及满足一定条件的公民。各国国情不同。

（1）厄瓜多尔《宪法》规定提交立法动议机构包括："国民大会议员，得到立法小组或至少5%的国民大会议员的支持；共和国总统；国家职能部门就其管辖范围内事务；宪法法院、国家总司法部、总检察院、人权调查组、公共辩护律师办公室在其各自职权范围内；享有政治权利的公民及获得至少0.25%的注册选民支持的社会团体。"

（2）哥伦比亚拥有立法提案权机构包括：宪法法院、司法高级委员会、最高法院、国务院、全国选举委员会、国家总检察长和总审计长有权在其各自职能范围内提出议案。（哥伦比亚《宪法》第156条）。

（3）乌拉圭《宪法》第133条规定法案可由国会两院任何议员、由行政机关通过其部长提出，提案应符合第85条、第86条宪法规定。行政机关可就任何具体规定免税额、最低工资、公共或私人企业的产品或物品最低采购价格提出法案，立法机关不得提高行政机关提出的对于工资和价格的免税额或降低额，不得降低其提出的最高价格。

（一）国家议会成员

随着民主国家行政权力的发展，议会议员通常享有立法提案权。议员可以向立法机构提出议案，经议会审议，获得通过则成为法律。广义来讲，立法行为主体包括政府和议会，以及选民。随着现代民主发展，立法过程大多首先由政府推动。多数已通过法律多由行政机关最先提出，这类法律具有更多实践效用和深远影响。[1] 拉美国家非常普遍的立法现象

---

① Molas, Isidro y Pitarch, Ismael, *Las Cortes Generales en el sisitema parlamentario de Gobierno*, Madrid：Tecnos, 1987, p. 143.

是国会议员提出的议案比总统提出的通过率要低。主要原因是由于行政首脑更倾向于立法意愿获得通过，立法者提出的议案多是代表选民或特定团体的利益，有时并非完全希望议案最终获得通过，甚至明知是不具备通过条件的议案。① 另外，总统议案通常容易获得更广泛的支持，尤其执政党获得议会多数时。

（二）行政机关提案权

这一行政机关"优先"的情况，是宪法赋予总统特别权，在特定领域（通常是国家预算、税收、土地管理等方面）的特别立法提案权。例如，玻利维亚《宪法》赋予行政当局立法提案权，就有关税收种类或性质，取消现有或决定有关国家、部门或大学以及财政支出裁定内容的提案权（《宪法》第59条）。智利共和国总统有就国家政治或行政动乱，国家金融或预算行政执行（包括对《预算法》修订），有关国家或市县财产转让、流转和租赁，陆海空军在和平时期或战时军队补给，外国军队进入共和国领土或国家军队离开国土等内容提案的特别提案权（智利《宪法》第62条）。厄瓜多尔总统仅能就税种建立、修改和取消，提高公共支出或修改国家公共政策部门提出立法议案（厄瓜多尔《宪法》第147条）。秘鲁议会不能通过（tributos con fines）预先决定（predeterminados），除非由行政权力机构提出请求（秘鲁共和国《宪法》第79条）。乌拉圭要求行政权力机关议案提出的所有议案都应是决定免除税收（determine exoneraciones tributarias）或指定最低工资或公共/私人活动产品或物品需求价格的法律（《乌拉圭东岸共和国宪法》第133条）。②

（三）总统的相关立法权限

一般总统有权否决国会通过议案权，依规定宣布法律实施，但不享有的立法权包括：就一些政治问题立法议案的提案权，组织投票（convo-

---

① Mercedes García Montero，"el Procedimiento Legislativo en América Latina"，*América Latina Hoy*，No. 38，2004，Ediciones Universidad de Salamanca.

② Mercedes García Montero，"el Procedimiento Legislativo en América Latina"，*América Latina Hoy*，No. 38，2004，Ediciones Universidad de Salamanca.

car）或公投（plebiscitos），起草预案法。① 总统的特定领域立法提案权，某种程度上避免了议会独自改变某领域法规的问题。国家元首一般不希望由反对党主持议会，如果执政党不能获得议会多数，一定领域立法议案审议投票过程中，立法机构内存在政治复杂因素。拉美多数国家的议会在面对总统希望修改现行政策的决定面前影响力有限；依据法律规定，议会也有权修改任何议案。巴西、智利和哥伦比亚的国家总统有特别立法提案权，玻利维亚、厄瓜多尔、巴拿马、秘鲁和乌拉圭总统的特别立法提案权领域不仅限于预算法。②

　　18 个拉美及加勒比地区国家立法提案权中，除智利和墨西哥两国，其他国家都允许行政和立法机构提出议案。除上述两机构外，还可由国家的不同机构和组织共同提出（见表 2 - 1）。哥伦比亚和厄瓜多尔，是根据《宪法》将立法提案权授予机构最多国家，分别授予 12 个和 11 个实体。另外，智利和墨西哥，拥有立法提案权机构数量最少。此外，有四国的立法提案权归三个部门享有。阿根廷和乌拉圭，除两个国家权力机构外，宪法允许公众提案权；玻利维亚和巴拉圭，最高法院拥有立法提案权。最高法院和公众提案，在 12 个拉美国家宪法中提到，作为国家立法提案权部门。其中 10 国宪法允许公民参与法律起草（iniciar leyes）。

表 2 - 1　　　　　拉美及加勒比地区 18 国拥有立法参与权机构表

国家	A	B	C	D	E	F	G	H	I	J	K	L	M	N
1. 阿根廷	√	√	√											
2. 玻利维亚	√	√		√										

　　① Mark Payne J. Zovatto, Daniel, Carrillo Flórez, Fernando y Allamand Zavala, Andrés, *La Política importa, Democracia y desarrollo en América Latina*, BID：Washington, 2003, p. 201.

　　② Mark Payne J. Zovatto, Daniel, Carrillo Flórez, Fernando y Allamand Zavala, Andrés, *La Política importa, Democracia y desarrollo en América Latina*, BID：Washington, 2003, p. 208.

续表

国家	A	B	C	D	E	F	G	H	I	J	K	L	M	N
3. 巴西	√	√	√	√		√								
4. 智利	√	√												
5. 哥伦比亚	√	√	√	√	√		√	√	√	√	√	√	√	
6. 哥斯达黎加	√	√	√											
7. 厄瓜多尔	√	√	√	√	√		√			√	√	√	√	√
8. 萨尔瓦多	√	√		√										√
9. 危地马拉	√	√		√	√									
10. 洪都拉斯	√	√		√	√									
11. 墨西哥	√	√												
12. 尼加拉瓜	√	√	√	√	√									√
13. 巴拿马	√	√		√						√				
14. 巴拉圭	√	√	√	√										
15. 秘鲁	√	√	√											√
16. 多米尼加	√	√		√	√									
17. 乌拉圭	√	√												
18. 委内瑞拉	√	√	√	√	√									√

注：A. 行政权力机构

B. 立法权力机构

C. 公民权：公民提案权

D. 最高法院（corte supremo）

E. 选举法庭（tribunal electoral）

F. 最高法庭（tribunal superior）

G. 宪法法院

H. 最高司法委员会（consejo superior de la judicatura）

I. 国务委员会（consejo de estado）

J. 国家总检察长（procurador general）

K. 国家总审计署

L. 国家总检察院（fiscal general de la nación）

M. 人民监察员（defensor del pueblo）

N. 地方机关

资料来源：Mercedes García Montero，"el Procedimiento Legislativo en América Latina"，*América Latina Hoy*，No. 38，2004，Ediciones Universidad de Salamanca.

（四）公民提案权

公民提案权是宪法赋予公民群体向议会提交提案的权利。作为基本政治权利的一部分，国家从宪法层面给予保护，具体的公民提案权规定出现在二级法律中。根据国别不同，要求获得一定数量的具有投票权公民的支持。此外，对于公民提案权的要求还包括提案涉及领域，一般为不包括行政权力机构具有特别提案权的领域。具体内容见表2-2。

表2-2　　　　　　　　拉美10国公民提案权情况

国家	进入公民提案权程序所需具有投票权公民比率（%）	限制规定。公民提案权提议不涉及领域	规范执行的法律
1. 阿根廷	登记投票人口1.5%，至少包括6个选区选民	一宪法改革 一国际协定 一税收 一预算 一刑法相关内容（《阿根廷宪法》第39条）	1996年《公民提案权法》（国家法，Ley 24.747）
2. 巴西	1%（选民数95万），至少分布在5个州	一直接行政管理和行政机构公共职位、职能或雇员设立或提高薪酬 一行政和法律机构，有关税收和预算、有关国土行政管理公共服务和人员管理 一有关国家和国土公务员及其法律制度、职责范围，警察的任期与退休，公民军队退休与专业问题 一检察院和国家公诉机关，以及两部门机构总则，联邦区和国土机构总则等 一设立、架设和授权公共管理部门和机构（《宪法》第61条）	1988年第9.709号法（Ley No.9.709）

续表

国家	进入公民提案权程序所需具有投票权公民比率（%）	限制规定。公民提案权提议不涉及领域	规范执行的法律
3. 哥伦比亚	5%登记选民	—发展与公共投资国家规划 —国家行政管理结构 —设立、废除、改组行政部门及其最高领导，国家级公共或其他实体设立 —设立、授权国家工业和商业企业和混合制经营公司 —授权政府订立合同、协商公债及国家利益让渡 —公共信贷组织 —外贸规则和对外汇率制度说明	1994 年 5 月 31 日第 134 号法
4. 哥斯达黎加	5%登记选民	—预算相关立法 —税收 —财政 —具有行政特点贷款、合同或行为的核准	2002 年第 8281 号法
5. 厄瓜多尔	1%已注册登记选民	—刑法领域内容 —设立、修改或取消税种 —提高公共支出 —修订国家政治—行政区划	无具体法规
6. 尼加拉瓜	不少于 5000 人签名	—组织法 —税收法 —具有国际性质法 —共和国预算总署（《宪法》第 140 条） —宪法级别法（选举法、紧急法、保护法）（《宪法》第 3 条，第 269 号法第 97 条）	1997 年第 269 号法

续表

国家	进入公民提案权程序所需具有投票权公民比率（％）	限制规定。公民提案权提议不涉及领域	规范执行的法律
7. 巴拉圭	不少于2%常住登记人口中的注册选民签名	—部门或是立法 —国际条约和协定通过 —征收 —国防 —不动产所有权限制条款 —税收、货币和银行体系 —公债交易 —国家预算总署 —国家、部门和市县选举（《宪法》第122条、第267条，1996年第834号法）	1996年第834号法
8. 秘鲁	不少于国家选民人口的0.3%	—公共支出 —税收（《宪法》第12条、第79条，第26300号法）	1994年第26300号法
9. 乌拉圭	投票登记人数，需达居民总数的25%	—税收 —公共部门职位和服务设立或取消 —公职工资设立或修改 —职位、工资、辞退制度，薪资提高，确立养老金或改善养老金制度，赔偿处罚金规定，事假、节假或退休福利建立或修改 —税收免征规定 —最低工资、公共或私人产品或服务定价（《宪法》第79条）	无规定

续表

国家	进入公民提案权程序所需具有投票权公民比率（%）	限制规定。公民提案权提议不涉及领域	规范执行的法律
10. 委内瑞拉	不少于0.1%长期选民登记注册人口。修改宪法需达登记选民的15%	无规定	无规定

资料来源：Mercedes García Montero，"el Procedimiento Legislativo en América Latina"，*América Latina Hoy*，No. 38，2004，Ediciones Universidad de Salamanca.

总的来说，公民立法提案提交的基本要求是一定数量的签名以及符合规定的支持意愿，满足法律规定议案提交的最低比率。委内瑞拉、秘鲁和尼加拉瓜是拉美国家中对支持率要求较低国家，同时乌拉圭是所有国家中，对支持公民数量要求最高的国家。

二　法案制定

立法程序第二阶段，是议会的专门内部立法程序。这是立法成文过程以及进行议案讨论并投票过程，由两个基本议会组织结构——委员会和全体会议负责。

内部立法协商过程值得关注，涉及两个不同领域。一方面，政治上受到国会党派构成影响，议会中的不同党派议员对法律决定实施影响。另一方面，在两院制国家，立法需要参众两院讨论。一院制或两院制中，结果可能是通过、不通过或通过修改后议案等。同时，这一议会协商程序在政治和法律结构上适用立法程序，包括投票规则。

这一阶段从法律草案到最终裁定都由立法机关进行，立法提案程序基本结构参见图2-1。同时，拉美各国存在机制和规则上的差异性。

（一）法案提出

在议会提出立法议案是立法程序第一步。在拉美，根据各国宪法和相关立法规定有四种立法提案方式。参见表2-3。（1）议案可以向总统或管理委员会提交，委员会成员决定专送至常设委员会或全体会议。

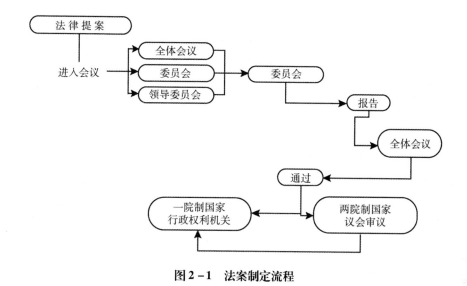

图 2 - 1　法案制定流程

（2）向议会秘书处提交，在这种情况下，由秘书处决定其专送部门。
（3）直接交给委员会。（4）在全体会议上召开第一次会议，会上宣读法律需转交的具体委员会。在拉美国家中，法律颁布方式各国不尽相同，也没有统一的惯例。上述四种方式中，最少采用的是直接交由某一委员会颁布。①

表 2 - 3　　　　　　拉美及加勒比地区国家向议会提交立法提案规定

国家和议会	议案的提出	议会议长或领导委员会呈交部门或全体会议	秘书处呈交委员会或全体会议	直接送交委员会	先经全体会议讨论后呈交委员会
阿根廷					
众议院	行政权力机关或参议院提出议案			√	

---

①　Mercedes García Montero，"el Procedimiento Legislativo en América Latina"，*América Latina Hoy*，No. 38，2004，Ediciones Universidad de Salamanca.

续表

国家和议会	议案的提出	议会议长或领导委员会呈交部门或全体会议	秘书处呈交委员会或全体会议	直接送交委员会	先经全体会议讨论后呈交委员会
众议院	众议员				√
参议院	任何提案者		√（委员会）		
玻利维亚					
众议院	众议员				√
	其他提案者	√（全体会议）			
参议院	任何提案者	√（全体会议）			
巴西					
众议院	众议员			√	√
	其他提案者	√（委员会）			
参议院	参议员			√	√
	其他提案者	√（委员会）			
智利					
众议院	任何提案者				√
参议院	任何提案者				√
哥伦比亚					
代表议会	任何提案者		√（委员会）		√
参议院	任何提案者		√（委员会）		√
哥斯达黎加	任何提案者		√（委员会）		
厄瓜多尔	任何提案者		√（总统，并由总统呈交委员会）		
萨尔瓦多	任何提案者		√（总统，并由总统呈交委员会）		
危地马拉	任何提案者		√（全体会议）		

续表

国家和议会	议案的提出	议会议长或领导委员会呈交部门或全体会议	秘书处呈交委员会或全体会议	直接送交委员会	先经全体会议讨论后呈交委员会
洪都拉斯	任何提案者		√（委员会）		
墨西哥					
众议院	任何提案者			√	
参议院	任何提案者			√	
尼加拉瓜	任何提案者		√（全体会议）		
巴拿马	起草中的组织法		√（委员会）		
	议员				√
巴拉圭					
众议院	任何提案者	√（委员会）			
参议院	任何提案者	√（委员会）			
秘鲁	任何提案者	√（委员会）			
多米尼加共和国					
众议院	任何提案者			√	
参议院	任何提案者			√	
乌拉圭					
代表议会	任何提案者	√（委员会或全体会议）			
参议院	任何提案者	√（委员会或全体会议）			
委内瑞拉	任何提案者	√（全体会议）			

资料来源：根据文章整理：Mercedes García Montero，"el Procedimiento Legislativo en América Latina"，*América Latina Hoy*，No. 38，2004，Ediciones Universidad de Salamanca.

　　其他有关法案颁布程序要看法律草案的内容。在两院制国家，一些法规尤其是宪法中特别规定，根据法律草案内容决定是否需要首先由议会或其他部门提出。关于法律草案提出的时间规定，如果没有在草案中特别规定，则无具体要求。

表2－4拉美国家立法规定和宪法有关形式和技术方面法案的专门规定进行了分析。立法草案：因为各国立法程序习惯不同，所以表2－4并未就各国立法程序类型进行划分。纵观拉美各国，对议案普遍的要求是需要对立法原因进行阐述。但对技术研究或补充文献并未进行太多分程序立法要求。同时，对于执行议案的立法预算要求也不多。因为这些程序性立法要求会增加法律提案的产生，不利于立法初级阶段发展。

表2－4　　　　　立法草案提交时程序性、内容的法律规定

国家	提交纸质版	签名要求	理由陈述	条款划分，明确和具体的法律结构	支出预算	技术研究或文献
阿根廷	√	15位众议员				
玻利维亚*	√3份复印件		√			
巴西				√		
智利		10位众议员，5位参议员	√		√	
哥伦比亚	√2份复印件		√	√		
哥斯达黎加	√16份复印件					
厄瓜多尔		10位众议员				
危地马拉	√		√			√
洪都拉斯	√		√			
尼加拉瓜	√2份复印件		√		√	
巴拉圭	√	10位众议员，6位参议员		√		
秘鲁			√	√	√	√
乌拉圭	√		√			

续表

国家	提交纸质版	签名要求	理由陈述	条款划分，明确和具体的法律结构	支出预算	技术研究或文献
委内瑞拉		√			√	√

注：＊议案可通过媒体、特殊介绍登记或其他方式获得支持。

资料来源：根据文章整理，参见 Mercedes García Montero，"el Procedimiento Legislativo en América Latina"，*América Latina Hoy*，No. 38，2004，Ediciones Universidad de Salamanca。

（二）法案提交委员会相关程序

拉美立法程序规定主要在该环节涉及以下三方面规范。

第一，拉美地区最多采用的交给相关委员会程序多由议会秘书处或主席完成，而没有过多环节。如在阿根廷参议院，哥伦比亚、墨西哥、巴拉圭和多米尼加共和国两院情况下，以及在哥斯达黎加、厄瓜多尔、萨尔瓦多、洪都拉斯和秘鲁等。

第二，其他将法案交给委员会的方式是通过一次全体会议讨论后确定具体委员会部门并移交，如在玻利维亚、智利、危地马拉、尼加拉瓜和委内瑞拉。

第三，存在混合制提交议案给行政权力机关要通过有立法权的机构或议员（在两院制国家），直接呈交委员会，同时参与呈交的、具有立法权的议会机构会在全体会议公布。如阿根廷参议院、巴西和巴拿马两院。乌拉圭的情况不同，选择了由两院秘书处或领导委员会将法案提交全体会议或委员会。

（三）全体会议程序

按照规定，委员会将议案送交全体会议，一般法案经讨论后，投票表决。在两院制国家则在两院分别讨论表决。表决结果，如果法案未通过或废除，则存档，若通过则进入下一步立法程序。在一院制国家，如果经议会讨论通过后，则法案直接送交行政权力机构，两院制国家，则一般交由审议议院。与其他地区不同的拉美议会特别规定如表2-5。

1. 讨论次数

首先是议会讨论法案次数，参见表2-6。讨论目的是让法律在谨慎评估前提下订立，减少立法错误。宪法仅对立法议案讨论进行了简单规定，对讨论周期和长度进行了规定。

表 2 - 5 　　　　　　　　　　法案提交委员会的方式

递交相关委员会	经过一次全体会议讨论	混合制
阿根廷参议院	玻利维亚众议院	阿根廷众议院
哥伦比亚众议院	玻利维亚参议院	巴西众议院
哥伦比亚参议院	智利众议院	巴西参议院
墨西哥众议院	智利参议院	巴拿马议会
墨西哥参议院	危地马拉议会	乌拉圭议会
巴拉圭众议院	尼加拉瓜议会	
巴拉圭参议院	委内瑞拉议会	
多米尼加共和国众议院		
多米尼加共和国参议院		
哥斯达黎加议会		
厄瓜多尔议会		
萨尔瓦多议会		
洪都拉斯议会		
巴拿马议会		
秘鲁议会		

资料来源：根据各国立法程序整理。根据文章整理，参见 Mercedes García Montero，"el Procedimiento Legislativo en América Latina"，*América Latina Hoy*，No. 38，2004，Ediciones Universidad de Salamanca。

拉美地区 12 国立法程序规定中，议会讨论为两次。一般第一轮为一般性讨论，就议案整体进行评估，如被认为具有可行性则进行第二轮专门性或具体讨论。第二轮讨论多为条款逐条讨论，也有例外，如阿根廷众议院，第二轮讨论是在议案经过议会委员会先期认可后进行。投票仅决定议案通过与否。在阿根廷参议院，有权在投票时指明投票的特别条款。在智利参议院，法律规定，对委员会已经通过或已经否决议案，讨论环节可以省略，仅需进行特别讨论并投票。如有议员对委员会意见提出质疑，则进行相关讨论。在厄瓜多尔，议会第一轮议案讨论，可提出相关建议。之后退回委员会，待新增修改后进行第二轮讨论。在第二轮讨论中，议案通过，修改或否决都由投票多数决定，组织法立法有其他规定（厄瓜多尔《宪法》第151—153条)[1]。

表2-6　　　　　　　　　　　立法程序讨论次数

一次讨论	两次讨论	两次讨论（第一次为委员会讨论）	三次讨论
1. 玻利维亚 非议会成员立法者提出议案 2. 巴西 当议会行使审议议会职能时 3. 秘鲁 也可能进行两轮讨论（由领导委员会决定）	1. 阿根廷 第一轮为一般讨论，第二轮为专门性讨论 2. 玻利维亚 由议会成员立法者提出议案，进行两轮讨论 3. 智利 第一轮为一般性讨论，第二轮为细节讨论 4. 巴西 当议会行使初始议会职能时，进行两轮讨论 5. 厄瓜多尔 6. 萨尔瓦多 第一轮为一般讨论，第二轮为专门性讨论 7. 墨西哥 8. 尼加拉瓜 9. 巴拉圭 10. 多米尼加共和国 11. 乌拉圭 12. 委内瑞拉	1. 哥伦比亚 2. 哥斯达黎加	1. 危地马拉 2. 洪都拉斯 3. 巴拿马 第一轮为委员会讨论，第二、第三轮为全体会议讨论

资料来源：参见 Mercedes García Montero，"el Procedimiento Legislativo en América Latina"，*América Latina Hoy*，No. 38，2004，Ediciones Universidad de Salamanca。

2. 投票与多数

全体会议投票是法案形成的最后阶段，即经议员选择支持或反对议

---

[1]　Mercedes García Montero，"el Procedimiento Legislativo en América Latina"，*América Latina Hoy*，No. 38，2004，Ediciones Universidad de Salamanca。

案。然而，实际执行这一程序时更多体现了政党博弈，削弱了立法程序设计的权利限制初衷。由于代表来自各自支持的政党，因此政党直接影响议会，政党组织与国会立法之间的关系难以区分①，某种程度上决定了议会的灵活与职能特点。

仅就立法程序讨论，拉美国家的投票主要有两类决定议案方式，参见表 2 - 7。多数（11 国）通过议会议员投票获得简单多数。投票多数规定各异。第二类国家，需要获得议会全体议员的绝对多数投票支持。大多数国家对议案通过的投票要求都是在议会全体会议上。投票的多数规定，在拉美地区共有 7 种类型。分别是：

（1）议会全体成员简单多数（厄瓜多尔通过或不通过国际条约和协定，厄瓜多尔《宪法》第 162 条；政策管理中的行政职责审查，危地马拉《宪法》第 130 条；危地马拉监督职能使用，国家部门不信任案）；

（2）通过、修改、废除宪法性质组织法（依据智利《宪法》第 63 条）；

（3）3/4 议会全体投票多数（如乌拉圭对 17 项预算有关议案，以及反对总统否决权，巴西《宪法》第 203 条；巴西对宪法修改议案，对通过、修订和废除宪法相关内容法律规定；委内瑞拉要求对裁定与补偿相关，或共和国总统立法职能相关居民法通过时使用，《宪法》第 203 条）；

（4）议会全体绝对多数（阿根廷 6 种，巴西 7 种情况下，哥伦比亚 11 类议案，墨西哥 3 种，巴拿马 4 种，巴拉圭和秘鲁分别 2 种，乌拉圭 6 种情况下）；

（5）2/3 参会投票所有议员（8 国使用，分别为阿根廷、智利、哥伦比亚、洪都拉斯、巴拿马、多米尼加共和国、乌拉圭和委内瑞拉）；

（6）2/3 全体成员（是拉美最常用议案投票通过规定，10 国使用）；

（7）3/4 议会出席成员票（哥伦比亚就 1—2 位立法者使用国库资金赴海外执行专项任务投票表决时使用）。②

---

① White Gómez, Elaine, "Soberanía parlamentaria: Ficción o realidad? Los partidos políticos en el Parlamento costarricense", *Contribuciones*, No. 4, 1997.

② 参见 Mercedes García Montero, "el Procedimiento Legislativo en América Latina", *América Latina Hoy*, No. 38, 2004, Ediciones Universidad de Salamanca。

表2－7 拉美及加勒比地区多数国家立法通过所需议会多数票类型

议会全体简单多数	全体会议出席议员4/7	3/4议会全体投票多数	议会全体绝对多数	2/3参会投票所有议员	2/3全体成员	3/4议会出席成员票
厄瓜多尔(2) 危地马拉(1)	智利(1)	乌拉圭(17) 巴西(1) 智利(1) 委内瑞拉(2)	阿根廷(6) 巴西(7) 哥伦比亚(11) 墨西哥(3) 巴拿马(4) 巴拉圭(2) 秘鲁(2) 乌拉圭(6)	阿根廷(2) 智利(5) 哥伦比亚(1) 洪都拉斯(3) 巴拿马(1) 多米尼加共和国(3) 乌拉圭(9) 委内瑞拉(1)	阿根廷(1) 巴西(5) 哥伦比亚(2) 哥斯达黎加(11) 厄瓜多尔(2) 萨尔瓦多(9) 危地马拉(3) 巴拉圭(2) 乌拉圭(5) 委内瑞拉(1)	哥伦比亚(1)

注：括号内为适用该规定的议案类型数量。

资料来源：参见 Mercedes García Montero， "el Procedimiento Legislativo en América Latina"，*América Latina Hoy*，No. 38，2004，Ediciones Universidad de Salamanca。

3. 两院意见分歧

在两院制拉美国家，立法议案分别呈交两院审议，并将两院分别命名为初始议院和审议议院。分别指首次收到议案并开始议会程序议院和首次收到的已经经过讨论和通过的议院。两院间对议案的协商是决定议案是否进入正式立法的关键。① 当两院通过法律议案时，议案呈交国家行政权力机关，开始立法程序最后一步，即执行法案生效步骤。但两院制

---

① 参见 Payne，Mark J.；Zovatto，Daniel；Carrillo Florez Fernado y Allamand Zavala Andrés，*La política Importa. Democracia y Desarrollo en América Latina*，BID：Washington，2003。

国家也会出现由于众参两院对议案未能通过情况。

4. 完全否定

在上述所涉及所有两院制拉美及加勒比地区国家中，仅有多米尼加共和国议员的法案不具备完全被审议议院完全否决的法律程序条件。其他两院制国家的立法规定，允许完全否决情况发生，[1] 程序规定如下：

（1）被众参两院任一议院完全否决法案归入档案。如阿根廷、巴西、哥伦比亚、乌拉圭。

（2）被初始议院否决法案归入档案，但初始议院通过法案，而被审议议院完全否决的，法案重新交由初始法院（玻利维亚、墨西哥、巴拉圭）或交由两院混委会（智利），决定是否决还是重新开始立法审议程序，各国情况不同。[2]

三　修改草案

当议会审议提出修改已由初始议会通过议案时，各国议会的处理情况不同。具体参见表2－8。

表2－8　　　　　　　　　两院意见分歧情况的程序规定

	审议议会	初始议会	两院会议或委员会	议案裁定
阿根廷	修改（2/3 参会议员）	接受修改		审议议会议案
	修改（2/3 参会议员）	坚持原议案（2/3 参会议员）		初始议会议案
	修改（参会议员绝对多数）	接受修改		审议议会议案

---

① Rubio Llorente Francisco. Función legislativa, poder legislativo y garantía del procedimiento legislativo. En el Procedimiento Legislativo. V Jornadas de Derecho Parlamentario, Madrid, Publicaciones del Congreso de los Diputados, 1994.

② Mercedes García Montero, "el Procedimiento Legislativo en América Latina", América Latina Hoy, No. 38, 2004, Ediciones Universidad de Salamanca.

续表

	审议议会	初始议会	两院会议或委员会	议案裁定
阿根廷	修改（2/3 参会议员）	未获投票多数坚持原议案		审议议会议案
	修改（绝对多数参会议员）	持原议案（参会议员绝对多数）		初始议会议案
玻利维亚	修改	接受修改（绝对多数）		
		不接受修改	代表会（达成共识）	议会共识版本议案
		不接受修改	代表会（未达成共识）	归档
智利	修改	接受修改	审议议会议案	
		不接受修改	混合委员会（达成共识）	委员会共识版本
		不接受修改	不接受修改	混合委员会（未达成共识）
		不接受修改	初始议会未达到多数，审议议会坚持修改（获得出席议员2/3投票支持）	审议议会议案
		不接受修改	初始议会拒绝修改（2/3出席议员支持）	归档
	完全否决		混合委员会（达成共识）	委员会共识版本
			混合委员会（未达成共识）	
			初始议会坚持，审议议会未获多数支持	初始议会议案

续表

	审议议会	初始议会	两院会议或委员会	议案裁定
智利	完全否决		初始议会支持（2/3），审议议会坚持否决（2/3）	存档
哥伦比亚	完全否决			存档
	修改		临时协调委员会（达成共识）	
			初始议会接受共识，审议议会接受共识	委员会共识版本
			临时协调委员会	
			某一议会不接受共识	议案不修改
墨西哥	完全否决	坚持议案（参会议员绝对多数）。审议议会接受（参会议员绝对多数）		初始议会议案
		坚持议案（参会议员绝对多数）。审议议会坚持否决（参会议员绝对多数）		归档
	修改	坚持议案（参会议员绝对多数）。审议议会接受参会议员绝对多数）		初始议会议案
		坚持议案（参会议员绝对多数）。审议议会坚持修改（参会议员绝对多数）	两院同意继续未修改议案立法程序	议案不修改
巴拉圭	完全否决	不坚持		归档

续表

	审议议会	初始议会	两院会议或委员会	议案裁定
巴拉圭	完全否决	坚持议案（绝对多数）。审议议会否决（获 2/3 出席议员投票）		归档
		坚持议案（绝对多数）。审议议会未获投票多数或接受		初始议会议案
	修改	接受修改		审议议会议案
		不接受修改（绝对多数）。审议议会坚持修改（绝对多数）		审议议会议案
		不接受修改（绝对多数）。审议议会不支持或未获多数投票支持		初始议会议案
		接受部分修改，其他修改不接受，审议议会分析未接受部分，并投票以绝对多数决定		初始议会议案
多米尼加共和国	修改	接受修改		审议议会议案
		不接受修改。审议议会坚持修改		初始议会议案
		不接受修改。审议议会不坚持修改		归档
乌拉圭	修改	接受修改		审议议会议案
		不接受修改	议会总会议	
			通过初始议会议案	初始议会议案
			通过审议议会议案	审议议会议案
			通过新议案	议会版

资料来源：参见 Mercedes García Montero，"el Procedimiento Legislativo en América Latina"，*América Latina Hoy*，No. 38，2004，Ediciones Universidad de Salamanca.

在阿根廷，修订需根据投票结果决定，获得绝对多数通过或获得审议议会2/3在席议员通过，由此决定草案后续程序。此外，初始议会多数意愿仅对审议议会实施修订产生影响。审议议会通过2/3支持票决定：

（1）初始议会接受修改意见，提交行政权力机关的为审议议会审定文本。

（2）初始议会坚持初始通过议案，且获2/3议员通过，交给执行机关的为初始议会通过版本。

（3）初始议会议案未获得2/3通过，提交审议议会审议。审议议会以投票形式获得绝对多数支持决定修改草案。

（4）初始议会接受修改，将参议院修改后文本交行政权力机关。

（5）初始议会通过初始议案以同样多数或更高支持率，则将未修改草案呈送下一过程。

在玻利维亚，当有议会两院间分歧时，有两种程序情况：

（1）初始议会以绝对最多数投票结果，接受审议议会主持的修改。修改后议案交行政权力机关。

（2）如初始议会并未接受修改，两院（国会）审议，达成一致。最终该协商结果为行政权力机关最终版本。如未能达成一致，立法议案将归入档案。

在智利，由审议议会提出的补充议案，具体立法程序规定与玻利维亚近似。

（1）初始议会接受审议议会对议案的修改，将修改议案交由行政权力机关。

（2）初始议会不接受修改时，成立混合委员会，由两院议员共同组成，用于拟定两院接受、移交执行机关的法律议案。如混合委员会不能达成共识，或所提交议案遭两院否决，则重新面临两种可能：一是审议议会以2/3支持通过修改意见，而初始议会没达到这一比例时，将审议议会版本呈交执行机关。二是初始议会以2/3支持率拒绝增加修改内容，议案归入档案。

在哥伦比亚，审议议会增加立法意见时，也会成立两院委员会，定名为临时协调委员会。通过委员会达成协议，该修改意见经两院第二次讨论通过，将会把委员会提出的修改议案提交执行机关。如果两院未能接受，则将初始议会议案提交行政权力部门。

在墨西哥，审议议会提出修改意见后的几种情况是：

（1）初始议会以绝对多数不同意议案修改和审议议会意见，以同样多数，决定不支持修改，则进入下一立法程序的为初始议会提出议案。

（2）初始议会以绝对多数不接受修改和审议议会意见，以同样多数，接受修改意见。这一情况下，两院如能对此修改达成一致，则继续未修改前的程序。

在巴拉圭，对审议议会提出的议案修改，有 4 种可能：

（1）初始议会接受修改，经立法部门认可文本为审议议会版。

（2）初始议会以绝对多数拒绝修改，审议议会没有多数或不坚持修改。则使用初始议会议案。

（3）初始议会以绝对多数拒绝修改，审议议会以同样多数坚持修改。则选用审议议会版本。

（4）初始议会接受部分修改，否定其他修改，审议议会就未经初始议会接受条款以绝对多数投票结果决定。

在多米尼加，如初始议会接受修改，送行政权力机关议案为审议议会版，如不接受，且审议议会不坚持本议会修改，则立法机关将按初始议会议案颁布法律。当两院坚持各自意见，最终议案归档。

在乌拉圭，审议议会的修改，如初始议会能接受，则以审议议会版本继续立法程序，如未通过，则两院共同召开议会会议，达成协议。[①]

总的来说，拉美国家由审议议会提出的修改草案，需重新获得初始议会通过，需要获得两院共同许可。有些国家采取召开两院议会的方法，就统一议案结果达成共识，或通过两院组成的特殊委员会实现获得两院许可，如玻利维亚、哥伦比亚、智利和乌拉圭。另外，作为一般性条款，

---

① Rubio Llorente Francisco, Función legislativa, poder legislativo y garantía del procedimiento legislativo, En *el Procedimiento Legislativo*, *V Jornadas de Derecho Parlamentario*, Madrid, Publicaciones del Congreso de los Diputados, 1994, pp. 21 – 34.

对议会分歧，如果两院坚持各自意愿，议案处理多以存档结束，或有条件考虑初始议院文本，除巴拉圭。

四　法案生效

法案生效是指法案经国会递交执行机关过程。这一立法程序将议会决议变成法律，也是立法中关键环节（见表2－9）。

表2－9　　　　拉美国家立法程序有关否决权和坚持议案权的规定

国家	执行否决权时限	机制	议会坚持议案通过所需多数票	是否有具体程序法规定
阿根廷		初始议会、审议议会	2/3 出席议员	是
玻利维亚	10 天	两院全体国会会议	2/3 出席议员	是
巴西	15 天	两院集体会议	绝对多数议员	是
智利	30 天	未通过*		是
		初始议会、审议议会	2/3 出席议员	是
哥伦比亚	6—20 天**	初始议会、审议议会	绝对多数议员	
		法案内容是否为非宪法性质，由宪法法院裁决		
哥斯达黎加	10 天	议会	2/3 议员	
厄瓜多尔	10 天	完全反对（议会可在一年后经单一讨论重新考虑该议案）	2/3 议员	
		部分反对（30 天后，重新进行一轮讨论）	2/3 议员	
萨尔瓦多	10 天	议会	2/3 议员	
		对非宪法性否决，需经最高法院裁定		
危地马拉	15 天	议会	2/3 议员	
洪都拉斯	10 天	议会		
		否决非宪法性法案需经最高法院裁决	2/3 出席议员	
墨西哥	10 天	初始议会、审议议会	2/3 议员	
尼加拉瓜	15 天	议会	绝对多数议员	

续表

国家	执行否决权时限	机制	议会坚持议案通过所需多数票	是否有具体程序法规定
巴拿马	30 天	议会	2/3 出席议员	
巴拉圭	6—12 天***	初始议会、审议议会	绝对多数议员	
秘鲁	15 天	议会	绝对多数议员	
多米尼加	8 天	初始议会、审议议会	2/3 议员	
乌拉圭	10 天	两院全体议会	3/5 出席议员	
委内瑞拉	10 天	国家议会	2/3 议员	
		否定非宪法性法案须经宪法法庭决定	绝对多数	

注：* 智利，如意见与法案主体内容并无直接关系，议会主席可宣布未通过，初始议会认为有必要保留议案，则进行后续立法程序。宣布未通过，需要接受相应监督（LOCCN，第 32 条）；** 政府如对任何议案的反对意见不满 20 条时，需在 6 天内将议案退回；或对有 21—50 条意见议案在 10 天内退回；当反对条款超过 50 条，政府有 20 天时间退回；*** 行政机关通过法案所有内容，且无任何意见返回给初始议院时，期限为 6 天内；如有 10 条反对意见则有 10 天执行时效；如意见条款超过 20 条则执行时间为 12 天。

资料来源：参见 Mercedes García Montero，el Procedimiento Legislativo en América Latina，América Latina Hoy，No. 38，2004，Ediciones Universidad de Salamanca。

依据法律规定完成立法程序或是否决议案（包括全部和部分否决）。如果被否决，则议案立法程序限于议会权力。议会同时可以推动已投票议案进行，坚持议会决定。在立法程序的这一阶段，需要明确区分立法权和行政权。

否决是重要的约束国会立法权内容、行政权力唯一可以阻止国会法律颁布决议的法律手段。议会坚持己见，同时，也是立法程序中的最后一步。否决和坚持议案，在某些情况下，是冲突和相关权力博弈的表现。大量否决在一定程度上都是两权斗争的表现。但拉美学者对此一直有争议的是，否决权究竟是执行机关（由其使用否决权）还是议会权力（由其触发否决权）的评价标准，根据个案观点各异。有关议会坚持议案，相对较难分析。最终议会获胜，可被视为立法和行政权冲突的开始，也可能是议会权力增加的表现。①

立法权力机构坚持议案，需获得特别多数要求通过这类决议。法律程序机制中，对于被否决后议会坚持有议会投票数量和推行程序的复杂规定。有些国家规定众参两院分别就此投票表决，或者由立法会全体会议决定，如玻利维亚、巴西和乌拉圭。

否决权在国会坚持立法或投票获得简单多数或绝对多数支持时，效力降低。当国会获得简单多数，否决权的实际效力为延迟法律实施，但总统不能阻止议会改变议案修改的决定。拉美国家立法程序多未规定需要的多数票具体要求，规定议会可反对否决议案的国家有：巴西、哥伦比亚、巴拉圭、尼加拉瓜、秘鲁和委内瑞拉。②

总统否决权，有更大的法律权限。如总统行使否决权，议会若坚持议案，需要获得特别多数支持，一般指2/3，包括阿根廷、智利、墨西哥和玻利维亚。乌拉圭要求两院在全体会议上获得投票以3/5支持，这一立法程序规定要求略低于其他拉美国家的2/3。否决权，在地区某些国家立法程序中，具有更大法律效力，如厄瓜多尔。根据该国法律的规定，议会的坚持议案权，在否决法案后满一年使用。③

此外，哥伦比亚、厄瓜多尔、洪都拉斯、巴拿马和委内瑞拉，还对总统否决立法议案进行了特别规定。要求除宪法外的其他所有法律或部分非宪法法律。在这些情况下，有时需要宪法法院，或宪法法院特别法庭或最高法院特定法庭等，用以裁决法案所涉法律是否为宪法性法律。如宪法法院等裁定为宪法性质或与宪法相关，则法案通过实施无须获得总统通过。

---

① Mollinelli, Guillermo; Palanza, Valeria y SIN, Gisela, *Congreso, Presidencia y Justicia en Argentina*, Buenos Aires: Temas Grupo Editorial, 1999, pp. 102 – 103.

② 参见 Mark Payne J., Zovatto, Daniel; Carrillo Flórez, Fernando y Allamand Zavala, Andrés, *La Política importa. Democracia y desarrollo en América Latina*, BID: Washington, 2003。

③ Mark Payne J., Zovatto, Daniel; Carrillo Flórez, Fernando y Allamand Zavala, Andrés, *La Política importa, Democracia y desarrollo en América Latina*, BID: Washington, 2003, p. 204.

五　拉美立法程序与城市规划立法发展

由此可见，不同立法过程中，都有两个基本要素：政治和立法。在政治要素下对立法程序进行分析，符合拉美实际。

具体来讲，根据上述对拉美及加勒比地区 18 个国家制度规定和立法体系的对比可见，立法过程分三个阶段：提出议案、审议和通过。提案阶段，由具有立法提案权的不同机构提出，各国对此法律规定并不相同。几乎所有拉美国家总统都具有绝对提案权，也同时具有公民提案权。审议阶段，议会在此阶段充当了为议会不同政党议员，提供政治协商机构的职能。在两院制国家，这一协商过程还包括两院间的协商。在这两个立法协商过程之后是两个重要审议过程：委员会和全体会议审议。审议过程重要的是审议讨论次数和投票规则，这些对是否决定立法有重要影响。也有时会出现两院意见不统一。[①] 在法律通过实施阶段，当草案经立法机构确立后交由行政执行机关。这一过程是在立法权和行政权之间的法律交接，是透明的。总统有否决权，议会也有坚持决定的权力。需要指出的是，在现行拉美议会立法过程中，始终伴随政治博弈过程，尤其是不同政党之间的竞争。

第四节　立法过程中的公众参与机制
——以墨西哥为例

在拉美地区，公众对法律广泛关注和参与兴起于 20 世纪 60 年代末期。20 世纪最后 30 年，拉美国家逐步经历了深刻的变革，最显著的政治变革是随着全球范围内的民主化，逐步出现了公众参与法律的发展进程。[②]

---

① Rubio Llorente Francisco, Función legislativa, poder legislativo y garantía del procedimiento legislativo, En *el Procedimiento Legislativo*, *V Jornadas de Derecho Parlamentario*, Madrid, Publicaciones del Congreso de los Diputados, 1994, pp. 21 – 34.

② 参见 Sermeño A., "Ciudadanía y teoría democrática", en Metapolítica, núm. 33, Vol. 8. enero-febrero del 2004, MéXIco, pp. 87 – 94。

公民权是民主在法律框架下的一种映现，公众参与是其具体的权利形式之一，亦是社会—国家关系的实现方式之一。公民有意识地参与、有安排地沟通，并在求同存异的博弈过程中，公众参与行为成为一种具有双重途径（精神、道德上的和法律规范上）的分析模式，将社会目标（包括个体目标）和国家目标同时融入其中，形成规制内涵。它一方面受到民主和公民权的指引，另一方面成为构建民主和公民权的内容。①

拉美地区的公众参与相关法律的制定与实施虽经历了早期学习、借鉴西方的经历，但在近、当代也逐步实现了本土化，步入更有可行性的发展阶段。这一经历值得关注，并有待于学者从政治学、法学、规划学乃至哲学对其做进一步多学科分析，亦可从比较研究、案例研究，分析研究地区内部各国间的差异性及近似性，对该地区的公众参与进程有所界定。

一 公众参与的法律保障机制

墨西哥的公众参与权利受以下联邦法律保护：墨西哥《宪法》（确立了公众参与权利：第 1 条中的信息知情权；第 8 条中的请愿权；第 9 条中的协作权；第 26 条中的发展计划参与权）、《墨西哥规划法》（Ley de Planeación）、《联邦政府公共信息透明与知情法》（ley federal de trasparencia y acceso a la informacion publica gubernamental）、《联邦公民社会机构活动开展促进法》（Ley Federal de Transparencia y Acceso a la Información Pública Gubernamental）、《联邦促进公民社会组织开展活动法》（Ley Federal de Fomento a las Actividades Realizadas por Organizaciones de la Sociedad Civil）等，这些法律法规逐步构建并发展了墨西哥公众参与领域的法律体系，有力保障了公民参与权利的实现。②

---

① Mario Espinosa, "La Participación Ciudadana como una Relación Socio-Estatal Acotada por la Concepción de Democracia y Ciudadanía", *Revista Andamios*, Volumen 5, número 10, abril 2009.

② La participación ciudadana, 参见 http：//www. df. gob. mx/leyes/participacion/participacion2. html, p. 2。

（一）墨西哥《宪法》对公众参与权的保障

墨西哥《宪法》第 6 条为公民参与的民主发展提供了两大基本保障：知情权和言论自由权。除了人身攻击、损坏第三方权益、犯罪、扰乱公共秩序等行为外，禁止对表达公民观点行为进行任何法律审查。同时，国家保障公民知情权。

《宪法》第 7 条赋予了公民自由写作、发表和出版的权利。第 8 条中要求公共部门职员、雇员尊重公民行使请愿的权利，尤其是涉及国家公民权益的，需要考虑全体公民的意愿。简言之，政府的决议应为了相应人群。在第 35 条有关公民权利规定中，包含合法参与协商的请求权。宪法第 9 条提出了保障公民拥有参与国家政治事务的机会和权利；非暴力的请愿、集会为合法并不受政府限制。

《宪法》第 25 条规定，国家有义务规划国家发展，切实保障国家主权与民主制度的发展同样重要。为实现该目标，应努力推动经济，提高就业率，实现收入和财富的分配公正。[1]

该宪法条文，除了规定国家的发展权外，同时规定了发展的各项内涵，如发展应是一体化的发展、促进经济和就业水平的发展。通过这一方式加强国家主权和国家机制中的民主制度进步。[2]

为了完成该政治、社会远期目标，墨西哥《宪法》第 26 条规定：国家将建立民主的规划体系，民主的覆盖将通过"社会不同部门的规划"来实现，以满足社会需求。社会的公民也应参与到计划和发展项目中。

这意味着宪法本身承认规划（planeación）不仅是国家的工作和政府职责，而且是公民努力获得自身权益的方式。墨西哥宪法指出：公民参与应包含在规划过程中，应尊重公民需求，为其谋求相应的发展。[3] 宪法第 35 条规定公民个人拥有以和平形式参与国家政治活动的权利和自由。

---

[1] Francisco Javier Osornio Corres, "La particiapación social para la planeación: los casos de México y Francia", p. 7.

[2] Serie informe Participación ciudadana en la gestión pública y su vínculo con las asociaciones: Argentina, España, Estados Unidos y México, pp. 20 - 30.

[3] 参见 Mellado Hernádez, "Participación ciudadana institucionalizada y gobernabilidad en la Ciudad de México", México, Plaza y Valdés.

此外，在尊重联邦实体社会内部权益的前提下，宪法规定国家政府、工会代表大会同样也有参与权。这说明规划在宪法中被视为一项重要的社会工作，遵照法律条款，由联邦政府、州政府的行政行为以及公民的参与行为等具体实施。其中，由全体墨西哥人参与是要件之一，也是实现"国家"计划的"必备"条件。缺少任何一方或某一层级的官员或社会部门，所制订的计划将是局部的、片面性的或地区性的，而非真正的"国家性"计划。①

但墨西哥的宪法中并未具体规定这些社会不同部门及政府不同层级的具体参与方式。

（二）联邦层面公众参与权利的法律与政策保护

在《宪法》框架下，墨西哥公众参与权在联邦层面相关立法，包括：

（1）《墨西哥规划法》。该法律保障了国家发展规划中的社会参与权。其中第 20 条规定，社会组织机构代表可以通过常设的质询机制参与同其组织相关的规划。第 28 条规定国家发展规划及联邦计划应由联邦政府同相关社会团体共同制订。此外第 32 条、第 37—40 条中规定政府行为的实施需接受社会团体特别是相关社会团体的共同监督。

（2）《联邦政府公共信息透明与知情法》。本法律的制定主要目的之一即是保障公民权益；实现公民对政府监督，这一宪法赋予公民的基本责任；推进墨西哥社会民主化进程；促进法治的全面实施。②

（3）《联邦公民社会机构活动开展促进法》。该法的制定旨在推进联邦政府开展同公民社会组织间的协作，推动该法律框架下相关活动的开展。为便于建立公民社会组织，提出促进委员会的制度化，该委员会将规范公民社会组织参与公共政策机制化作为成立宗旨之一。因此《促进法》第 1 条即规定成立相关问题促进委员会。第 5 条，规定了推动有关公共利益事务中的公众参与程度。第 6 条规定了《规划法》，尤其是有关

---

①　Francisco Javier Osornio Corres，"La particiapación social para la planeación：los casos de México y Francia"，p. 8.

②　参见 Ley Federal de Transparencia y Acceso a la Información Pública（2016），Nacio，参见 http：//www. diputados. gob. mx/LeyesBiblio/pdf/LFTAIP_200521. pdf。

民主的规划中公民社会组织权利的建立。①

除相关法条外，2007—2012 年墨西哥国家发展规划（el Plan Nacional de Desarrollo，PND）是涉及城市规划公众参与相关内容最多的国家规划，也将公众参与纳入多个战略规划内，如下部分涉及了该内容。

第 1 部分，法治与安全。1.5 款中第 9 条规定公民有信任公共部门的义务，尤其信任公共安全部门维护公正、赋予公民公正（procuración e impartición de justicia）。战略 9.2 居民获得的公共服务实施过程透明化。第 10 条关于反对公开形式的腐败行为。战略 10.1 促进反腐败文化发展。

第 5 部分，有效的民主与负责任的外交政策。5.3 款公众参与。第 3 条规定发展公民政治文化，促进公众参与在公共政策制定与评估过程中的参与程度。战略 3.3，建设公众参与机制，提高该机制与联邦公共管理部门的依存度与协作能力。5.4 款政府的有效性与效率。第 4 条，在福利保障和公共服务领域，提高联邦公共部门在满足公民需求方面的制度、管理、程序及收效。4.5 款评估政府规划制订及其对民众的作用。5.5 款账户透明与可监督（transparencia y rendición de cuentas），第 5 条促进和保障账户的透明度与公开，维护信息问询权，同时保护所有政府人事信息。战略 5.5 促进对政府公共信息机制建设更加透明、有效、适当且可信。战略 5.9 实现政府计划及项目中有效信息对公众的发布。

2019—2024 年的墨西哥国家发展规划中，提到公众参与的内容共计 13 处，主要有保障选举权、社会性事务咨询权等内容。此外，在特别战略中增加了两项参与内容。开发国家警察管理体制中：充分发挥中央、地方的优势及需求，尊重人权，发挥公众参与，确保集体建设该体制的协调有效性。保障警察培训的专业化和认证管理也需充分尊重公民权利。犯罪预防内容中，巩固广泛的预防和公民参与政策，强化预防的实效性。

---

① 该法 2004 年颁布，后历经 2011 年（3 次）、2012 年和 2018 年 5 次修改。参见 https：//portalsocial. guanajuato. gob. mx/documento/ley-federal-de-fomento-las-actividades-realizadas-por-organizaciones-de-la-sociedad-civil #：～：text = Ley% 20Federal% 20de% 20Fomento% 20a% 20las% 20Actividades% 20Realizadas，se% C3% B1aladas% 20en% 20el% 20art% C3% ADculo% 205% 20de% 20esta% 20ley。

实现对公民安全的保护。①

　　除墨西哥本国的法律外，该国还积极参与相关国际协定的签署。在国内，墨西哥将公众参与纳入政府—社会合作中，推动公共事务开展；利用公众参与监督贫困及种族平等问题等做法已广泛获得国际社会认可。同时，近年来墨西哥还将公众参与权利纳入所参加的国际协定、谈判、论坛及多边机构文件中。其中仅在反腐败问题上，墨西哥即分别同联合国、美洲国家组织以及经济合作与发展组织签署了三个国际协定。②

　　（三）墨西哥联邦区的公众参与权利的法律保障

　　目前墨西哥城的公众参与在多个领域取得了长足发展，不仅法律制度建设日趋完善，例如特别法《联邦区市民参与法》（Ley de Participación Ciudadana en el Distrito Federal）的颁布实施，而且政府也将公众参与发展等有关项目纳入行政法规内涵，以法律形式从政府层面予以保护。

　　1. 墨西哥联邦区《联邦区市民参与法》

　　墨西哥联邦区在执行以上公共参与法律规定的基础上，为发展城市公众参与，颁布了《联邦区市民参与法》（以下简称《参与法》），③ 该法律于 1998 年 12 月 21 日由联邦区颁布实施。该法律目的旨在促进、提升、规范公民参与组织及其职能并建立相应机制，有助于在公民心中建立参与意识。《参与法》第 1 条规定了墨西哥城的政府机构如何通过提供充分的机制，帮助实现公众参与。此外，也规定了公民参与的内涵，包括：公民投票、全民公投、民主倡议、居民协商、居民协作、申诉和检举团体、公众审讯以及国土民主管理政策机制和居民代表制等。④

　　联邦区《参与法》规定了公民具有参与公民投票的权利。⑤ 联邦区政

---

　　① Plan Nacional de Desarrollo 2019 – 2024，参见 https：//observatorioplanificacion. cepal. org/sites/default/files/plan/files/Plan% 20Nacional% 20de% 20Desarrollo% 20de% 20M% C3% A9 XI co. pdf。

　　② 参见 www. funcionpublica. gob. mx。

　　③ Ley de participación ciudadana del distrito federal，publicada en la Gaceta Oficial del Distrito Federal el día 21 de diciembre de 1998.

　　④ La participacion ciudadana，参见 http：//www. df. gob. mx/leyes/participacion/participacion2. html，p. 3。

　　⑤ Mejía Lira，*La participación ciudadana en los municipios en la nueva relación Estado-Sociedad*，*México*，*Centro de Investigación y Docencia Económicas*. （Documentos de trabajo del núm. 21）.

府负责人通过公民选票在选民中征询意见，该机制可以让选民通过选举同意或提前拒绝政府的行动或决议，尤其是深刻影响联邦区公共生活的政策（参见该法第 13 条）。例外情况包括如下两种：第一，联邦区政府行政长官行为或决定。第二，以下决议无须公众参与投票决定：（1）分配问题或财政内容；（2）联邦区收入；（3）联邦区公共管理内部制度；（4）涉及法律实施的行为；（5）其他法律规定的内容（第 16 条）。①

除公民投票外，全民公决也是通过直接参与机制体现的公民权，先于相关法律委员会的意见，通过或提前否定法律委员会有关新法律制定、修改和废除。参与全民公决是国会的一个特别职能，公决最终须获得国会 2/3 成员投票通过。

此外，《参与法》还提出了对民众倡议机制的保护，组织社区意见咨询会听取居民意见，社区合作机制、投诉与指控机制、公共信息发布机制等内容。

2. 《联邦区政府条例》

《联邦区政府条例》第 22 条规定公众参与以独立、集体等形式进行，并制定有关公共利益问题解决办法的规定、计划，促进公民组织的发展，作为公共参与的一种方式为公共事务处理提供交流观点的平台。第 46 条中第 IV 款规定，墨西哥城市民可以出席立法委员会与自身相关法律项目会议。此外，第 67 条及第 113 条中分别赋予公民对其利益相关地区工程及设施通过政府相关部门及报刊等媒体了解进度及现状的权利。

3. 《联邦区公共管理组织法》

与《联邦区政府条例》相关的《联邦区公共管理组织法》规定社会发展委员会有责任在促进、推动、执行社会发展政策和项目过程中关注公众参与，加强公民、公共组织参与力度。同时，墨西哥联邦区文化委员会在丰富文化生活过程中有责任促进参与方式的完善，推动市民参与的发展。相关政策—管理机构的职责包括：制订、执行帮助妇女参与计划，在辖区社会发展项目中切实施行公众参与；推动教育及社会公共参

---

① La participacion ciudadana, 参见 http：//www.df.gob.mx/leyes/participacion/participacion2. html。

与、个人参与，在有关预防犯罪工作中执行公开、公共监督、协作及公众参与。①

4.《联邦区市民参与法》

《联邦区政府条例》中关于公众参与的相关内容在《联邦区市民参与法》中进一步细化、规范。1998 年 12 月 21 日，联邦区官方刊第 189 号中公布，《参与法》旨在促进、推动、规范并建立公众参与组织的机制，及其同墨西哥城政府机构关系。② 该法律相对独立，对于所有活动中公众参与机制的作用作出规范，其内容在其他法律的具体内容中也有所体现。如《城市发展法》（Ley de Desarrollo Urbano）中第 1 条、第 7 条、第 10 条、第 11 条、第 12 条、第 23 条、第 26 条、第 75 条、第 76 条中都有公众参与内容。例如，在需核查辖区内 B 类营业执照时，相关职能部门需通知、访问居民委员会及其他辖区内相关居民机构。又如，当申请查证咖啡馆 B 类营业执照时，核查团队应对整个辖区进行居民咨询，具体过程应遵循《联邦区市民参与法》相关内容。

此外，其他重要相关州法律还有《联邦区公共信息透明与知情法》（Ley de Transparenciay Acceso a la Información Pública del Dstrito Federal），该法律是联邦地区政府改革的基本组成部分。该法律构建起通过公众参与实践的民主机制，重点强调："从公告参与的层面确定公共决策。"在墨西哥具体执行法律规定的公民参与权时，一些国家法律在墨西哥城的具体实施也依赖《联邦区市民参与法》的规定。

二　公众参与法律规制形成过程

（一）公众参与权在墨西哥的兴起与发展

1824 年墨西哥颁布了其独立后的第一部宪法。1917 年 2 月 5 日，颁

---

① Canto Chac, "Las políticas públicas participativas, las organizaciones de base y la construcción de espacios públicos de concertación local", http：//www. innovacionciudadana. cl/portal/imagen/File/canto. pdf.

② 参见 Álvarez E.（coordinadora）, *La sociedad civil en la Ciudad de México. Actores sociales, oportunidades y esfera pública.* Centro de Investigaciones Interdisciplinarias de Ciencias y Humanidades-Universidad Nacional Autónoma de México, México：Plaza y Valdés。

布《墨西哥合众国宪法》，后历经了多次修改，沿用至今。墨西哥《宪法》中提出三大目标：提高人类的发展水平、促进国家治理和加强公众性。

宪法的保障，加之国际社会对该问题的重视，让公众参与作为公民权利的一部分，不断获得法律层面地位的提升。因为公众参与权的法治化可以为国家多领域发展带来帮助。尤其在民主政治发展领域。一方面，参与权逐步成为现代化国家中实现公民权利的重要方式；另一方面，参与权亦可为现代国家、政府的民主性、执政合法性等起到规范和完善的作用。①

参与权诠释公民权利方面体现如下：

首先，参与权因其具有对政策的指引性而日益引起社会政治研究的兴趣。

其次，公民的参与权还可以从经济学乃至社会学的角度入手，作为法律上所规定的公民的经济和社会权利，对国家经济发展及社会治理的不断完善产生影响。

再次，由于公民是参与权的实施主体，参与的领域受到国家法律、政策的限制的同时，参与的积极性与主观能动性也可映射出社会诉求最大的相关职能或部门的发展方向。因此，可以说参与权是从公民角度，为政府提供了更准确定位社会问题与人民需求的途径，能让政府更有效地进行政策规划，更符合人民需要。

最后，作为公民的参与权，该项权利也因此具有了集体性和代表性。②

从参与权与现代国家、政府治理的角度看，前者可为它们增加民主性、执政合法性。

第一，对公众参与行为的讨论已不再局限其行为本身，更多的跨

---

① Canto Chac, "Las políticas públicas participativas, las organizaciones de base y la construcción de espacios públicos de concertación local", http：//www. innovacionciudadana. cl/portal/imagen/File/canto. pdf. 2005。

② 参见 Canto Chac, "Introducción a las políticas públicas", en Participación Ciudadana y Políticas Públicas en el Municipio, México：Movimiento Ciudadano por la Democracia, 2002。

学科研究让拉美学者认识到参与行为能为民主路径带来修正作用，为行政行为的规范起到监督和制衡作用，进而能改善传统的政治民主化进程的狭隘范畴。

第二，从国家权力与参与权关系来看，国家权力的滥用得到了约束，而个体的公民权利和政治权利也因此得到了一定保障。

第三，公共管理方面，公众参与必然带来其管理权的更加透明，一定程度上起到了反腐败作用，并减少了公共管理领域的滥权现象。

第四，从国家—政府层面来看，公众参与行为作为一种个体性参与，为国家行为、政府执政提升了公信力。但与此同时，由于个体行为的不确定性、非同一性以及多样性等特质，也为行政部门以及行政行为带来了不少挑战。①

随着政治领域民主化概念的不断深化，公众参与行为既作为一种民主政治实现形式，又是受到法律保护的一项公民权利，具有政府、公众两方面含义。这一权利拥有国家基本法及其他法律法规、政策文件保障，同时受到越来越多的政治制度、现行政策等方面的有力支持。近些年，墨西哥城市政府在以建立新型政府为目标的城市发展计划框架下，积极发展公民社会组织等社会机构同政府部门的协作项目，切实有效地推进了公众参与在城市规划方面的实践。公众参与在城市规划民主的基础上逐步发挥其实质意义。

（二）墨西哥公众参与法制化进程

推动墨西哥现代化进程的国家发展计划，同样也是公众参与在该国兴起的基石。墨西哥国家规划制定中，对其过程及结果的"民主"要求较高。建立在私有权以及自由经济基础上的民主，因为有了公众参与，才能实现国家规划中公民权益的最大化。墨西哥的内部法律体系借鉴了西方经验，不仅促进了本国法律自身的快速发展，更在这一过程中找到了更适合本国法律体系和具体国情的法律制度，同时也为被借鉴国研究

---

① 参见 Canto Chac，"Las políticas públicas participativas, las organizaciones de base y la construcción de espacios públicos de concertación local"。参见 http：//www. innovacionciudadana. cl/portal/imagen/File/canto. pdf. 2005。

自身法律体制的广泛适用性有所帮助。①

1824年3月，墨西哥近代历史上首次实现了公民意见参与政府决策，由全民投票形式决定恰帕斯成为墨西哥的一个行政州，正式脱离危地马拉辖区。此前三个世纪中，恰帕斯一直是危地马拉辖区的一个省。

1867年8月14日，贝尼托·华雷斯建议，立法机关对两院负责，即取消政府对法律决议的否决权。此外，他还提出建立临时更换国家总统时期的应急机制等，但该决议后被投票否决。

此后，1917年墨西哥《宪法》的颁布，让墨西哥在公众参与领域有了又一重大进步。该宪法第5条中，第一次规定了政治权利的含义，第一次提到了公民选举权和被选举权。此外在其39条中规定国家主权来自人民，源于人民；一切来自人民的公共权力用于保护人民。但当时，该宪法第41条规定将该权利的使用权限于联邦权力机构，从而限制了公民权利。在获取信息方面，该部宪法第6条规定知情权受国家保护，较1875年墨西哥《宪法》更为完善，在1875年《宪法》条文中，仅对表达权的自由进行了法律界定。②

1918年7月2日联邦《选举法》规定了禁止连任、选举的有效性、直接选举、普选的政治参与自由。但该法律也有相应的局限性，它没能实现完全意义上的普选自由，因为其条文规定，只有年满21岁的单身男性或年满18岁已婚男性才具有公民权。

1953年10月17日，墨西哥国会通过法案，规定成年妇女同样具有公民权。公民投票权的扩大，在法律范围内对更广阔的公众参与提供了保障，让墨西哥公民有了更多的参与权。但是，同以前的改革一样，它也有其局限性：妇女只有在市一级政府投票的权利。在1954年联邦《选举法》改革中，妇女所有形式的选举权和被选举权才得到承认。

之后，对于墨西哥公众参与权利起到巨大推动作用的主要动因当数

---

① Francisco Javie Osornio Corres, "La Participación Social para la Planeación: los Casos de México y Francia", p. 2

② Somers Margaret, "La ciudadanía y el lugar de la esfera pública: un enfoque histórico", en García, S. y Lukes S. (compiladores) Ciudadanía, *Justicia social, identidad y participación*, Madrid: Siglo XXI, 1999, pp. 217 – 289.

70年代以来的一系列社会运动。例如，1968年世界不同地区的学生运动，当时在墨西哥也建立了一系列相关组织，随后逐步发展为政治力量，其价值观与利益倾向，逐步影响了转型过程中政治参与问题的解决方式。这些团体，被称为公民社会组织（OSC），他们的目标主要是追求人本主义、多元主义、公共性和开放性、参与性，同时强调法治原则。这些公民社会组织的精神内核有力推动了公众参与及其法律化进程在墨西哥的发展，但其不足之处在于这些组织一旦获得权力，很难将其所追寻的基本社会价值纳入其执政目标当中。①

墨西哥在20世纪60年代末之前，社会组织的存在形式只有工会团体（包括工会、农会、企业协会和民众组织等），这些组织由国家认可或直接由国家建立。随后，逐渐产生了以特定利益为目的的团体。公民社会组织参与了公共事务以及与国家利益有关的决策。这些组织的重要作用在于提升了公众参与权利的受重视程度和社会关注程度。在此之前，这些权利虽被宪法或其他法律所规定，却并未真正得到施行。此外，他们的社会运动还促进了人民的权利和相关政治权利的保护等。

1969年，墨西哥宪法修改过程中，加入了有关公众参与的一些条款。修改了宪法第34条中关于选举权和获得公民权的限制。将获得选举权和公民权的年龄由21岁降至18岁，扩大了公民权利范围。同时，在1972年又一次进行的宪法修改当中，修改了宪法第55条和第58条，降低了被选举人的最小年龄限制。具体修改内容如下：将众议员参选资格由25岁以上降为21岁以上；参议员参选资格由35岁以上降至30岁以上。此后，在1999年的宪法改革中，又对第58条做了进一步修改，将参议员当选年龄资格由30岁降至25岁，该法条沿用至今。

1973年，新的《联邦选举法》颁布，该法令明确限定了选举的要求，所有类别、级别的公民选举都应该是广泛的、直接的、公正的、保密的，并规定选举是"公民的一项权利和义务"。

1977年12月6日，墨西哥在宪法修订中，对第73条第6款进行了

① Participación Ciudadana，参见 http://archivos. diputados. gob. mx/Centros _ Estudio/Cesop/Eje_tematico/2_pciudadana. htm#_ftnref1 。

修改，将法律规范与法律法规的制定必须经公民投票或由公众提议，符
合公众要求才可施行。这一改革的重大意义在于完善了联邦宪法的民主
机制，该法令颁布后 10 年，墨西哥成立了联邦地区代表委员会，用以实
现该宪法内涵。1977 年墨西哥还就宪法第 6 条内容进行了修改，所有公
民都有知情权，这一权利包括信息获取、信息发布以及信息接收权，上
述权利都受到国家保护。①

　　1977 年 4 月 1 日，时任墨西哥内政部部长赫苏斯·雷耶斯·埃罗莱
斯（Jesús Reyes Heroles）提出当年的政治改革所包含扩大公民政治代表
选择权，这样联邦政府才能了解广大民众的诉求与需要。根据民主原则，
政治决议的公众参与将会逐步扩大参与范围，进而实现政治需求中的少
数人服从多数人。通过这一过程，逐步建立了政治团体、学术机构的新
空间，并为广大民众提供了他们对政治改革建言献策的机会。②

　　进入 20 世纪 80 年代，墨西哥在信息透明与信息获得权方面取得了真
正的巨大进步。而其主要推动作用来自外部。当时墨西哥于 1982 年在圭
亚那签署了《知情权原则宣言》（la Declaración de Principios sobre el dere-
cho a la Información）。该宣言是在第四届国家信息系统行动大会内容框架
下制定的。该宣言要求签约国寻求适当的机制，满足所有公民行使知情
权的需求。③

　　随后，1995—2000 年的墨西哥国家发展计划中，首次承认了当时的
墨西哥因各种内外部因素限制，国内公众的政治参与还不充分，并不能
保障公民有机会在政府制定的决策过程中得到应有的重视。尽管该发展
计划并未细化公众参与公共政策决策的具体机制与参与模式，但它提出
了建立新的政府—公民关系的提议。时任墨西哥总统埃内斯托·塞迪略

---

　　① Participación Ciudadana，参见 http：//archivos. diputados. gob. mx/Centros _ Estudio/Cesop/
Eje_tematico/2_pciudadana. htm#_ftnref1。

　　② 参见 Insunsa Vera，*El reto de confluencia. Los interfaces socioestatales en el contexto de la
transición política Mexicana*，México：Universidad Veracruzana。

　　③ 参见 Gordon S.，"Ciudadanía y derechos sociales. Una reflexión sobre México"，en *Revista
Mexicana de Sociología*. Año LXIII，núm. 3，julio-septiembre 2001，México：Instituto de Investigacio-
nes Sociales-Universidad Nacional Autónoma de México，pp. 193 – 210。

（Ernesto Zedillo）基于他的联邦制计划，在该国家发展计划中提出发展公众参与机制的关键在于联邦法律和地方法律的进一步完善，认为相对完善的法律保障，才能实现公民的直接代表权。①另外，议会于1996年2月建立关于政治改革的讨论工作组，提出了新型政府与社会关系问题。该议题随后在法律界、政府以及学术机构引起反响，并引发关于国家在这方面所面临挑战的多学科讨论。继任总统比森特·福克斯·克萨达（Vicente Fox Quesada）上台后，也将公众参与视为其国家发展计划中政策的工作重心之一，虽然并没有一个特别计划用以广泛推行公众参与，但在各领域工作中都会部分提到公众参与或在工作计划中提到关于寻求增强公众参与的途径。

关于信息透明与信息获取，在1991年，全国团结计划委员会的工作日趋完善，让社会发展部门的受助人群能够监管政府资源在社会救助方面的使用情况。同时，联邦审计总署（即公共部，后在2009年危机中并入）同国家监管机构一起，负责向受助者通报工作内容，并负责收集整理他们的需求与反馈。这一系列行动让墨西哥成立联邦共和国以来，第一次有了完整的评估机制，保证公民可以向政府参与、谏言的同时，政府可以了解其政策效力。公共职能部门通过社会审计一体化体系，已逐步实现了上述职能，通过公众参与项目，对社会组织的形式实现控制与管理。此外，新的公众参与体系形式还包括：政府—社会间交流领域、公众参与培训与辅导项目、接受投诉及其解决体系、社会对政府的评价与决议机制等。这其中最卓有成效的建设当数墨西哥信息透明、知情权和问责制，以上权利在《信息透明与获取政府公共信息联邦法》中得到保障。该法律规定了所有公民通过相应程序都有知情权、要求政府公布有关公共管理信息的权利，这无疑推动了信息透明，同时该法律还规定了关于个人信息保护、促进公民参与机制的建立等。②

公众参与随着2004年2月颁布的联邦法律《关于提升公民社会组织

---

① IBD, *Análisis de la Legislación en las Entidades Federativas sobre instrumentos de Participación Ciudadana*, 2008.

② Participación Ciudadana，参见 http：//archivos. diputados. gob. mx/Centros_Estudio/Cesop/Eje_tematico/2_pciudadana. htm#_ftnref1。

活动开展》而得到进一步发展，该法律正如其名称所示，规定了促进公民社会组织公众参与的方式、机制、体系等内容，明晰了公民社会组织的权利与义务，同时规定了这些机构的权利应符合上述法令。

2020—2021 年，世界正义工程（World Justice Project）对墨西哥的 32 个州进行了法制状况的第三次评估，总体的平均指数为 0.40%[1]，保持上升势头。尽管有 5 个州的指数出现了小幅下降，但其他大部分州的指数都有了不同程度的提升。[2]

三　立法民主性保障机制——公众参与对城市规划立法的意义

墨西哥宪法的发展，需要公众参与的法律制度完善。宪法规定的自由权利和社会权利不仅是宪法的内涵，更是一种社会建设。公众参与法制化进程亦是寻求实践和（或）发展公民权、社会权和政治权的过程。（1）公民权是保护人们在法律面前人人平等的基础，也包括公民自由、表达自由、信息自由、财产自由和结社自由等；（2）政治权利，包括结社权和政治参与权等，是可通过政府管理实现的直接权利，亦可为间接权利；（3）社会权利，是在其群体生活中，承担社会责任的个人，获得基本福利的权利。

公众参与的作用并非直接实现如上宪法规定的公民基本权利，而是通过法律机制保障公众参与行为，逐步完善对宪法所规定权利及其实施途径的保障。公众参与有如下主要作用：（1）推动执政者和被管理者间对话机制的发展，在建设性政策以及具有公众影响的决议上实现最广泛意见综合，并使政治代议性行为在法律上有所保障；（2）建立一种常态化的平台，协商解决政治冲突、具有公众影响的决议、政策制定过程中的利益诉求；（3）推动政治共同体引导能力的发展，让其能将私人、个体想法转向宪法规定的自由权（公民权和政治权利）方向引导，同时引导个体或私人利益向具有同一性的公共利益转化；（4）公众参与并非控

---

① 0—1 为法制状况从低到高。

② World Justice Project, *Mexico States Rule of Law Index* 2020 –2021 *Insights-Results and trends*, p. 10.

制言论的行为，而是一种指引讨论的表达方式，从松散的、无明确公共利益的个人行为，逐步发展为协助政治机关完成政策选择的集体行为，并能让与国家利益相关的诉求过程体系化、法律化，即形成政府行为公开化的有效、合法途径。[①]

在法律制度建设方面，公众参与在墨西哥的发展并非一帆风顺。制度讨论持续多年，其间经历了 2002 年 6 月、2004 年 2 月两次宪法修改。现行的墨西哥《联邦区市民参与法》还有不足与矛盾的地方。对公民基本权利的保护还有待提高。如何完全保证公众参与的独立性，公民的直接参与如何实现等问题有待解决。虽然所有政治行为体和社会团体接受并表示需要公众参与，关于公众参与实践与政府的管理也在蓬勃发展，但就具体参与的范围及政策的界定仍需相关法律的进一步改善。[②]

墨西哥的公众参与对城市规划法律体系的发展发挥了重要作用。公众参与作为社会—国家关系的现代化纽带，日益成为民主、公民权等概念的重要组成部分。

[①]　Mario Espinosa, "La Participación Ciudadana como una Relación Socio-Estatal Acotada por la Concepción de Democracia y Ciudadanía", *Revista Andamios*, Volumen 5, número 10, abril 2009.

[②]　Alejandro Guzmán Ramírez, "La ciudad como escenario y escenografía de la participación ciudadana", p. 84.

第 三 章

拉美及加勒比地区国家城市
规划的立法内容

　　拉美及加勒比地区国家是世界上城市化程度最高的地区之一，也是发展中国家开始城市规划立法的先行者。拉美及加勒比地区国家城市规划法的历史可以追溯到哥伦布 1492 年到达美洲之后的西班牙、葡萄牙殖民统治时期。早期欧洲殖民者在拉美及加勒比地区先后建立了四个总督区：新西班牙总督区（1535 年设立，首府墨西哥城）、秘鲁总督区（1542 年设立，首府利马）、新格拉纳达总督区（1718 年设立，首府波哥大）和拉普拉塔总督区（1776 年设立，首府布宜诺斯艾利斯）。[①]最早的地区城市立法由此开始，这一时期的城市规划立法以欧洲法律移入为主。拉美国家纷纷获得民族独立后，地区的法律本土化进程随着各国的《宪法》颁布而拉开帷幕，初步的城市规划性条款并未在此时系统出现，而是随着 20 世纪以来拉美地区逐步加速的大规模城市化而逐渐发展和普及。其主要形式为：《宪法》修订和新宪法颁布，土地所有权、城市规划、私有权的社会职责、公共利益保障、基础设施提供、居民的城市权、历史中心与文化遗产保护、环境保护、健康环境权等出现在条文中。在此基础上，各国采取国家、省或州立法和/或地方立法，实现城市规划立法保护。

　　因此，宪法保护的公民基本权利和国家基本公共利益，自然也是城

---

① 参见 Ángel Massiris Cabeza, "Políticas de ordenamiento territorial en América Latina：Examen comparado", *Comunidad Andina*, Lima, 2013, p. 5。

市规划立法的主要内容，本章主要以拉美及加勒比地区国家城市规划立法中有关土地管理、环境保护、历史中心保护、开放式街区及其他主要立法内容进行概述，选取拉美地区城市规划的立法特点进行论述。在分析规划立法内容的同时，探索拉美及加勒比地区的成功经验，并略述其立法中的不完善之处。

第一节　拉美城市规划法中的土地管理立法内容

土地部门是推动地方和区域发展的法律执行部门。土地，作为资源和所有物，是发展的关键要素，也是城市规划、地方或区域特色产生之根本。

对土地规划立法的影响因素包括经济发展中的土地发展与竞争关系。拉美国家规划战略中新城市规划，多以开放的地区主义为特点，注重跨城市、跨省（州）以及跨国的地区一体化。执行地区化进程是由行政体系自上而下地进行的。法律制定过程透明、公开（环保、科技），以及部门政策侧重，都是以推动生产力、解决贫困、促进企业发展为主。同时，立法目标还包括提高跨区域的地方竞争力、城市规划、战略、城市—地区、生态区等。

回顾拉美地区土地规划管理政策发展历程，20 世纪 70 年代拉美地区土地管理政策以管理建筑为主，强调土地规划为城市化服务；80 年代开始要求环境问题纳入土地管理规范，并强调土地管理规范中对环境的具体要求法律化；90 年代进一步强化土地管理中的环境立法；2000 年以来在土地管理执行和土地管理法律建设上，拉美取得了较为明显的进步；2010 年后，更为关注土地发展规划机制，如何通过立法建立适当实施机制，强调法律机制设立的可执行性。[①]

地方分权政策的发展是拉美政治—法律进程中的代表性阶段，对地区实现民主化和避免过度集权产生了积极影响。其中对土地管理立法的

---

① 参见 Ángel Massiris Cabeza，"Políticas de ordenamiento territorial en América Latina：Examen comparado"，*Comunidad Andina*，Lima，2013。

影响始于 20 世纪 80 年代，新的城市规划土地管理立法以提升国家行政职能有效性为主，并注重地方权力发展，立法关注如下具体领域：

（1）地区行政有效性与地方基础建设发展；

（2）财政有效性，财政资源的优化配置；

（3）社会项目和公共服务提供；

（4）公共管理的有效和透明；

（5）地方权力和地区权力如何实现自治和民主。

拉美地区一直以来的土地私有制和长期对个人所有权保护的法律传统，成为城市规划和土地管理面临的一大困境。城市为实现发展规划需要，政府或公共部门需征收部分土地；同时，为提升城市公共服务水平以及基础设施建设，必要的私人所有权以及土地使用权的征收与原有法律保护的个人所有权至上的法律传统有所冲突。因此，各国期望通过立法指导土地流转，并将遵循生态可持续，土地平等权，遵循文化多样性，以及有助于经济、社会和环境发展等内容逐步加入到城市土地管理中。在丰富城市规划法律体系的同时，也推动城市规划根本原则的实现——国民生活条件的提升。

一　通过《宪法》和部门法实现拉美城市规划土地管理立法

立法是国家实现土地管理政策目标的手段之一，明确的城市管理目标是良法制定的基础。在这方面，拉美各国主要追求的管理成效为：完善经济、社会和环境规划同土地关系，让有关土地的行为有据可依，指引土地利用向可持续方向发展。通过空间建筑规划战略（消极管理），在各级地方政府管理中，实现可持续土地发展的目标（积极管理）。在地区和国家层面鼓励公共、私人和社会投资。

土地管理是实现城市规划的具体法规。规划过程具有政治、社会、文化、环境和经济等多重特点。土地管理立法的核心在于规范城市和农村土地使用，通过包含土地管理条款规划、最高层级行政管理等方式实现。土地管理国家规划作为地区和省土地管理规划的标准，三者共同受宪法保护。

（一）主要拉美国家《宪法》涉及城市规划土地管理条款

《宪法》是国家城市规划立法中的依据与基础，拉美宪法涉及的土地政策规定主要内容是：地区发展，地方分权，土地发展与竞争，土地管理。[①] 主要需要解决地区发展差异、人口及城市活动的土地集中化，土地经济非一体化等问题。例如，阿根廷《宪法》第75条；玻利维亚2009年《宪法》；厄瓜多尔2008年《宪法》；危地马拉《宪法》第119条、第225条、第226条、第231条；委内瑞拉1999年《宪法》第128条等。在厄瓜多尔《宪法》中，第241条规定："规划应保障土地管理，地方分权自治政府有责任遵守规划内容"；在第四章"权限规定"中，指出地方分权自治政府应当规划发展，指导土地管理规划的条款订立，以明确条文形式规范国家、地区、省和区（教区）规划。[②] 拉美各国《宪法》中，相应条款的规定内容不同，但综合分析，主要的宪法规范土地管理立法目标为：

（1）规范地方的土地利用和占有（包括城市、都市、市县、省和次地区），主要行政管理的形式为消极行政管理；

（2）推动以可持续方式利用自然资源和保护环境，主要通过环境管理实现；

（3）减少和避免自然和社会灾害的发生，也属环境管理范畴；

（4）推动土地可持续发展与环境和谐，通过积极行政实现。

主要遵循的基本立法原则包括：

（1）集体利益优于个人利益；

（2）责任和利益平等分配；

（3）所有权的实现包括社会和生态职责；

（4）调节/协调经济发展、环境可持续和社会平等间的关系；

（5）最高原则为人民生活质量和福祉。

土地管理规划的实施，按照多数国家《宪法》规定，应在各行政层

---

① 参见 ILPES, *Economía y territorio en América latina y el Caribe. Desigualdades y políticas*, *Instituto Latinoamericano y del Caribe*, 2007。

② 《世界各国宪法》编委会：《世界各国宪法——美洲大洋洲卷》，中国检察出版社2012年版。

级进行，包括：国家、省、市和区等，通过立法整体机制，避免各层级土地管理执行的混乱或分散情况发生。同时要注重地区间、各省间，以及省内等不同行政区的土地管理协调，由更高层级政府进行规划的统一管理或规定。由于各国情况各异，将在下文分国家分析城市规划土地管理的基本法与地方立法情况。

（二）国家层面立法中涉及城市规划土地管理条款

追溯拉美地区城市规划法的早期起源，不得不提到宗主国西班牙在殖民时期建立的城市规划法律体系。除了历史对现代城市中心行政管理的影响，各国在城市化进程中，都在探索法律和管理规划如何能实现对城市的更人性化管理。

涉及土地管理的城市规划立法，并非以专门法设立开始的。早期的地区城市规划土地管理立法多作为部门条款出现在不同法律中。如阿根廷 2002 年《环境总法》；巴西 1979 年第 6776 号法（《城市管理法》）、《生态经济区划法》、《刑法》；玻利维亚 2012 年第 300 号法（《美好生活大地母亲和一体化发展框架法》）；哥伦比亚 1997 年第 388 号法（《土地发展法》），2011 年第 1454 号法（《土地管理组织法》）；古巴 1997 年《环境法》，2001 年《建筑规划法令法》；智利 1976 年《城市化与建设总法》，其他分散的法律条款；厄瓜多尔 2010 年《土地管理、自治与地方分权组织法典》《规划和公共财政组织法典》；萨尔瓦多 2011 年《土地管理和发展法》；洪都拉斯 2003 年《土地管理法》；墨西哥《人类住区法》《生态平衡和环境保护总法》；尼加拉瓜 2009 年《土地管理和发展总法》；巴拿马 2006 年《城市发展土地管理法》，1998 年《环境总法》；秘鲁 2004 年《生态与经济区划法规》，2005 年《环境总法》《土地管理法》；多米尼加共和国 2000 年《环境和自然资源总法》，2007 年第 176 号法（规范了市级政府土地管理权）；乌拉圭 2008 年《可持续土地管理和发展法》；委内瑞拉 1983 年《土地管理组织法》；哥伦比亚 1989 年《城市改革法》第 9 号法，1997 年第 388 号法，1996 年第 281 号法及其他具体规定。①

城市规划包含土地区划及空间管理内容作为专项立法难度较大，涉及法律、地理、规划等多个学科，在改善土地管理的相关规划法律中，以下十部政策法规较具地区代表性。

（1）《玻利维亚土地管理总框架》（El Marco General de OT de Bolivia，1996）

（2）《哥伦比亚市和区县土地管理政策法》（Ley de POT municipales y distritales de Colombia，1997）

（3）《洪都拉斯土地管理和发展法》（Ley de Ordenamiento y Desarrollo Territorial de Honduras，2003）

（4）《乌拉圭土地管理和可持续发展法》（Ley de OT y Desarrollo Sostenible de Uruguay，2008）

（5）《厄瓜多尔土地管理、自治和地方分权机构法》Código Orgánico de Organización Territorial，Autonomía y Descentralización de Ecuador，2010）

（6）《秘鲁土地管理》（Los lineamientos de OT de Perú，2010）

（7）《萨尔瓦多土地管理法》（Ley de OT de El Salvador，2011）

（8）《阿根廷规划和土地管理国家法案》（Proyecto de Ley Nacional de Planificación y OT de Argentina，2012）

（9）《尼加拉瓜发展和土地管理总法案》（Proyecto de Ley General de desarrollo y OT de Nicaragua，2012）

（10）《哥斯达黎加土地管理国家政策》（Política Nacional de OT de Costa Rica）

各国城市规划管理根据本国国情，逐步完善城市规划土地管理的立法体系。同时，土地管理作为城市规划立法规定最早且内容相对丰富领域，形成各国不同的经验。

---

① Ángel Massiris Cabeza，"Políticas de ordenamiento territorial en América Latina：Examen comparado"，*Comunidad Andina*，Lima，2013.

二　城市规划土地管理的国别立法经验

拉美国家地区土地管理立法虽有共性，但各国历史文化及政治制度差异也十分明显。在总体了解地区大致立法框架后，有必要分国家理解各国土地规划管理的特点与相关法律的发展趋势：主要的拉美联邦制国家都逐步依据本国宪法、行政组织法等订立了各州城市规划法律条款。如阿根廷的《土地管理省级法律》；危地马拉 2002 年的《市级法典》；墨西哥各州《土地管理和城市发展法》及各州《土地管理法》；波多黎各 1991 年的《自治市法》等。这些法律体现了国家立法的专门化、便于执行的发展需求，也满足了城市规划的分权和适应各省、市具体情况的有效立法。下面是拉美地区部门立法涉及城市规划土地管理的主要国家。

（一）哥斯达黎加①

哥斯达黎加作为中美洲国家，以物种多样性闻名。因此生物多样性的保护是国家最为关注的法律保护内容。哥斯达黎加除了在 1998 年专门制定第 7788 号法保护国家物种多样性以外，在国家土地管理政策中专设一段，订立相关政策大纲。因此，哥斯达黎加的城市规划土地管理是包含了生物多样性保护等可持续发展内涵的。

哥斯达黎加 1968 年颁布《城市规划法》并规定，市长有城市土地使用规划计划执行权。1995 年的《环境机构法》，将可持续发展的土地管理内容纳入法律。2012 年《国家土地管理政策》，建立国家、地区和地方三级土地管理政策，由住房和人类居住部制定了 2012—2040 年（规划）政策，由土地管理和住宅部委员会通过正式文件。

（二）委内瑞拉②

委内瑞拉是拉美著名的产油国，也是石油输出国组织创始成员国之一，石油及矿藏资源丰富。因此，该国的土地资源保护也是国家重要立法内容。1976 年的《环境组织法》规定国家土地管理条例，1983 年颁布

---

① Ángel Massiris Cabeza, "Políticas de ordenamiento territorial en América Latina: Examen comparado", *Comunidad Andina*, Lima, 2013.

② Ángel Massiris Cabeza, "Políticas de ordenamiento territorial en América Latina: Examen comparado", *Comunidad Andina*, Lima, 2013.

《土地管理组织法》，1998 年颁布《土地管理国家规划》。1999 年，新《宪法》第 128 条规定土地管理是可持续发展国策。2005 年，颁布《规划和土地管理行政组织法》（2007 年废止），但 1983 年的《土地管理组织法》仍有效。

（三）墨西哥[1]

在土地规划领域，墨西哥一直寻求在土地上人口和经济活动间平衡和可持续的分配政策。1976 年的《人类住区法》，将住宅土地管理规划纳入法律，1988 年的《生态平衡和环境保护总法》将土地生态管理，对生物多样性保护进行了政策强化，2001 年颁布《土地管理国家项目》和《城市发展和土地管理国家项目》。2010 年，土地管理市级计划协调方法指导，由社会发展秘书处（sedesol）发布。

（四）智利[2]

土地管理是社会经济、社会、文化和生态政策的特殊表现形式。智利 1976 年颁布的《城市化与建筑总法》，以法律条文形式，管理城市土地使用的共同规划协调工作，该法适用于 7000 人以上人口的市县。1990年，智利成立环境国家委员会，将土地管理作为环境政策的一部分，还建立土地管理地区委员会。2000 年，土地管理地区规划开始执行，作为地区发展战略的重要内容之一。2011 年，土地管理地区规划内容与程序指导意见颁布，2011 年末，14 个区根据该指导意见制订了本区的土地管理地区规划，由地区发展与行政管理副秘书处发布。

（五）阿根廷[3]

土地管理目标为可持续发展，土地使用平衡，社会公正。通过对土地的规范实现自然经济和社会资源有效配置。规范内容包括土地区位以及人类活动条件等。1977 年第 8.912 号法颁布，首次用法律手段规定了

---

① Ángel Massiris Cabeza, "Políticas de ordenamiento territorial en América Latina: Examen comparado", *Comunidad Andina*, Lima, 2013.

② Ángel Massiris Cabeza, "Políticas de ordenamiento territorial en América Latina: Examen comparado", *Comunidad Andina*, Lima, 2013.

③ Ángel Massiris Cabeza, "Políticas de ordenamiento territorial en América Latina: Examen comparado", *Comunidad Andina*, Lima, 2013.

土地管理与布宜诺斯艾利斯城市土地使用内容，2003 年公布国家发展和土地管理政策与战略，2009 年《土地管理省级法》使门多萨省土地使用得到法律规范，2012 年《国家规划和土地管理法》草案开始讨论。

（六）哥伦比亚①

1979 年第 9 号法（健康法规）规定了地方内城市土地使用规范。

1991 年新《宪法》将地方发展管理纳入法律范畴，同时将行政管理政策规制写入宪法。

1994 年《规划组织法》第 152 号法，建立了地方和区的土地管理规划执行标准。

1997 年第 388 号法规范了地方、区和都市土地管理规划行为。

2011 年，颁布《土地管理组织法》，规范了地方和区的土地管理政策制定，是对 1997 年第 388 号法中土地管理内容的强化，强调在合法和规范前提下进行土地空间的使用、流转和占有。充分尊重国家社会经济发展战略，环境和谐以及历史、文化传统。哥伦比亚地方土地管理政策，主要有三部分内容：管理框架、城市部分和农村部分。第一部分是积极行政，另两部分为消极行政。所有过程的阶段应有社会参与，参与内容应包括：质询、展望、土地管理模式的形成以及行政追踪。

在哥伦比亚已有第二代土地管理地方政策。第一代过于偏向城市化。第二代土地管理政策内容更为丰富、全面，加入了农村土地管理、风险管理等。

关于土地管理，哥伦比亚逐渐建立起了完备的国家政策法规体系，通过行政管理法规要求各部门遵守土地管理执行标准。此外，除了哥伦比亚地方土地管理规划外，还有其他管理机制。例如，矿区或流域管理。该类规划主要是在地方层面制定，建立有关区域的地方土地管理环境规则。

土地管理在地方层面，需要地方自治的协作，尤其在流域管理方面，环境和可持续发展部根据发展规划进行土地行政管理。对于地方分权过

---

① Ángel Massiris Cabeza，"Políticas de ordenamiento territorial en América Latina：Examen comparado"，*Comunidad Andina*，Lima，2013.

程，哥伦比亚土地管理委员会作为主管部门，履行技术—咨询的职能。2011 年 8 月，哥伦比亚环境、住宅和土地发展部下设的环境部生态办公室公布了《水文地理流域环境区治理和方针建议》，就土地环境区划进行了细致规定，从环境资源、人类活动所需环境、土地环境区划等标准进行了细化。

（七）巴西①

1979 年第 6766 号法将城市土地使用的规制权归为地方市级主导。

1981 年 第 6938 号 法 将 经 济 生 态 区 （ la Zonificación Ecológica Económica，ZEE）作为土地环境管理机制，由市级行政机构负责，并由国家有关行政部门协助执行。

1988 年，联邦宪法，将土地管理权改为地市级职权。通过使用、区划和占有等城市的规划与管理行使。

2005 年，国家一体化部公布文件《土地管理国家政策议案标准》（Bases para una Propuesta de Política Nacional de Ordenamiento Territorial，PNOT），表明巴西中央政府从国家层面通过政策指导与行政规划对土地进行管理。

（八）乌拉圭②

1990 年，住宅、土地管理和环境部（el Ministerio de Vivienda，OT y Medio Ambiente）建立，下设国家土地管理办公室（la Dirección Nacional de OT）。2008 年，颁布《土地管理和可持续土地发展法》。

乌拉圭对土地管理的立法，主要规范国家部门横向的管理行为，核心目标为了改善城市居民生活质量、同时增强土地的社会功能性、规范土地用途，使土地开发符合环境要求，实现城市的可持续发展。还要以民主的形式利用自然和文化资源。生物多样性保护也被纳入《土地管理法》中，作为乌拉圭农村土地类型目录内容。部门进行规划时，要将农村自然土地作为一个类型加以规划。将农村自然土地作为一个类别列出

---

① Ángel Massiris Cabeza，"Políticas de ordenamiento territorial en América Latina：Examen comparado"，*Comunidad Andina*，Lima，2013.

② Ángel Massiris Cabeza，"Políticas de ordenamiento territorial en América Latina：Examen comparado"，*Comunidad Andina*，Lima，2013.

的行为，目的在于保护和保持自然环境、生物多样化、风景以及其他遗产、环境和空间的价值。

（九）玻利维亚①

1992 年 3 月颁布了《环境法》（又名第 1333 号法，Ley de Medio Ambiente，Ley No. 1333），该法规定：土地管理作为环境政策的基础之一，是生态、经济、社会和文化区建立的原则之一，也是环境规划的实施机制。1994 年，国家规划秘书处出台了《土地管理国家规划》。

1996 年《土地管理总框架》（Marco General para el OT，MARGOT）和《土地管理部门规划制定方法指导》，由可持续土地发展部公布。2001 年，《地市土地管理政策制定方法指导》颁布。2009 年，彼利维亚新《宪法》颁布，部门、地市以及农民原住民印第安自治体都有土地管理规划制定权，参与其相关土地的土地用途管理及其规划制定。

2012 年，《大地母亲和美好生活议题发展框架法》，又称第 300 号法（Ley Marco de la Madre Tierra y Desarrollo Integral para Vivir Bien，Ley No. 300）颁布，规定土地管理是一体化发展规划的基本原则，发展规划的制定需遵循"美好生活大地母亲"等传统的和谐思想。玻利维亚的土地管理，是对土地管理政策、土地管理技术、土地占有和用途规划等方面的综合性管理，而且要求土地管理需符合土地本身特点。

目前，除奥鲁罗地区外，所有省级地方部门均已公布各自的土地管理政策，但地市级行政机关层面，2012 年，仅有 21%（70 余个）市县实现了本地区土地行政管理。

玻利维亚的规划机制主要以土地管理规划和发展规划为主，对规划相关内容的立法还比较薄弱，同时土地管理规划数量还非常有限，并未形成完备的三级行政立法和行政体系。

虽然土地管理纳入发展规划内容，且受国家法律保护，但土地规划还未得到足够重视，并未发展规划中心。同时，有关土地管理规划制订过程的法律规范不甚严格，也缺乏细化的程序性管理，并未成为刚性法

---

① Ángel Massiris Cabeza, "Políticas de ordenamiento territorial en América Latina: Examen comparado", *Comunidad Andina*, Lima, 2013.

律规范内容。

在土地管理规划的原则方面，法律规定各自治机构要符合相关条件，其注册和整合有相对严苛的程序要求，这有助于保护国家和集体及个人土地权益。

在《宪法》中，明确了土地与生物多样化关系的规定。《宪法》第二章环境、自然资源、土地和领地第七节（生物多样性、古柯为该国印第安人传统农耕作物。长期因合法性受到质疑。通过宪法确立其种植合法性。保护区和森林资源）第一分节第380—383条规定，如表3-1所示。①

表 3-1 彼利维亚《宪法》中第380—383条

法条	内容
第380条	充分利用和再生自然资源，实施可持续发展，尊重自然生态系统的特点及其自然价值。 为确保生态平衡，对土壤的使用应当考虑到其能承受的最大种植能力，以达到对土地的最大化利用。同时要考虑其生物特性、社会经济特性、文化特性和政治制度特性
第381条	动植物资源是自然资产。国家应制定必要措施，对其进行维护、开发和使用。国家应保护所有领土范围内，生态系统中的基因资源和微生物、生态系统，并积累与资源开发适用的相关知识。为保护自然资源，国家将建立登记制度，并以国家或个人名义，对知识产权进行登记和保护。对于所有未登记资源，国家也应制定法律对其进行保护
第382条	对自然资源、祖先知识及领土中的其他资源给予保卫、恢复、保护和寻找生物材料是国家的职责和义务
第383条	国家应制定措施，限制部分或全部、临时性或永久性的、对多样性生物资源的开采利用。该措施用于保存、保护、恢复生物多样性，以及避免种族灭绝的危险。禁止非法持有和贩运多样性物种

为落实国家《宪法》内容，在土地管理政策中，对生物多样性进行了具体政策规定：发展规划部规定，土地管理政策的主要原则之一是分

---

① 参见世界知识产权组织网站：玻利维亚共和国宪法2009，参见 http://www.wipo.int/wipolex/zh/details.jsp? id=5430。

析土地建设性质，需要将生物多样性问题纳入分析内容。同时，如果在土地规划中，也应对自然资源的缺乏等限制进行规定。目前的土地规划中缺乏对资源潜力、生物多样性保护困境、执行力度和自然资源限制的明确条款，也没充分分析生态体系经济价值。此外对未来发展模式、地方发展具体预测也不足。有关如何将生物多样性纳入土地规划的法律进程也在探讨中。

2001 年的《土地管理地方规划新制定方法指导》已将土地管理的设计方法纳入政府行政规划。但未指明生物多样化内容以何种形式纳入法律。玻利维亚政府后又公布了《土地规划过程中如何增加生物多样化内容的议案》，该议案分析了生物多样性的构成，及其如何在法律、制度内纳入土地管理的立法程序。

（十）厄瓜多尔①

1996 年厄瓜多尔成立环境部，并将土地管理作为可持续发展行政机制的一部分。

1999 年颁布《环境管理法》，又名《第 377 法》（Ley de Gestión Ambiental，Ley 377），将土地管理作为国家法律保护的内容，并将其纳入环境范畴，要求在国家战略中包含土地管理。同时该法要求国家成立专门负责土地管理政策法规执行的土地管理国家委员会。

2010 年《土地组织、自治组织和地方分权组织法规》（Código Orgánico de Organización Territorial，Autonomía y Descentralización，COOT-AD）公布，要求地方政府承担发展规划制定的行政职能，包含土地管理，并根据国家相关法规、条例执行。根据该组织法规定：土地管理"是管控和协调发展战略决策的机制，承载人类居住、经济—生产活动以及自然资源管理等诸多内容，是实现土地相关职能的根本。因此，对土地管理进行立法符合国家行政法对各级政府相应职能规范"（第 43 条）。土地管理规划应遵守发展政策和土地管理具体规范。在各级政府职权范围内，以完成各自社会和环境职能要求为目标。各级农村地区的政府，也需就土地管理制定规划。

厄瓜多尔《土地组织、自治组织和地方分权组织法规》第 44 条规定地区或省级土地管理规划应包含经济与环境、基础设施和运输等领域。与农村地区土地相关条款，由农村所在区议会制定，需符合所在省、州县和/或区的相关法规。第 49 条，明确了发展规划和土地管理的责任主体。

（十一）多米尼加[①]

1997 年城市事务国家委员会提出了有关土地管理的项目、战略和规划议案。

2000 年《环境与自然资源总法》，又称第 64 号法［La Ley General sobre Medio Ambiente y Recursos Naturales（Ley No. 64）］颁布，其中规定土地管理是对环境和自然资源进行管理的机制。同时该委员会提出了土地管理国家规划。

2002 年颁布发展与城市土地管理国家政策。

2006 年，根据第 496 号法，成立土地管理和发展总署（dirección），负责土地可持续发展公共政策的管理与制定，对经济、社会、环境和社会文化都有特别影响。多米尼加土地管理政策还涉及有关城市、农村管理和土地使用评级管理的跨部门协调和部门间协调。

2007 年第 176 号法（Ley 176 asigna a los ayuntamientos la responsabilidad del OT），规定，政府的土地使用意向需经过不少于 5% 的公民投票通过。

（十二）巴拿马[②]

1998 年的《环境总法》（第 41 号法）（La Ley General del Ambiente, Ley 41）中规定了土地环境管理内容。2006 年《城市发展土地管理法》（第 6 号法）（Ley de OT para el Desarrollo Urbano, Ley 6）颁布。

在巴拿马的法律体系中土地管理，主要关注的对象为国有土地、城

①　Ángel Massiris Cabeza，"Políticas de ordenamiento territorial en América Latina：Examen comparado"，*Comunidad Andina*，Lima，2013.

②　Ángel Massiris Cabeza，"Políticas de ordenamiento territorial en América Latina：Examen comparado"，*Comunidad Andina*，Lima，2013.

市中心土地，管理土地行为主要为使用目的和所有形式。主要通过行政行为和发布条例等形式促进土地整体协调，注重实际、环境、社会经济、文化、行政、政策、机制等诸多领域职能的特点，立法目标为提升居民生活质量。

（十三）萨尔瓦多[1]

1998 年《环境法》中规定了发展规划和土地管理是环境立法重点。2001 年萨尔瓦多公布了《国家发展与土地管理规划》，2011 年萨尔瓦多通过《土地管理与发展法》，又称第 644 号法规（Ley de Ordenamiento y Desarrollo Territorial，Decreto No. 644），建立了土地管理体系。该法于 2012 年正式实施。

在规划和土地管理过程中，国家土地管理政策的订立体现了特殊领域的相关性，政策制定是一体化、集中进行，并符合公共投资土地上人类不同活动和社会发展需求，具有集体性的特点。所以土地管理服务要能兼顾居民住宅、生产性活动和自然资源保护等各方利益。同时将人民福祉等作为规则制定基础。

（十四）巴拉圭[2]

2000 年，第 1561 号法授权环境秘书处（la Secretaría del Ambiente，SEAM）制定国家规划和土地环境管理地区规划。2010 年，《市县组织法》，又称第 3966 号法又赋予了地方政府制定城市管理和土地规划以及可持续发展规划的权利。2011 年，巴拉圭提出发展和土地管理框架规划议案，在中长期，建立一个专注和组织土地管理模式，对必要的土地行为进行规范，对规范行为的合理性进行考察和评估，并受到法律保护。

（十五）洪都拉斯[3]

2001 年国家土地管理规划（Programa Nacional de Ordenamiento Territo-

---

[1] Ángel Massiris Cabeza，"Políticas de ordenamiento territorial en América Latina：Examen comparado"，*Comunidad Andina*，Lima，2013.

[2] Ángel Massiris Cabeza，"Políticas de ordenamiento territorial en América Latina：Examen comparado"，*Comunidad Andina*，Lima，2013.

[3] Ángel Massiris Cabeza，"Políticas de ordenamiento territorial en América Latina：Examen comparado"，*Comunidad Andina*，Lima，2013.

rial, PRONOT）出台；2003 年《土地管理法》，即第 180 号法令出台，建立了洪都拉斯土地管理体系；2004 年《土地管理法总则》制定。洪都拉斯从国家层面促进了一体化、战略性和有效的国家土地管理，对包括所有资源（人口、自然和技术等）通过有效政策和规划管理，确保人类发展的活力、和谐和公正，实现机会平等和可持续。

（十六）尼加拉瓜①

2001 年土地管理总政策出台，指导土地可持续利用。2012 年尼加拉瓜通过了《土地管理和发展总法》（Ley general de ordenación y desarrollo territorial），成立尼加拉瓜土地研究所。

尼加拉瓜通过法规和国家行政政策管理，指导公共部门和私人利用和占有土地行为，注重人民需求和利益、土地自身特点和环境和谐，立法和行政协调为实现社会—经济进步，有助于实现人类发展的可持续。

（十七）秘鲁②

2001 年第 045 号最高法令规定环境土地管理是国家利益，并成立环境土地管理国家委员会。2003 年《土地和城市规划发展附加法规》出台，规范土地规划和管理行为、土地附加值和城市与农村发展。2004 年颁布《经济和生态区划法规》，将环境土地管理作为部门和地区或私人投资规划的特殊内容。2005 年《环境总法》颁布，是环境土地管理的具体法律依据。

2010 年土地管理政策路线（Resolución Ministerial N.° 026 - 2010 - MINAM）出台，确认土地管理是国家政策（包括政策过程和行政管理），实施内容包括对社会、经济、政治和技术行为主体的约束，法律和政策内容包括管理所有土地和以可持续方式使用土地。立法将生物多样化纳入秘鲁土地规划，在国家环境政策中规定：推动土地管理、经济和生态区划，作为支持保护、使用和可持续利用自然资源和生物多样性的依据，也是土地规划内所有权的依据。在土地管理过程中，包含对风险评估和

---

①　Ángel Massiris Cabeza, "Políticas de ordenamiento territorial en América Latina: Examen comparado", *Comunidad Andina*, Lima, 2013.

②　Ángel Massiris Cabeza, "Políticas de ordenamiento territorial en América Latina: Examen comparado", *Comunidad Andina*, Lima, 2013.

人身危险（antropico）以及应对其他气候变化的措施。推动机制建设，预防居民住宅和社会经济发展造成对自然和居民安全的危害。

（十八）危地马拉[1]

2002年的《市县法令》规定市县政府拥有土地管理和一体化发展规划的制定权。2012年《土地管理和发展法议案》提出，土地发展政策中应包含土地管理内涵。

综上，城市规划土地管理在拉美各国有宪法及国家层面立法支持，也有省、州、市等地方立法保障。立法内容涉及土地所有权、土地使用权、土地个人权利保护与社会权利的实现、城市规划发展、土地转让、土地管理、土地安全、与土地相关环境保护、住宅及建设管理、土地功能区划等多方面内容。

三　拉美城市规划立法解决非正规用地和非法土地使用的立法

1950—2000年，拉美及加勒比地区人口，增长了约3.4亿（从1.75亿增长到5.15亿，城市人口早在2000年已达3.8亿，占总人口75%，预计到2025年城市人口将达85%），也将是全球城市人口最多的地区。[2] 城市人口的膨胀，导致多数拉美国家出现了城市非正规居住点，加剧了社会矛盾。

经济快速发展带来大量农村人口进入城市，他们多以非正规就业形式参与城市劳动，缺乏必要的社会保障，引发拉美城市贫民窟的大量出现。拉美地区城市化进程呈现两面性：国际化和贫困化。这导致拉美城市出现了非正规建设需要被迅速纳入体制的过程。甚至成为城市土地发展的主要途径。圣保罗和里约热内卢已扩张了50%—55%，城市土地及

① Ángel Massiris Cabeza, "Políticas de ordenamiento territorial en América Latina: Examen comparado", *Comunidad Andina*, Lima, 2013.

② Centro Internacional de Agricultura Tropical, UNEP, United Nations Environment Program, CIESIN. Center for International Earth Science Information Network, Columbia University, and The World Bank, Latin American and Caribbean Population Data Base, 2005. Versión 3, disponible en: http://www. na. unep. net/datasets/datalist. php3.

城市住宅用地主要源于非正规城市占地。[①] 拉美国家主要采取市场行为规范城市非正规用地或对非正规用地开展合法化两种方式推动解决非正规用地问题。

（一）所有权与市场行为规范立法解决城市非正规用地问题

拉美国家私人土地市场规范性政策主要通过在法律上对所有权进行确权来实现。在拉美地区，相关法律—机制框架（哪个级别和哪个机构负责城市规划土地执行）、执行机构的工作规范、政府的政治意愿，以及国家和不同公民社会部门的关系都影响着城市规划土地管理规范化的实际执行效果。

低收入人口选择非法土地市场，主要由于难以达到合法土地市场的严格要求，无论是城市规划的建设环节还是商业化过程，诸多条款限制一方面有助于城市规划的高水平发展，另一方面却降低了规划成果的普适性。在秘鲁、哥伦比亚和巴西，非法土地市场长期存在。[②] 在阿根廷，非法市场出现于 20 世纪 30 年代，随后消失，再现于 20 世纪 70 年代末。非法土地市场再度出现的原因之一是近几十年逐渐执行了严格的土地使用规划法规，反而造成了"非正规"市场的增加。巴西第 6766/79 号法（La Ley No. 6766/79）禁止私自土地区划，致使"棚户区"增长。阿根廷第 8912/77 号法令法（el Decreto-Ley No. 8912/77），规定区划政策必须包含基础建设，导致大量私自区划的出现以及土地大规模非法侵占现象丛生。其他拉美国家在过去几十年中，也大多出台了类似土地区划配备基本公共服务的法规。例如，厄瓜多尔基多，直到 1992 年第 3050 号规定（la Ordenanza 3050）出台前，区划的执行大多没有具体基础设施建设内

---

① Centro Internacional de Agricultura Tropical, UNEP, United Nations Environment Program, CIESIN. Center for International Earth Science Information Network, Columbia University, and The World Bank, Latin American and Caribbean Population Data Base, 2005. Versión 3, disponible 参见 http: // www. na. unep. net/datasets/datalist. php3 。

② 大量基础设施建设的要求，让城市规划土地的合规发展价格高昂，远高于区划规划后土地造价。

容，出台后，此类规划多被废弃。①

（二）所有权立法解决非正规城市用地

拉美少数国家执行了城市规划土地商业化的特别法规，如阿根廷。大多数国家土地买卖行为一般受各国《民法》和相关法规约束，《刑法》规范违法行为。国家信贷用于土地购买鲜少使用，只存在私人信贷的土地买卖行为，但缺乏国家立法规范，以及对担保、利息、付款方式等过程和行为的立法保障。而且低收入人群很难进入私人信贷领域。一些国家通过合作形式为低收入人群申请私人信贷，但以个人形式依旧无法获得。合作申请贷款的政策形式难以覆盖社会最贫困人口。

因历史和政策导向不同等原因，拉美各国对待国家权力与非正规土地占有者间关系的态度差异较大。政府行为对土地占有和建设行为采取压制、容忍、许可或合法化等措施。对土地非法占有问题认识的演进，也带来相关规划政策的多元化。各国对直接占有行为既有容忍又有压制。一般来说，对商业价值缺乏或环境条件较差土地的占有行为，多倾向于采取接受政策。几乎所有国家政府都承诺从法律和政策上有对私有所有权的保护，但这些政府同时从法律上确立了对占有土地所有权的社会职能。阿根廷情况特殊，第 14.005/50 号国家法（La Ley Nacional No. 14.005/50）规定，建设二级土地市场，面向城市贫困人口以月供付款形式出售。该政策的实施是对土地所有权向更大比例人口扩散的尝试，并就住宅和农村土地信贷政策进行了法律规范。

四　拉美城市规划土地管理立法现状与趋势

（一）拉美及加勒比国家城市规划土地管理立法特点

土地管理涉及的不仅是土地使用和所有权的规划，其内容和规划过程涉及社会不同实体间利益博弈，有时还有利益冲突。如何利用法律支持土地管理规划的建立和管理执行过程的实现，需要法律体系保护。拉

---

① 参见 Aline Costa B y Agustín Hernández A，"Análisis de la situación actual de la regularización urbana en América Latina：La cuestión de la tenencia segura de los asentamientos informales en tres realidades distintas：Brasil，Colombia y Perú"，*Revista INVI*，*ISSN* 0718 – 8358，Vol. 25，No. 68，2010，Insitituto de la vivienda，Facultad de Arquitectura y Urbanismo，Universidad de Chile。

美国家大多从宪法出发，制定了多重法律法规体系保护。在宪法下，通过其他组织法和常规法律进行协调。有些国家的这方面立法已基本覆盖所有土地组织各领域范畴，有些国家仅对地方和区域层级的土地管理进行了立法规范。

（二）土地规划立法主要关注的领域

（1）空间建筑规划：并结合市县规划或城市土地用途规制；

（2）环境规划：进行有关环境保护和预防灾害方面法规制定；

（3）部门土地规划：就有关地区和国家体系化的规划法律的制定，从三级政府和不同部门要求出发，订立有关城市居民和地区发展的土地管理条款；

（4）土地一体化规划：将经济、社会和环境规划同土地管理联系在一起。

（5）非正规用地合法化和市场化。

（三）土地规划立法发展趋势

拉美国家虽然在土地管理方面的立法是丰富多彩的，可仍面临诸多不足：城市土地规划立法不足、缺乏公众参与、相对缺少行政和司法方面的支持。也就是说，丰富且多层级的立法内容由于法条分散、规范过于细化、各层级行政机关权责具体划分不明等原因，造成了一定程度的立法实效性不足。未来，城市土地规划立法仍将面临如何应对非正规用地规模的挑战。

第二节　拉美及加勒比地区国家城市规划立法中的环境内容

城市规划是总体发展规划的组成部分，是一体化和系统化的规范手段。城市规划立法包括对过程和机制的双重规划，涵盖社会、经济、建筑、行政管理、环保等领域。所涉及的领域并不孤立而存，而是具有相互间关系。同时，中央与地方间相应规划机构间，为了制定、修改以及实施规划，也有相关立法规定，用以管理性规划获得行政性保护。

有关国家、地区或地方环境规划过程，首先应当明确由使用或占有土地造成的环境冲突和问题中的具体矛盾，以及可替代政策方案，用以较好解决环境困难与利用环境发展经济的更大空间。在这一立法过程中，主要有四个阶段：诊断、评估、勘察和履行。然而，保障规划公开有效，加强战略性规划，才有可能获得实质的环境规划立法进步。①

拉美很多国家都在发展规划中引入了不同的与环境相关的内容，通过"发展规划"管理国家，而具体地推进该规划则可推动自然与人类社会生活的和谐统一。②

国际领域，这类预防性法律规定在集体行为中已不鲜见（例如，欧盟）。1986年，自从《欧洲单一协定》签署以来，该地区组织已制定了如下基础性原则战略。

1. 预防行为，需要应对污染，但不仅应对污染问题。

2. 修订行为，需完成本身不伤害，要求对造成污染的污染源进行调查，要求对抗污染与欧洲共同体技术和市场产品发展同步进行。

在拉美地区，城市规划法律体系的保障并不仅仅保护国家利益，还有对居民城市权③的保护。城市规划环境条款产生背景：工业化程度不断加深以及一系列现代环境危机的出现，威胁城市居民的健康。城市规划环境立法是综合性的。立法中的环境条款是出于对公共利益的保护，更是对个人人身安全的保护。此外，作为多种族、多民族聚居国家来说，拉美城市规划的环保立法还关系到大量原住民（印第安人）的利益。印第安习惯法文化中，将土地、环境、水等自然元素视为生命权的一部分，这一内容也被部分拉美国家（如玻利维亚、厄瓜多尔、秘鲁等）宪法接纳。

在习惯法影响下，拉美地区城市规划环境立法也形成了地区特色性

①　Miguel Patiño Posse, "El Régimen Jurídico del Ordenamiento Ambiental y Urbano en Colombia", www.eltallerdigital.com, Universidad de Alicante, 2009.

②　Miguel Patiño Posse, "El Régimen Jurídico del Ordenamiento Ambiental y Urbano en Colombia", www.eltallerdigital.com, Universidad de Alicante, 2009.

③　城市权（derecho a la Ciudad）：超越了个体权和集体权，用以保护城市中脆弱的集体利益、社会利益和经济利益。随城市可持续及社会公正原则发展而来的概念。《城市权世界宪章》在拉美地区得到较多国家认可。提出对弱势群体的特殊关注，尊重城市文化多样性及城市—农村间平衡关系。http://www.hic-al.org/derecho.cfm? base = 2&pag = derechociudad2。

机制。可持续发展模式是立法关注重点。拉美国家将环境权、健康环境权、城市环境等内容加入城市规划法。

一　《宪法》中城市规划环境保护内容与国家层面城市规划相关环境保护立法

城市规划立法内涵的发展，不仅是某一地区开发居住区，而且包含了通过可持续发展与维护生态平衡实现居民生活水平和质量的提升。这些城市规划立法内容并非孤立的几个部分，而是相互关联的。其中对于环境保护的条款，并不仅仅是关于自然的内容，而强调的是将城市作为一个环境整体，包括自然资源，也包括环境中的外部影响因素以及环境权的具体实施和评估。很多城市规划决定都会引起一系列环境影响，如居民住宅土地管理、城市发展规划和计划以及城市土地用途区划。这些都依赖与环境部门的协调，保障规划不与环境权相抵触，尤其是随着时间对环境造成不可逆伤害，都需要城市规划立法。[1]

居民住宅权与其他权利间关系紧密。公民的权利包括自有居住权、交通、法律安全、私有权、居室及相关地点内不受威胁的权利、相应的环保权、健康权，等等。[2]

(一) 墨西哥《宪法》对城市规划环境立法的规定

首先，墨西哥《宪法》要求对城市产生消极环境和社会影响的主体有责任给出合理和长期有效的解决方案。即"谁污染，谁治理"原则。

其次，保证个体能够实现可持续的发展，尽管这不是一个非常容易评估的内容，但仍是可以测量的。根据国际机构的标准，以及墨西哥的习惯法，并将之作为立法目标，墨西哥《宪法》通过居住权形式，根据国际法居住区规定将城市环境规划纳入基本法，包括约束立法者和公共

---

[1]　Carla Aceves Ávila, *Bases Fundamentales de Derecho Ambiental Me xi cano*, Mé XI co, Porrúa, 2003, p. 143.

[2]　Carbonell, Miguel, "constitución política de los Estados Unidos Me xi canos, comentada y concordada", 法学研究所，墨西哥，2004 年，p. 104。

政策执行机构行为。① 这样，包含城市环境内涵的住宅权与行政机关、立法机关以及司法机关建立了联系，应在各自职权内协调解决公民获得适当住宅而产生的矛盾；立法权力机构的职责是，起草适当法规，将城市规划进程与实现拥有最低标准要求的住宅权结合起来。同时，联邦区政府还采取措施，通过联邦区生态管理总规划，保护不同城区的自然环境。这些区域属于不同的生态体系，还有城市地区，共计 15.516 公顷，约占联邦功能区土地总面积的 10%。②

由于生态区的建立仅有《生态法》，却没有其他配套法规，而规划机制对于高质量环境区域的保护的法律力度不足，所以大约有近45%的保护区面积已由于城市发展以及土地使用目的变更而消失了。此外，由于缺乏监管，这些城市的生产性或休闲性功能的扩张，未实现真正合理规划和依法保护生态。

墨西哥联邦区自然保护区的严峻现状很大程度上还由于城市和农村界线不断改变造成的。加之各类污染（尾气、固体及液态废弃物等）。因此，环境保护需要《环保法》和《城市规划法》体系协调发展。保护区土地上非正规住宅问题，还需通过各级政府专项行政行为解决。③

（二）哥伦比亚环境管理与土地和城市管理的《宪法》依据

哥伦比亚土地管理规则制定的法律体系有两个突出特点：第一，宪法规则确立了法律、法规的核心权力；第二，通过地方、市县或区机构的行政意见具体执行。

1. 哥伦比亚《宪法》确立了关于城市规划与环境问题的立法原则

哥伦比亚通过两个原则推动城市规划中的环境问题入宪。第一，公共和私人所有权中的社会职能是哥伦比亚社会共同承担的责任，这一原则早在 1886 年即纳入《宪法》中。社会职能和职责入宪，有助于形成广

① Carbonell, Miguel, "constitución política de los Estados Unidos Mexicanos, comentada y concordada", Instituto de Investigaciones Jurídicas, 法学研究所，墨西哥，2004 年，p. 107。

② Carbonell, Miguel, "constitución política de los Estados Unidos Mexicanos, comentada y concordada", Instituto de Investigaciones Jurídicas, 法学研究所，墨西哥，2004 年，p. 107。

③ M. Mollá, "El crecimiento de los asentamientos irregulares en áreas protegidas", Investigaciones Geográficas, Boletín del Instituto de Geografía, UNAM Núm. 60, 2006, pp. 83 – 109。

泛社会共识。① 第二，"所有权的社会和生态责任"。1991 年《宪法》延续 1886 年《宪法》有关所有权社会职能的规定。在此基础上提出所有权中的责任还应包括与社会职责不可分割的生态职责。两者间关系不是对立的而是统一的，因为社会职能中也包含生态责任，生态责任是私人所有权中不可分割的一部分。所有权包括积极权能和消极权能。所有人对所在生态系统的相关职责，应适当且有效地完成生态权能，不应是相反，造成生态系统退化或消失。另外，国家的环境遗产由生态遗产与国家文化遗产两部分组成，宪法起草委员会已将其列入国家土地上所有自然资源、可再生资源与不可再生资源的一部分加以保护。保护内容包括：土地、地下、领土海域、大陆架、领空和地理空间内的权利，及人类周边的环境要素（如风景）和文化要素（如公共空间）。

除上述两项宪法原则外，《宪法》还在其他原则中设立了辅助机制，对城市规划中与环境相关法规的制定进行规范。例如，国家参与原则、实现土地自治、都市区、民主参与或协商参与以及城市规划公平原则等。不过，有学者将国家参与视为国家干涉主义。《宪法》规定国家有颁布生态遗产相关控制性、预防性和保护性规则的责任。

2.《宪法》确立环境基本权利

拉美现代国家宪法及其宪法司法，大都明确了环境特别保护条款。如哥伦比亚 1991 年《宪法》。宪法中有关环境保护内容，也得到了宪法法院的重视。在 1992 年哥伦比亚宪法法院第 426 号宪法法院司法公报②中："社会管理法治化与政治机构相关联，因为社会管理法治化的目标之一是应对经济或社会的匮乏和贫困，以及各部门、组织或人民的不足，为他们提供援助和保护。"③

提供援助和保护，国家承担保护自然资源的责任，通过引导性规范，

---

① Libardo Rodríguez Rodríguez, "Panorama del Derecho Urbanístico Colombiano", *Manual de Derecho Urbanístico*, Biblioteca Jurídica del Instituto de Investigaciones Jurídicas de la UNAM, www. juridicas. unam. mx。

② Gaceta Judicial de la Corte Constitucional, Bogotá, 1992.

③ Miguel Patiño Posse, "El Régimen Jurídico del Ordenamiento Ambiental y Urbano en Colombia", www. eltallerdigital. com, Universidad de Alicante, 2009.

在城市规划过程中实现合理使用自然资源和享有自然资源的规制目标。城市规制的实际执行，是在同一体系下寻求生产型资本与广泛福祉延续的平衡。拉美国家普遍受到典型福利国家与新资本主义理论的影响，而城市规划面对的社会，需要建立理念上的共存信仰。①

3.《宪法》保障公民在城市规划中享有集体权和健康环境权

环境保护内容入宪的法律依据是国家宪法基本权利中的集体权。事实上，集体利益是集体权的来源，也是从根本法提供对共同体的团体保护。通过政策约束生产性活动，以满足和保护最低的个体发展要求。集体权的提出能够规范政府行为。

这些新权利和国家法律保障体系的建立是近年来拉美地区宪法改革的内容之一，拉美国家在这一过程中寻求职能转变。②

影响最为深远的是集体权中增加了环境价值，全体人民都应尊重和守护环境。为此甚至可以反对国家或破坏集体权中环境价值的个体不当行为。这引入了基本权利第三方效力的理念内涵（"Drittwirkung der Grundrechte"，eficacia horizontal de los derechos fundamentales）。"基本权的完全享有在很多情况下，都受到私人部门权力中心的干预，以及公共机构影响。"③

一方面，"人类中心说认为，只有我们人类根据需要，保护生存空间的动植物生态体系。公民应有参与行政过程、应对污染的权利。"④ 另一方面，有关环境权建立的学说认为，该权利的内容和权利范围很难界定；一些建立环境权的不合时宜政策会提高宪法法院权益，并对公共权力各领域的平衡造成威胁。

然而，集体权和健康环境权在宪法层面建立的积极意义在于：世界范围内，大多数民主国家对新价值观和宪法权利的发展，通过宪法条文

---

① 参见 José Cascajo L. ，"La Tutela Constitucional de los Derechos Sociales"，en *Serie Cuadernos y Debates*，CEC Madrid，1988。

② La Guardía Conferencia dictada en la U. Extemado de Colombia，1993，ejemplar dactilográfico，p. 5.

③ Pérez Nuño A. ，"El Medio Ambiente en la Constitución"，Madrid，1984，p. 18.

④ Rechard Ewing，"Human rights in Environmental U. of London"，1990，p. 5.

以明确体现。如哥伦比亚 1991 年《宪法》将"第三代人权"纳入其中，明确扩大了对上述权利的宪法保护。《宪法》第二章规定了集体权和环境权。环境权的确立，也同样需要新的和开创性的公民法律体系中增添保障条款。

哥伦比亚《宪法》，有一整章内容涉及"集体权或者说第三代人权"的法律规范。此外，《宪法》第 82 条规定了公共空间权，第 79 条规定了健康环境权，"所有人有享受健康环境的权利。法律保护居民团体对有可能对其造成影响决议的参与权"。"国家有责任保护环境多样性和一体化，保护具有特别重要生态意义的地区，促进实现相关的教育。"《宪法》第 79 条内容的特殊意义在于，它将健康环境纳入权利体系；此外，也重申了宪法其他条款相关内容，如第 67 条有关教育作为基本人权，在健康环境权中也予以重申。"环境权不应作为其他章节权利的附加或附属性权利，法律不应忽视环境权相关内容，保护完整的环境权是规范社会共存状态的基础。"

"环境危机同样是文明危机。需规划内容包含环境保护的相关规定，重新规范人与人关系。社会不公正也会导致对环境行为的破坏，进而造成贫困。"[1] 这是 1992 年哥伦比亚宪法法院第 T426 解释中的内容。

行政领域为实现环境权的事实保护，根据哥伦比亚《宪法》第 5 条第 7 款内容建立了公共部门——环境部，并要求该部门作为居民住宅和城市扩张国家政策经济发展部的组成部门之一。

二　国家部门法中的城市规划环境立法内容——以哥伦比亚城市为例

（一）基于土地管理立法建立城市环境保护立法基础[2]

哥伦比亚对土地管理和环境保护的城市领域立法，遵照《宪法》1991 年设立的条文，并建立了如下法律机制。

---

[1]　*Informe de Ponencia Gaceta Constitucional*，No. 46，April de 1991.

[2]　Miguel Patiño Posse，"El Régimen Jurídico del Ordenamiento Ambiental y Urbano en Colombia"，www. eltallerdigital. com，Universidad de Alicante，2009.

基本法律框架，主要立法领域包括土地管理、地方发展、自然资源与环保和城市规划。在《宪法》框架下，1997 年哥伦比亚颁布第 388 号法，命名为《土地发展法》。这一法律制定原则为规范所有权的生态和社会责任，赋予集体利益优于个体利益的法律地位，明确区分城市发展中适当的责任和义务；此外协调与 1979 年颁布的第 9 号法的一致性（哥伦比亚第 9 号法主要制定了有关市县发展计划规则、买卖与征用、其他城市管理的安排等）。自然资源和环境保护领域立法：1993 年颁布了第 99 号法，据此建立了国家环境体系，1994 年第 128 号法，对都市区进行的立法，1994 年第 152 号法对发展规划所有相关内容进行了规范化，该法立法原则是将人权和宪法精神纳入规划立法领域。第 152 号法还实现了土地地方分权原则。[①] 如上法律条款说明：哥伦比亚具备城市规划法律管理，在优先集体利益所有权制度和土地可持续发展规则下，符合环境权的立法。

（二）与城市规划土地管理相关的主要环境条款——可再生自然资源与环境保护法规[②]

在拉美地区，哥伦比亚是最早接受联合国有关环境保护、宜居环境管理、通过立法合理使用自然资源等原则的国家之一，相关世界性原则于 1972 年斯德哥尔摩会议制定。1991 年《宪法》规定，采用适当方式规范环境和自然资源管理。哥伦比亚颁布的具体法规为 1974 年的《国家可再生自然资源和环境保护法规》（Código Nacional de Recursos Naturales Renovables y de Protección al Medio Ambiente）。这一系统性法规是哥伦比亚独立以来首次规范生态问题，对于现代法律体系来说更为特殊。因此，为了改变法条分散并与新环境权的发展相适宜，又发布了《国家可再生资源和环境保护法典》。

这部法典，毫无疑问，为推动环境立法发展开辟了新的时期，实际上建立了治理环境的机制和基础原则。实施中由于缺乏有条理和合适的

---

① Informe presentado por la Comisión sobre Ambiente y Recursos Naturales de la Asamblea Nacional Constituyente encargada de redactar la Constitución Política de Colombia, 1991.

② Miguel Patiño Posse, "El Régimen Jurídico del Ordenamiento Ambiental y Urbano en Colombia", www.eltallerdigital.com, Universidad de Alicante, 2009.

法律措施，执行并不尽如人意。哥伦比亚宪法委员会于 1991 年进行了《宪法》修改，健康环境保护提升至宪法层面。因此，《宪法》与《国家可再生资源和环境保护法典》成为国家环境立法的基本法律文本，并规定环境部门根据管理需要与其他行政部门合作执行。

早期的城市规划研究集中于环境、能源和经济等国家发展更为相关领域，焦点问题是城市可持续性指标体系的建立。

（三）《建立国家环境体系法》（La Ley de Creación del Sistema Ambiental，SINA）

哥伦比亚政府在成立环境部并建立规划实体部门、协调和执行部门的相关组织架构时，是以国家、地区和地方三级行政体系建立的，部门成立依据为 1993 年第 99 号法。该法通过后，这些机构作为国家环境体系的组成部分，其成员和相互关系根据该法第 1 条第 13 款定位为国家执行和公民社会机制。法律第 4 条规定建立国家环境体系，指出，该体系由如下内容组成：

1. 国家《宪法》是原则和总指导方针，本法及以后颁布的环境规则；

2. 现行专门法规，在本法制订前颁布的及依据本法建立的；

3. 本法规定的国家行政责任实体以及环境执行部门。

该法还就"物理规划和城市空间布局规划"进行了规定，这些领域也与城市环境规制有密切联系，这一规定也符合联合国倡议。环境学科和城市规划学科寻求的"最终目标"具有近似性，即，所有人拥有更好的生活质量。

（四）《城市规划改革法》颁布及其对环境保护的立法意义

1989 年第 9 号法颁布，该法又被称为《城市改革法》，涉及环境和城市规划部门。将环境概念纳入城市管理，寻求建立环境执法条件。在《城市改革法》第 34 条，提到了有些领域应纳入发展规划，包括"确定执行、处理和占有环境和生态保护区"。

综上所述，哥伦比亚的部门立法具有地区代表性。1997 年在第 388 号法制定过程中，增加了对公共空间管理的特别关注。建立了环境保护、以法律方式激励和保护城市环境的机制等。作为城市规划中新内涵的环境权，土地管理法中主要以对公共空间的法律规范实现对环境权的保护。

1997 年第 388 号法在 1989 年第 9 号法基础上，就城市规划改造，进行了土地管理规划的具体规定，其中就涉及了城市空间环境的法律内涵。此外，哥伦比亚宪法法院也做出承认城市环境内涵下城市空间的重要司法解释。

三　城市规划环境立法的特点与立法意义

（一）拉美国家建立城市规划环境立法的主要原则

从法学角度建立对人口环境权的保护，是解决大型城市中心环境问题的关键，主要遵循以下原则。

第一，生态可持续原则。环境作为一个权利，需要获得信息（尤其是技术和科学领域信息），运用需考虑环境问题的复杂性、国际法的规则制定的影响。包括城市在内，所有的生活空间都是有机组成的整体，应被保护。[1]

第二，环境立法合作原则。为保护人类的共同利益，地区国家间经济互助并非必需，而国家间合作的重点应是环境问题，这种帮助（不是关心 caridad），是预防共同性后果（形成区域城市环境保护机制），发展环保政策。虽然从 1992 年斯德哥尔摩会议起，就提出了包括报告信息与相互提供信息的共识，国家应该创造使所有公民可以实现这一环境原则所需的条件，让公民适当地获得有关环境的信息，且消息应与公共部门所获消息一样，包括可能对其所居住共同体产生影响的具体消息以及行为性消息。公共部门还应通过法律制定提供参与决策过程机会的规定。另外，国家有责任及时告知其他国家，本国的自然灾害或其他可能对环境造成有害影响的紧急状况。[2]

第三，城市规划环境立法"一体化原则"。即负责环境法规的相关部门，在城市环境法律形成中的作用与影响，应实现"法律规则一体化"。一方面协调不同国家或地区的有关国际环境法律规则，另一方面一国内

---

[1]　Miguel Patiño Posse，"El Régimen Jurídico del Ordenamiento Ambiental y Urbano en Colombia"，www. eltallerdigital. com，Universidad de Alicante，2009，p. 60.

[2]　参见 principios，10. 18Y19. Miguel Patiño Posse，"El Régimen Jurídico del Ordenamiento Ambiental y Urbano en Colombia"，www. eltallerdigital. com，Universidad de Alicante，2009。

的立法者与法官担负环境的宏观设计和推进职责。通过协同的方式减少对环境污染。①

（二）城市规划环境立法明确了环保激励与保护性措施②

环境权注重预防性措施的制定，指导性行政原则是以激励性措施和劝阻性措施为主，补贴、财政性减免权、财政优惠措施、信贷特殊途径、分期自由度等政策结合，实现环境保护行政政策构建，包括国家、城市等多个层面。

激励和推动措施作用巨大，是在寻求市场逻辑作为行政手段和立法机制，参与政府环境的管理，是超越国家对环境和自然资源监管的有益探索。"如果环境和自然资源支出计入价格架构体系，就不需考虑免费供给福利，而将出现生产者和消费者主导的生产和消费习惯形式的转变，向着更有效的方向发展。"③

在不同国家环境政策中出现采取刺激和保护措施，寻求国家通过生态性举措，制定有效实施机制的激励政策，其中重要的内容就是发展规划的建立、发放奖金、建议给予建立有效规划的成员以奖励。

将公共财政与税收法等作为城市规划环保立法内容，是拉美地区立法新趋势。在美洲国家组织部分成员国中，已建立工业排放、能源性污染的税收体系，在某种程度上有效维护了环境质量。税种构成多样且税率不同，税收主要用于对受污染地区新的公共卫生服务进行财政支持。拉美地区多国，已就超标污染排放，通过立法建立地方税收手段。

如哥伦比亚国家环境立法（1993 年第 99 号法第 1 条第 7 段）中："国家将推动环境支出和预防性经济机制的使用，调整环境退化现象向正确和回复方向发展，保存可再生自然资源。"

根据哥伦比亚《宪法》（第 79 条第 1 段）可持续发展的规划和目标

---

① Miguel Patiño Posse, "El Régimen Jurídico del Ordenamiento Ambiental y Urbano en Colombia", www. eltallerdigital. com, Universidad de Alicante, 2009.

② Miguel Patiño Posse, "El Régimen Jurídico del Ordenamiento Ambiental y Urbano en Colombia", www. eltallerdigital. com, Universidad de Alicante, 2009, p. 99.

③ Uribe Botero, "Medidas actuales y potenciales de carácter fiscal y no fiscal para la gestión ambiental en Colombia", *Fescol*, Bogotá, 1996, p. 148.

是：国家作为所有公民代表，应当掌握由所有自然资源组成的共同遗产。通过自然资源利用规划，推动相应责任的建立，实现发展、提升当代所有人生活质量。但同时以合理和维护环境的方式发展和利用，保证后代人的需求和发展。

1993 年第 99 号法，不仅建立了环境部，而且赋予可持续发展概念三个法律内涵："指导经济发展、提高生活质量和社会福利，不用尽不可再生资源，避免环境破坏，保障下代人拥有满足其自身要求的可支配自然资源。"该法第 1 条还规定："国家经济和社会发展进程遵循一般原则和1992 年 6 月《里约宣言》中有关可持续环境和发展内容。"

环境问题管理应当有所有社会成员和所有地方与区域层级的参与，才能形成利益、需要和共同目标的统一，确立优先目标，制定法律和行政性规则。

在哥伦比亚，城市领域的健康环境权获得，是依照宪法条文和相关立法。其中，城市健康环境权的实现有不可抗拒性特点。包括政府提供的城市基本卫生服务，全体公民的饮用水以及环境应急处理等供给性服务。

城市规划环保立法体现了拉美的环境关切。无序的城市活动不仅制约城市发展，也为城市环境带来影响：噪声、污染、拥堵、地下水和水资源过度开发、自然资源枯竭、能源过度消费、城市危机等。环境立法规制城市行为，有助于避免城市环境恶化带来的直接和间接权利侵害。

（三）环境立法解决城市扩张问题的行动机制

政府用于应对城市扩张的立法手段，不仅限于单一的限制规模或土地政策，同时包含了环保相关政策。主要包括：对城市发展计划和项目进行环境立法。如城市绿地面积、机动车数量与排放标准控制等设定标准。例如，在墨西哥联邦区，20 世纪 70 年代针对城市面积增长进行了城市圈环保立法。1976 年建立国家中心城市圈委员会（Comisión de Conurbación para el Centro del País ，CCCP）。然而，在很多学者看来，真正的城市规划环境保护需要特殊配套政策。① 墨西哥随后建立了水、交通等具体部门委员会开展城市环境规划管理。

环境立法并不仅限于《环保法》。墨西哥分别在 1980 年、1982 年和 1987 年城市发展规划中，明确城市发展的环境规范。但是，这些立法或行政规范强制性不高，标准并未配套必要的法律监督，主要以自发形式遵守。同很多拉美国家一样，墨西哥城市规划中因引入环境政策增加了城市住宅成本，加剧了非正规城市住宅的增长，加剧了城市规划的行政管理难度。在修改城市规划法规框架后，1996 年墨西哥城市发展规划建立了新战略，更加关注增长，建立了都市协调执行委员会，尝试综合解决包括环保、交通和道路、居民居住、自来水和污水排水、公共安全和司法诉讼、公民保护和固体废弃物问题。然而，委员会的工作具体采取行动不多，由于缺乏共同法律机制，导致执行难。

四 城市规划环境立法的不足

尽管取得了长足的立法领域发展，尤其是城市规划过程中涉及的环境条款。总体来说，地区城市规划立法还有几点不足。

一是相关法条分散，在国家执行的法律机制中有大量相关内容（协议、条款、决议、意见、声明、报告、办法等），从法律上建立保护、确认和执行环境法条的行政机构，但实际执行职能却缺乏指导性。

二是国际司法管辖权在哥伦比亚及其他拉美国家的影响不大。能更有效让国内法律发展与国际有关健康生活和自然和谐生产领域法律相协调还在探索中。

三是立法中明确责任条款不足。当出现问题并持续发展时，很难依据现有立法内容找到主要责任，责任在实际判定中多归因为自然灾害。世界性的相关机制有 152 项。然而，却未能成立一个专门性世界范围机制，用以肩负如上所有领域国际性机制实施，调解遇到的最大困境是建

---

① R. López Rangel， "La planeación y la Ciudad de México"，México, Ed. Universidad Autónoma Metropolitana, Azcapotzalco, 1993.

立了责任制。[1]

四是难以通过立法解决将人类共同福祉和集体利益内涵纳入环境保护立法目标。

五是政府部门职能区分立法不足。

第三节　城市规划立法中的历史中心保护

拉美地区国家相关城市规划立法，一直力求改变历史保护立法的实用性低、成本高问题。历史中心多被冠以"可用性低""古老""传统""功能性差"等评价，但在当代社会，却是地方旅游的特色与文化品牌。很多拉美国家借助对历史中心保护实现了国家第三产业的发展，城市规划历史中心立法保护是制度基础。历史中心保护一方面受到媒体的大量报道，大多是对保护不力的评价；另一方面，政策制定受到西方某些政治主张的影响，价值传统保守的遗产保护是拉美地区城市规划中历史中心保护的一大特点。与北美地区情况不同，拉美地区的历史中心保护是基于印第安文化的土地，但印第安人文化建筑遗产很少位于城市中心地区。因此，城市规划法涉及的城市文化遗产保护主要是对哥伦布到达美洲后的殖民文化遗产的保护。

作为发展中国家集中的拉美地区，也受到北美和欧洲地区发达国家工业进程的影响。快速经济发展带来了近、当代的城市化进程。城市文化遗产保护与城市现代化建设一直是法律政策制定者需要化解的矛盾之一。

一　拉美国家签署并执行的相关国际条约、双边协定

从拉美及加勒比地区国家城市规划历史保护立法方面来看，该地区较早地实现了相关法律的制定，城市规划与历史文化保护间关系较为协调，现代城市发展中的古迹风貌保护相对成功。主要原因包括非法律制

---

[1]　Antonio Paramío, "Artículo en Medios Universitarios para una discusión Práctca del Derecho Ambiental", p. 42.

度和法律规制建设两方面原因。非制度方面：殖民时期以来，地区所经历国际性战争较少，多数处于长期基本和平时期，地区建筑以欧洲外来建筑为主，城市中心区发展一般在过去殖民地中心周边发展。在社会文化传统中，形成了对历史保护优先的社会立法基础。法律制度建设上，地区较早订立有关文化遗产保护条例，一方面是地方立法传统，更受国际、地区等国际法影响；另一方面，该地区国家也较早签订并执行了有关历史保护的国际、地区和双边协定。拉美及加勒比主要国家和地区签署并执行主要国际、地区及双边协定、公约情况如下①。

阿根廷与秘鲁双边协定：1963 年《建筑、历史和艺术遗产保护协定》。1970 年《关于禁止和防止非法进出口文化财产和非法转让其所有权的方法的公约》。1976 年《圣萨尔瓦多公约》，有关美洲国家建筑、历史和艺术遗产保护地区性条款。国际统一私法协会 1995 年《关于被偷盗或者非法出口文物公约》。

伯利兹同墨西哥双边的协定：1991 年《建筑、艺术和历史古迹保护与修复协定》。联合国教科文组织 1970 年《关于禁止和防止非法进出口文化财产和非法转让其所有权的方法的公约》。

玻利维亚 1999 年与巴西签署双边协议：恢复被偷盗、非法进出口的文化遗产和其他类文物。同美国的双边协定：2001 年《对从玻利维亚进口文化遗产限制性征税的谅解备忘录》。同墨西哥的双边协定：1991 年《建筑、艺术和历史古迹保护与修复协定》。同意大利的双边协定：1953 年《有关禁止任何非法进出口或非法运输文化遗产措施的文化协定》。（1995—1998 年扩充了第 3 条相关内容）。同秘鲁的双边协定：1998 年《建筑遗产保护协定》；《偷盗、非法进出口文化和其他类别文物修复协定》。联合国教科文组织 1970 年《关于禁止和防止非法进出口文化财产和非法转让其所有权的方法的公约》。2003 年宣布 1976 年《圣萨尔瓦多公约》（有关美洲国家建筑、历史和艺术遗产保护地区性条款）在该国生

---

① 本部分内容根据如下材料整理：Legislación para la protección del patrimonio de América Latina,（*Para cada uno de los siguientes países se mencionan las principales legislaciones nacionales, los acuerdos bilaterales y las convenciones internacionales que protegen el patrimonio cultural.*）2010。

效（25.2）。1999 年执行（01.10）国际统一私法协会 1995 年《关于被偷盗或非法出口文物公约》。

巴西同玻利维亚的双边协定：1999 年《偷盗、非法进出口文化和其他类别文物修复协定》（1999 年 26.6）；1999 年执行联合国教科文组织 1970 年《关于禁止和防止非法进出口文化财产和非法转让其所有权的方法的公约》，1995 年国际统一私法协会《关于被偷盗或非法出口文物公约》。

哥伦比亚同厄瓜多尔签订的双边协定：根据 2000 年《第 587 法》通过保护、保存和修复建筑、历史和文化文物协定。同秘鲁签订双边协定：《偷盗、非法进出口文化和其他类别文物修复协定》（1999 年 26.6）；1988 年执行联合国教科文组织 1970 年《关于禁止和防止非法进出口文化财产和非法转让其所有权的方法的公约》。1980 年宣布（27.8）1976 年《圣萨尔瓦多公约》（有关美洲国家建筑、历史和艺术遗产保护地区性条款）在该国生效。

哥斯达黎加，1996 年执行联合国教科文组织 1970 年《关于禁止和防止非法进出口文化财产和非法转让其所有权的方法的公约》。1980 年宣布（27.8）1976 年《圣萨尔瓦多公约》（有关美洲国家建筑、历史和艺术遗产保护地区性条款）在该国生效。

厄瓜多尔同哥伦比亚的双边协定：2000 年认可《修护和归还偷窃文物协议》；1997 年同秘鲁达成《文化遗产保护与建筑、艺术和历史文物恢复协议》。1971 年在该国通过联合国教科文组织 1970 年《关于禁止和防止非法进出口文化财产和非法转让其所有权方法的公约》。1978 年宣布 1976 年《圣萨尔瓦多公约》（有关美洲国家建筑、历史和艺术遗产保护地区性条款）在该国生效。1998 年执行国际统一私法协会 1995 年《关于被偷盗或非法出口文物公约》。

萨尔瓦多同美国签署的双边协议：1995 年两国颁布《萨尔瓦多共和国前西班牙时期文化建筑遗产具体名录进口限制税谅解备忘录》；1990 年与墨西哥双边协定《保护和修复建筑、艺术和历史文物协议》。1978 年执行联合国教科文组织 1970 年《关于禁止和防止非法进出口文化财产和非法转让其所有权的方法的公约》。1980 年宣布 1976 年《圣萨尔瓦多公约》

（有关美洲国家建筑、历史和艺术遗产保护地区性条款）在该国生效。2000 年执行国际统一私法协会 1995 年《关于被偷盗或非法出口文物公约》。

危地马拉同美国的双边协定：1997 年两国达成《对从危地马拉进口前哥伦布时期文化人类学文物限制性征税的谅解备忘录》。1975 年同墨西哥签双边《建筑、艺术和历史古迹保护与修复协定》。1998 年同秘鲁签双边《建筑遗产保护协定》；《偷盗、非法进出口文化和其他类别文物修复协定》。1985 年执行联合国教科文组织 1970 年《关于禁止和防止非法进出口文化财产和非法转让其所有权的方法的公约》。1979 年宣布 1976 年《圣萨尔瓦多公约》（有关美洲国家建筑、历史和艺术遗产保护地区性条款）在该国生效。2004 年执行国际统一私法协会 1995 年《关于被偷盗或非法出口文物公约》。

在洪都拉斯，1979 年执行联合国教科文组织 1970 年《关于禁止和防止非法进出口文化财产和非法转让其所有权的方法的公约》。1983 年宣布 1976 年《圣萨尔瓦多公约》（有关美洲国家建筑、历史和艺术遗产保护地区性条款）在该国生效。

墨西哥与伯利兹 1991 年签订《建筑、艺术和历史遗迹保护和修复协议》，1996 年实施。与玻利维亚 1999 年签订《考古、人类学、文化遗产保护和留存合作协议》。与美国 1971 年签订《被盗考古、历史和文化修复与归还合作条约》。与萨尔瓦多 1990 年签订《保护和修复建筑、艺术和历史文物协议》。同危地马拉 1975 年签订《建筑、艺术和历史古迹保护与修复协定》。1979 年开始执行联合国教科文组织 1970 年《关于禁止和防止非法进出口文化财产和非法转让其所有权的方法的公约》。

2000 年尼加拉瓜同美国签署《尼加拉瓜共和国政府先西班牙时期文化考古文物出口限制税协定》。1977 年执行联合国教科文组织 1970 年《关于禁止和防止非法进出口文化财产和非法转让其所有权的方法的公约》。1980 年该国执行 1976 年《圣萨尔瓦多公约》（有关美洲国家建筑、历史和艺术遗产保护地区性条款）。

在巴拿马，1973 年执行联合国教科文组织 1970 年《关于禁止和防止非法进出口文化财产和非法转让其所有权的方法的公约》。1978 年该国执行1976年《圣萨尔瓦多公约》（有关美洲国家建筑、历史和艺术遗产保护地区性条款）。

在巴拉圭，1997年签订，1998年并在生效国际统一私法协会1995年《关于被偷盗或非法出口文物公约》。

秘鲁的相关双边安排与阿根廷的双边协定：1973年实施《建筑、历史和艺术遗产保护协定》。同乌拉圭签订双边协定：《考古、历史和文化遗产传播、保护、保护和修护协定》（1987年）。同哥伦比亚的双边协定：《偷盗、非法进出口文化和其他类别文物修复协定》（1999年）。1997年同厄瓜多尔的双边协议：《文化遗产保护与建筑、艺术和历史文物恢复协议》。同美国的双边协定：《秘鲁殖民时期人类学相关及西班牙时期文化考古学进口强制税谅解备忘录》（1997年签订，2002年09.延长）。同墨西哥签订《考古、艺术和历史遗产保护和修复协议》双边协定（1975年）。1980年联合国教科文组织1970年《关于禁止和防止非法进出口文化财产和非法转让其所有权的方法的公约》。1979年宣布1976年《圣萨尔瓦多公约》（有关美洲国家建筑、历史和艺术遗产保护地区性条款）在该国生效。1998年签订，国际统一私法协会1995年《关于被偷盗或非法出口文物公约》。

乌拉圭同秘鲁签订双边协定：1987年两国达成《考古、历史和文化遗产传播、保护、保护和修护协定》。1977年执行联合国教科文组织1970年《关于禁止和防止非法进出口文化财产和非法转让其所有权的方法的公约》。

二　拉美及加勒比地区国家城市规划历史中心保护立法的《宪法》及部门法依据

国家、省或州以及地方公共机构参与遗产保护的行政模式，根据城市规划法有关历史中心保护规定及相关行政组织法规定，在拉美及加勒比地区国家主要有三种形式。各国立法目标不同，主要集中在关注历史中心、对文物遗产保护、提升国家文化遗产价值、通过历史中心保护实现对国家非物质文化遗产及居民基本权益保护等。主要的立法内容包括：历史建筑物重建、居住保护政策、促进城市活力和贸易发展等。每个城市规划政策都会包含两三个此类内容。在拉美及加勒比地区，长期以来，形成了历史建筑保护不可侵犯原则的较高立法地位。随着新形势发展，形成了通过对社会遗产和文化遗产等遗产概念的立法性延伸，将三个遗产保护目标共存，并追求多元平衡。[①]

拉美及加勒比地区国家除通过国际、地区及双边协议和法规保护历史文化遗产外，也通过国内法进行历史文化保护。其中，在城市规划相关立法中，包含国家、部门法及一些国家地方层面立法。拉美及加勒比地区多个国家文化遗产保护涉及的主要法规如下[②]。

阿根廷：第 9080 号法（建筑学和古生物学遗迹和矿藏保护立法，1913 年第 26 条第 2 段）；第 221. 229 法号令规则（1922 年第 5 条第 1 段）；1968 年第 17. 711 号法；1996 年第 24. 633 号法（有关艺术品国际流通的法规，第 20 条第 3 段）。

伯利兹：1971 年《古代和文物纪念物的 20 项条款》第 31 条第 12 段。

玻利维亚：1977 年《宪法》第 191 条，1927 年《国家古迹法》，1930 年《国家古迹法最高法（解释性）条款》。1958 年教育和艺术美学部《关于建筑发掘规定的决议》。1965 年最高法院发布《建筑发掘和禁止出售建筑物的法令》。1976 年教育部发布《第 699 号有关禁止运送艺术作品到国外的决议》。

巴西：1988 年《宪法》；第 25 号法令—法（国家历史和艺术遗产保护法，1937 年生效，30. 11）；第 3924 号法（关于史前和建筑古迹法）（1961 年，26. 6）；第 4845 号法（禁止出口君主制末期以前艺术作品和文物的法律）（1965 年，19. 11）。

智利：第 16. 441 号法（确立历史文物、艺术品、人类和建筑学以及

---

① Guénola Capron, Jérome Monnet, "Una Retórica Progresista para un Urbanismo Conservador: la Protección de los Centros Históricos en América Latina", *Espacio Público y Reconstrucción de Ciudadanía*, México D. F. , 参见 https: //halshs. archives-ouvertes. fr/halshs-00807186, 2003。

② 本部分内容根据如下材料整理：Legislación para la protección del patrimonio de América Latina, (*Para cada uno de los siguientes países se mencionan las principales legislaciones nacionales, los acuerdos bilaterales y las convenciones internacionales que protegen el patrimonio cultural.*), 2010.

其他涉及国家利益出口规定，1966 年，01.3）；第 17.236 号法（艺术作品出口规定，1969 年，21.11）；第 17.288 号法（国家古迹法，1970 年，04.2），随后 1959 年修改第 18.745 号法（1988 年，06.10）。

哥伦比亚：1991 年《宪法》第 8 条、第 63 条、第 70 条、第 71 条、第 72 条、第 95 条；第 163 号法（有关历史、艺术和公共文物遗产保护法，1959 年）；第 397 号法（《文化总法》，1997 年）；第 833 号法令（有关保护和维护建筑遗产机制的法令，2002 年，26.4）。

哥斯达黎加：1949 年《宪法》；1938 年第 7 号法（06.10）保护国家建筑遗产法及第 14.6 号 3 法令）；1982 年第 6703 号法（19.1）有关国家建筑遗产保护及其相关规定）。

厄瓜多尔：1998 年《宪法》，第 3501 号法（《文化遗产法》，1979 年生效，02.6），及其相关规定（1984 年，09.7）。

萨尔瓦多：第 513 号法（1993 年，22.4，《文化遗产保护萨尔瓦多特别法》）。

危地马拉：1985 年《宪法》第 61 条；《保护和保存古迹、建筑、历史和特色文物法》（1966 年，第 425 号法，24.3），后经第 437.64 号法修改。第 26—97 号法（1997 年，09.4，《国家文化和自然遗产保护法》）。

圭亚那：1972 年《国家文化和自然遗产保护信任法》（23.9）。

法属圭亚那：1913 年《历史遗迹法》（31.12）、1941 年《考古发掘规定法》（27.9，第 94—422 号法）、1992 年《文化遗产和国家财产保护流通法》（31.12.92—1477，1993 年，第 93—124 号法，23.1）、《非法出口文化遗产归还法》（1995 年，第 877 号法，3.9）。

洪都拉斯：《国家文化遗产保护法》1984 年生效（根据立法法规第 81—84 条，1997 年依据第 220—97 号法修改）。

墨西哥：1917 年国家《宪法》第 27 条、第 28 条、第 29 条、第 31 条。1972 年《艺术和历史建筑和遗迹区联邦法》（06.05）及该法执行条例（08.12，1975 年）。《国家财产总法》（23.12，1981 年）。《建筑研究规定细则》（1984）。

尼加拉瓜：《国家文化遗产保护法》（第 1142 号法，29.9，1980 年）。

巴拿马：1972 年《宪法》，1982 年《国家历史遗迹守护与行政保护法》（第 14 号法）。

巴拉圭：1992 年国家《宪法》第 81 条。《文化遗产保护法》（第 946 号法 22.10，1982 年）。

秘鲁：1993 年《宪法》第 21 条。《国家文化遗产保护总法》（第 24047 号法，03.Ⅰ，1985 年，后经第 24193 号、第 25644 号和第 26576 号法修改）。最高法院第 004－20000－ED 关于《考古研究规定》决议（24.1，2000 年）。《文物出售规定》（第 26576 号法）（12.1，1996 年）。《西潘考古遗产留存、保护和促进法》（第 26282 号法 10.1，1994 年）。

乌拉圭：《国家历史、艺术和文化遗产保护法》（第 14040 号法，20.10，1971 年），及相关法规（第 536/972 号法，01.8，1972 年）。

委内瑞拉：《文化遗产保护与预防法》（03.9，1993 年）。

城市规划历史文物保护主要以专项国家立法保护为主，立法传统悠久。多数国家的新型城市规划法框架中，拉美国家力图阻止对历史中心衰退和破坏行为的控制，重塑遗迹的价值机制。

三 拉美及加勒比地区国家城市规划历史中心保护的地方立法特点

拉美及加勒比地区地方城市规划内容丰富，涉及历史保护，涵盖专项历史名城保护、建立城市历史保护机构、修缮委员会、运作机制与国际合作程序和内容规定、修复和工期、修复后旅游开发及保护标准等诸多规定。因篇幅所限，本部分仅就地区城市规划历史文化保护立法特点进行概述和分析。

（一）地方立法是城市规划历史文化遗产保护的补充

拉美国家的遗产保护国家性法规建立后，地方性法规随之建立。其中，市县级立法对城市文化遗产有着重要法律意义。例如，墨西哥联邦区城市规划法规就规定了国家管理进程下，如何对首都区建筑进行分级的内容，并将该工作责成重要联邦区机构——人类学和历史学国家研究所（Instituto Nacional de Antropología e Hsitoria）负责。根据城市规划建立法律机制，让地方有权根据规划法规和一般法的总要求对建筑和整片地区进行清除。又如，在布宜诺斯艾利斯，1977 年建立规划法典，就未纳入国家法律保护的古迹或具有重要历史意义的区域或建筑，以整体形式设立为特殊区域，防止任何可能受到的毁坏：定名为特殊建筑区域和特殊城市化区域。1979 年，依据此法对圣特尔莫（San Telmo）和 U24 两个历史街区历史保护定级，并对街区内数个翻修项目进行了停工处理。所有对建筑物的干预性行为，都应先行向市委员会通报，历史区保护市级委员会（comisión Municipal de Preservación de áreas Históricas）通过上述改革和禁止性措施提案后实施。①

（二）城市规划遗产保护地方立法具有较好的社会法治基础和传统

拉美城市遗产保护政策具有行政参与特点。

第一，遗产保护法律政策的多元化、阶段性发展过程中，始终坚持对一些具有代表性老街区文化形象的保护。系统性、和谐、平衡和历史时代感都是关键性保护元素。这些历史面貌在遗产保护保守主义者的讨论中经常提及。这些价值观体现了国家软实力，有助于私人和公共行为体间的社会共识。

第二，由于大量历史和自然中心主义者的坚持，社会共识是公共参与的先决条件，也是历史和自然遗产相关城市规划的目标之一。在历史中心，在所有人心中"也是完美体现民主的地方，汇集了所有社会部门"（1992 年布宜诺斯艾利斯市城市规划秘书处就第五大街项目提出的相关目标）。社会部门和团体在争论限制性空间时，实现各自占用空间的活动行为。墨西哥城，在小商业和手工艺人与代表着大都市（不动产投资商等）的人群间存在着矛盾关系。民众为了维持住房或流动商业在历史中心而进行抗争。自 20 世纪 80—90 年代，市级行政机关公布了希望达成的社会共识：系统化修缮居民住宅。但政策同时拒绝或隐藏了部分内容，就是对居民商业活动和生产性活动的禁止性条款。②

---

① Guénola Capron，Jérome Monnet，"Una Retórica Progresista para un Urbanismo Conservador：la Protección de los Centros Históricos en América Latina"，*Espacio Público y Reconstrucción de Ciudadanía*，MéXIco D. F.，https：//halshs. archives-ouvertes. fr/halshs-00807186，2003.

② 参见 Guénola Capron y Jérome Monnet，"Una Retórica Progresista para un Urbanismo Conservador：la Protección de los Centros Históricos en América Latina"，*Espacio Público y Reconstrucción de Ciudadanía*，México D. F.，参见 https：//halshs. archives-ouvertes. fr/halshs-00807186，2003.

第三，以公共利益的概念平衡地方政府与国家间干预关系。事实上，以所有公民名义进行的遗产保护，是对公共利益的保护。因为遗产是反映国家或地方认同的表征，属于所有公民。同时，1996 年阿根廷布宜诺斯艾利斯省地方法，重新确认了遗产概念的法律意义（第 27 条），根据市立法委员会规定，以及和历史区适用公共使用权限（第 81 条）。①

第四，拉美城市历史中心构建保护的成功经验还包括将日常生活纳入博物馆展览，传承历史内涵的同时，也对文化遗产赋予更实际的价值。② 墨西哥城也通过"舞台"（teatraliza）节日再现历史中心内容等活动，将大众艺术通过后现代主义形式加以表现。城市内在表现是通过文物和遗产建筑承载的，空洞的建筑保护条款并不能实现历史中心的保护。而文化与生活的特质性传承，才是法律保护和城市规划发展的核心。

历史中心的划定是社会和政治建设的成果，也是遗产及历史保护参与现代城市规划的最直接表现。在圣太摩街区过去的贫困和混乱基础上，塑造和实现地区历史中心建设，使其真正成为"历史中心"，经历了多领域的政府努力。举办圣太摩欢庆活动（Feria）；在多雷戈广场成立布宜诺斯艾利斯城市博物馆，建立历史（研究）中心；联合文物工作者，打造不同主题的活动，为港口地区居民日常生活融入更多遗产保护文化生活。如古董展卖会、探戈舞文化表演等，通过公益性行为，构建地区认同和布宜诺斯艾利斯的城市认同感。让港口人寻根，"小历史"希望在活动中和街道里给人以内涵和提升，而不包含任何政策宣传或法律强制。③

（三）历史遗产保护传统不利于城市规划立法

社会共识寻求过程形式大于内容。公共或私人参与者的利益多样，都在寻求历史中的自身位置并享受城市的各种管理。历史中心的管理，包括对舆论、中心风貌的规范，及一些保护性措施，会逐步对历史中心不当行为产生抑制。

---

① http: //www. redalyc. org/pdf/1151/115112536008. pdf.

② 转引自 ChoayFranciose，"Lallégorie du patrimoine"，Paris，*Seuil*，1996。

③ 参见 Guénola Capron，Jérome Monnet，"Una Retórica Progresista para un Urbanismo Conservador：la Protección de los Centros Históricos en América Latina"，*Espacio Público y Reconstrucción de Ciudadanía*，MéXIco D. F. ，参见 https：//halshs. archives-ouvertes. fr/halshs-00807186，2003。

从纪念概念延伸至具有"历史"特点的中心——历史中心，是历史遗迹最为集中的地区。例如，根据 1972 年相关国家法规定，墨西哥城有 1436 处定级为纪念建筑，位于 1980 年规划的历史区内。在布宜诺斯艾利斯，市区有 400 处合规定级的历史纪念建筑，主要集中在五月广场周边，部分位于圣太摩街区。墨西哥城对历史遗迹和广场保护更为重视；圣太摩街区的历史保护则未很好执行。[①]

四　历史中心保护的城市规划法律保护立法措施评析

（一）规划法律政策呈阶段性发展特点

拉美及加勒比地区国家遗产保护政策最早开始于国家层面行政管理，随后，为市县层级。20 世纪七八十年代，随着世界旅游业的兴起以及国际性组织对遗产保护的重视，遗产保护的法律建设与政策制定受到旅游业发展和遗产保护的"影响"，以促进旅游业以及提升文化遗产价值为主要目标。国际性文化遗产保护相关组织，包括国际古迹遗址理事会（International Council of Monuments and Sites）、联合国教科文组织等。[②]

城市规划历史建筑保护规范领域包括：（1）保护措施涉及遗迹建筑以及所有装饰性实物，以及整体可见、可触内容。（2）老旧街区居民住宅具体的规定，以及对其住宅、习惯的规定，是对作为文化遗产内容的法律保护。在特定风景遗产形式下的居民行为也是文化内容，因此应对包括流动商业在内的居民行为进行规范。（3）多样性保护需要得到多方学术联合的工作，包括建筑师、历史学家、社会学家和新闻记者乃至编年史学家等。（4）媒体和相关政策负责人通过立法实现文化宣传领域文物保障保护。

学术—行政联手保护和认定具体和专项的社会遗产保护大致经历了

---

① 参见 Guénola Capron y Jérome Monnet，"Una Retórica Progresista para un Urbanismo Conservador：la Protección de los Centros Históricos en América Latina，*Espacio Público y Reconstrucción de Ciudadanía*，MéXIco D. F.，参见 https：//halshs. archives-ouvertes. fr/halshs-00807186，2003。

② Guénola Capron yJérome Monnet，"Una Retórica Progresista para un Urbanismo Conservador：la Protección de los Centros Históricos en América Latina"，*Espacio Público y Reconstrucción de Ciudadanía*，MéXIco D. F.，参见 https：//halshs. archives-ouvertes. fr/halshs-00807186，2003。

以下三个发展阶段。

第一阶段：国家层面行政管理，内容较为笼统，管理方式不具体，以立法为主，缺乏具体执行机构。

这一阶段，历史文化保护政策与立法逐步统一了立法原则：保持城市街道风貌与特色，特别是城市中原有的历史中心，成为保护的首要目标。法律保护内容主要包含：历史风貌文化、艺术和智慧的保护。随着时代发展，通过历史遗迹保护，也在不断通过保护和预防性立法实现国家认同与建设目标的规范。

第二阶段：住房指导政策和居民居住维护政策。

20 世纪七八十年代，通过遗产保护的讨论，拉美国家都认识到关注居民需求的必要性。事实上，不同于北美城市，拉美城市历史上中心居住人口密度仍然很高（比如，墨西哥城历史中心部分街区人口密度超过 300 人每公顷），居民住宅楼外观多是老旧和缺少外立面装饰的。墨西哥联邦区，91% 的历史中心登记历史建筑，被用于住宅目的。在老城区，很多居民住宅极度缺乏卫生条件，同时建筑物被非法侵占现象严重。①

为此，政府采取的措施是推动维护和改善居民住宅条件，对遗产保护概念的革新意义就是实现遗产的社会作用。在修缮住宅过程中，包含或不包含重建。最重要的限定是历史中心居住政策中，对市级和居民相应收入分配。这些改革措施中的困难和复杂之处：一方面，关于双方合作协议（政府或外国机构或国际组织间）；另一方面，应急措施，要求国家资源投资民众住宅修复的公正性。

第三阶段：旅游、经济和贸易发展的促进作用。

20 世纪 80 年代末以来，拉美地区的遗产政策出现了以行政管理模式转变，导致城市规划发展的方向性转变。此时的拉美社会也正在经历公共和私人部门间合作高潮期。同时，这一时期以限制地方权力资源规范为行政特点（特别是对市县权力机关）。而国家对遗产保护措施的要

---

① Monnet, Jérome, *Leurbanisme dans les Amériques. Modèles de ville et modèles de société*, Paris: Karthala, 2000, p. 205.

求有较大权限，允许私人机构建设、转化部分建筑用途。代表性项目如墨西哥城的阿拉米达项目，加拿大私人投资公司（The Reichman Grupo）和指导工程以及参与基础设施建设的辅助部门，共同负责"首张桌子"（Primer Cuadro）历史地区的翻新项目及"雷福马－佐娜－罗莎"（Reforma-Zona Rosa）。商业区建设在布宜诺斯艾利斯，双边协作机构（西班牙政府以及加泰罗尼亚政府分别对建筑物重建进行了部分金融支持），布宜诺斯艾利斯市政府机构（工程负责人、投资者、开发商）和私人投资者（建筑物所有者、商人、银行等）共同参与五月大街工程的协调（该项目连接五月广场、行政机构、国家和地方行政机构以及国会广场）。[①]

（二）城市规划立法规定历史保护分级制

过去严格保护遗迹的政策标准，随着时代发展而变为采取不同措施，一方面对老旧建筑结构和装饰的修缮（重修），直到全部重建（翻新），还包括对建筑物装饰性外墙的保护和恢复。而遗产政策中，不动产价值观随之改变，通过新的政策设定实现，允许不同保护、保存和重修措施的空间布局。例如在布宜诺斯艾利斯，1989 年的历史保护区规则中，规定具有历史意义或艺术价值街区保护工作中，有三种不同级别的保护性措施，从保留到重建（根据 1989 年市遗迹管理办法执行）[②]。

（1）"一体化保护"：对于具有特殊历史和/或建筑形态价值的建筑，作为城市标志性建筑的，适用"一体化保护"规则。

（2）"结构性保护"：对具有个体或类别形态特质的建筑，根据其历史价值、建筑价值以及城市规划，定级为专门城市区。

（3）"预防性保护"：对于被鉴定为具有正式或区域性文化意义的建筑，具有集体文化意义。保护其区域的特征性外貌，预防其结构和形态的现状发生改变。

---

① Pevah Lacouture José A. , "Ciudad de MéXIco: programa de revitalización ", *Medio Ambiente y urbanización* （Buenos Aires）, 1992.

② Torres Horacio, "Transformaciones socioterritoriales recientes en una metrópoli latinoamericana. El caso de aglomeración Gran Buenos Aires", Buenos Aires, CD-ROM de los actos del Encuentro de Geógrafos de América Latina "Territorios en redefinición", 1996.

（三）社会共识中与历史中心地方立法冲突的讨论①

遗产保护城市规划政策希望保护不同社会行为体的利益，特别是居民的利益。但实际上，主要受保护的却并非居民。

拉美国家的不同公共行政层级（国家和市县），很多实体参与保护行为不仅是对历史保护感兴趣，还有不同的政治诉求。在布宜诺斯艾利斯市，遗产保护以1979年成立的历史区域文物遗产保护市级委员会为主，文物保护政策以保护为主。墨西哥城，保护历史中心及其周边地区，有国家考古与历史研究所（INAH），职能包括监督和执行有关历史中心保护的法律条款。其他参与机构还包括艺术美学国家研究所，负责获得艺术性认定以及保护工作。联邦区政府，承担首都行政管理，也肩负城市化进程工作（SECUE，之后为SEDESOl）。历史中心，是其城市规划政策的中心，新地方机构建设，负责参与历史中心和政府不同地区的协调，并成立地区历史中心委员会。随后于1993年成立历史中心行政管理部。1994年历史中心行政管理部迁至瓜特穆斯区。最为复杂的工作是1997年夏天参加联邦地区行政选举，如同1996年布宜诺斯艾利斯市情况一样，反对党获得了多数投票达到新政府成立标准，希望完善新的公共行为和经济行为体间的协调，通过州联邦委员会，但这一特别政策逐步被边缘化，至2001年年末被联邦区政府废止。

多个公共实体的参与，带来了对历史保护不同的利益诉求。最主要的冲突是传统的保存还是"现代"的保护。实际冲突则发生在不动产机构和开发商之间。金融机构、国内和国际组织、相关领域商人，甚至是保守派政党支持者，以及坚持经济发展和旅游发展政策的社会实体都会介入。以知识分子和大学各专业（建筑学家、历史学者、社会学者、人类学者等）为代表，认为，"现代派"所坚持的原则可能是对历史遗产的威胁，也不利于历史中心一体化以及国家认同的保护。在墨西哥城，国家考古与历史研究所（INAH）的专家以及其他高校学者，批评商业活动

---

① Guénola Capron, Jérome Monnet, "Una Retórica Progresista para un Urbanismo Conservador: la Protección de los Centros Históricos en América Latina", *Espacio Público y Reconstrucción de Ciudadanía*, México D. F., 参见 https://halshs. archives-ouvertes. fr/halshs-00807186, 2003。

发展的特殊化政策（especulación），相关部门也认为环境资源的枯竭以及城市生活质量的下降，包括历史中心建筑的毁坏都与汽车政策发展有关。①

城市规划的执行，私人和公共实体参与其中，对规划时效及目标意见各异。社会共识很难达成，因为规划过程在满足上述各方利益的同时，会损害以下社会实体的利益：贫困居民、小公司、流动商业等。现行规划政策的实施与实际规划目标相去甚远。地区出现了长居人口贫困率的持续增长，因为部分在军政府独裁时期被驱逐的家庭搬回市中心，面对私人投资者形成商业密集区，既有城市规划面临兼顾公平的难题。

在一般利益诉求中，遗产保护方式的争议颇大，在历史中心参与的项目中特别明显。对如何分配这些好处，社会实体间对权利和义务的博弈也从未停止过。② 哪种措施或哪些地方行政机构可以参与项目？从布宜诺斯艾利斯城和墨西哥城的经验来看，城市中心政策执行是有相当灵活性的。尽管实现了街区改善（大小广场修缮、道路修缮与照明，定名某些"探戈舞者"为游客参观的特定街区，在圣太摩案例中），强调离开市中心居民回迁的必要性，但该政策的实效性仍待评估。圣太摩街区依靠行政性政策实现民众参与，但专业人士与公众的关切相去甚远。

总之，通过法律和政策可以"建立"历史保护中心，但未来城市空间的发展路径不仅限于作为公共行政的城市规划行为，在政策"建立"历史中心后，需要社会力量体系的参与，人类文化遗产空间的产生需要政策与社会的结合。③

---

① Guénola Capron, Jérome Monnet, "Una Retórica Progresista para un Urbanismo Conservador: la Protección de los Centros Históricos en América Latina", *Espacio Público y Reconstrucción de Ciudadanía*, México D. F., 参见 https: //halshs. archives-ouvertes. fr/halshs-00807186, 2003。

② Guénola Capron, Jérome Monnet, "Una Retórica Progresista para un Urbanismo Conservador: la Protección de los Centros Históricos en América Latina", *Espacio Público y Reconstrucción de Ciudadanía*, México D. F., 参见 https: //halshs. archives-ouvertes. fr/halshs-00807186, 2003。

③ Guénola Capron, Jérome Monnet, "Una Retórica Progresista para un Urbanismo Conservador: la Protección de los Centros Históricos en América Latina", *Espacio Público y Reconstrucción de Ciudadanía*, México D. F., 参见 https: //halshs. archives-ouvertes. fr/halshs-00807186, 2003。

第四节　城市规划法中的其他立法内容

"人口增长的加速伴随着人口向城市中心聚集，在为国家发展带来机遇的同时，也限制着城市居民。因为必须建立规则，明确规范的程序，才能在社会情况多变的前提下，实现通过法律合法使用和管理土地及自然资源。而仅有土地管理立法与环境法远不足以应对城市规划。城市规划需要一体化的解决办法，面对建筑物规划还需通过城市整体战略规划来实现，而城市提出的各种发展计划也影响着规划进程。要实现有序规划、管理城市，需要从各部门特点入手，对每个领域法律规则进行规范，而在法律体系建立方面，则应将所有内容法典化，实现行政管理有效解决城市问题的目的。"①

一　城市规划中的自然灾害预防及应对性条款

在哥伦比亚的法律体系中，环境管理进程具有较高法律地位。法律内容涉及城市规划对自然灾害的预防和应对性条款，体现了对国土安全、城市居民人权的保护。与城市规划相关的 1997 年《第 388 法》规定：对实施职责的权限设定为有关土地使用的环境事务，首先需符合宪法和相关法律。也就是依法进行规划。② 此外，在 1993 年《第 99 法》中，对规划相关行政行为进行了高位阶的法律规定。行政行为应以制订和执行土地管理规划为主。其中，特别关注环境保护和对自然灾害以及风险的防控。

同时，环境部及其他具有环境权力的部门颁布的环境条款具有优先权，地区自治协调或大型城市中心环境部门，具有市县或区的法律权限，上述环境条款法律位阶高于上述部门建立的土地管理条例，相应部门有责任在土地管理规划的起草和执行过程中，尊重如上条款内容。在土地

---

① Miguel Patiño Posse, "El Régimen Jurídico del Ordenamiento Ambiental y Urbano en Colombia", www. eltallerdigital. com, Universidad de Alicante, 2009.

② María Mercedes Maldonado Copello, "La Ley 388 De 1997 En Colombia: Algunos Puntos De Tensión En El Proceso De Su Implementación", *Arquitectura*, *Ciudad y Entorno*, No. 7, junio 2008.

管理规划设立过程中除法律条款外，哥伦比亚环境部门通常通过直接委员会，订立与自治地区组织协议，或与城市环境部门提出综合解决办法，将环境相关问题，纳入市县和区规划机构的土地管理规划中。

二　有关城市区划的立法内容

区划主要指城市土地的使用功能划分，为了促进区划的发展需要最低的城市基础设施建设，这需要财政支持，城市用途用地是土地或已经成为正规或非正规城市发展标的土地；城市规划用途用地是还未成为正规或非正规发展目标用地；非建设用地是有适当理由不能进行城市化的土地；城市特别用途用地是指被作为特别功能区的土地；有争议用途的土地是指不对主要职能造成影响或不会引起威胁健康、交通、居民安静生活、其他补充功能的，且有助于相应主要职能的补充性用途用地。[①] 城市区划与空间问题并非单纯的规划问题，涉及城市社会和谐发展与城市公共交通等诸多领域。

墨西哥主要的区划立法为地方立法。如科利马州 1997 年 8 月 23 日公布了州《区划法规》，根据州宪法第 58 条第 3 和第 10、10、11、5 段，州《公共行政组织法》第 3 条、第 12 条、第 23 条以及《州人类居住法》第三次修订第 5 条第 2 段，第 6 条第 4 段和第 14 条、第 19 条第 11、10 段内容制定。其中总则规定：该法规用于建立总体技术和程序性规则，规范州内城市人口中心规划行政和土地管理行为，通过城市规划应当依法实现。

（1）区域和土地的整体分级；

（2）明确土地总体用途；

（3）确立对区域准许开发和用途等功能的基本类型；

（4）对区域和土地使用和用途分级；

（5）土地使用管理规则，尤其强调对各区域使用和用途的兼容性规范；

---

① Miguel Patiño Posse, "El Régimen Jurídico del Ordenamiento Ambiental y Urbano en Colombia", http://www.eltallerdigital.com, Universidad de Alicante, 2009.

（6）建筑密度限制性规定；

（7）根据土地用途类别，设立可执行的灾害风险控制和预防规则；

（8）影响州建筑和城市遗产的建筑和地区使用用途规定；

（9）明确城市规划、建筑项目环境影响总体要求；

（10）城市设计相关规则；

（11）城市交通和城市规划建设工程可执行的法规和标准；

（12）建筑设计标准；

（13）城市规划部分项目、城市规划关键项目中，应有专家进行丙级的要求；对专业性要求的具体法律规则；

（14）相关文件应符合城市发展规划，特别是城市区划的规定。

哥伦比亚区划和城市化立法城市和土地使用调整依据为区划章程，章程以保护土地所有权价值，确保人口增长的发展，维护整体公共利益并保护环境和自然资源为原则。

三　城市规划立法中涉及建设和开发权转让的规定

建设和开发权转让，是在环境保护条款规定的城市区域中，因所有者房产恰好在相应公告中的保护区域内，产生支付赔偿金行为后出现的权利转移。转移行为本身，只发生在城市区域同上文所述规则一样，环境保护条例，限制了所有者权利，所有者需将建设和发展权让渡给城市规划部门，这是合理的，因为补偿所带来的限制并非对不动产产权，产权并非城市规划法规规范内容，城市规划条例中因此没有任何产权规定。

城市法律发展迅速，而建设开发权转让的立法明确，是城市周边农村土地开发的和城市规划环境条款的补充保障机制。1997年哥伦比亚《第388法》第31条规定，"城市土地，指在《土地管理规划》中，作为地区或市县土地城市用地的那些区域，拥有道路基础设施、能源初级网络设施、管道、地下管道设施等，根据其需要建设上述设施，用于城市化和城市建设的区域"。[1]"第32条规定，城市扩大所需土地，由现行土

---

① Miguel Patiño Posse，"El Régimen Jurídico del Ordenamiento Ambiental y Urbano en Colombia"，http：//www.eltallerdigital.com，Universidad de Alicante，2009.

地管理规划中规定的城市用途土地，根据规划使用方式执行。"① "关于农村用地，第 33 条规定，本法城市用途用地或城市规划用地范畴外土地为：农业、畜牧业、自然资源开发和类似行为所用林地。"② "第 34 条指出，城市周边土地范畴是位于农村土地范围内的，其土地使用用途包括农村生活和城市生活，在严格使用规定下，用于集中和高密度发展。第 34 条第 2 段规定，在没有预先规划，不属城市土地管理规划范畴内，并非包含城市用地所需公共空间和道路基础设施、能源网络、管道和地下管线土地，市县和区应设立包含限制城市活动和使用发展的条款。"③

"保护性用地，根据 1997 年《第 388 法》第 35 条规定，是位于上述任何类型土地上的区域和地区，根据其地理、风景或环境特点决定。或作为某项公共用途，为居民公共服务提供基础设施建设或经评估为存在威胁和风险地区，属受限制纳入城市规划地区。"④ "根据法律规定，明确可用于城市用途规划发展的土地类别为城市用地和城市新增用地，保留条款，仅限制相关该类土地上的城市规划和建筑权。农村、城市周边不能用于城市建筑，任何上述类别土地未经城市规划使用发展内容规定不得用于城市规划。"⑤

保留条款仅限于城市和城市新增用地范围内使用，这些地区是受到发展和建设权限制的地区。然而，农村地区有环境价值的土地保护，尤其是原本列入市县或区规划中的土地，也需要机制的保护。建设和开发权的转移，部分通过赔偿金机制的运行而实现，该机制还可作为对具有环境价值不动产土地实体的支付机制，该机制已在波哥大通过立法实现，名为转移（权利）体系。⑥

---

① Miguel Patiño Posse, "El Régimen Jurídico del Ordenamiento Ambiental y Urbano en Colombia", http://www. eltallerdigital. com, Universidad de Alicante, 2009.

② 哥伦比亚国会网, http://bibliotecadigital. ccb. org. co/handle/11520/14005。

③ 哥伦比亚国会网, http://bibliotecadigital. ccb. org. co/handle/11520/14005。

④ 哥伦比亚国会网, http://bibliotecadigital. ccb. org. co/handle/11520/14005。

⑤ 哥伦比亚国会网, http://bibliotecadigital. ccb. org. co/handle/11520/14005。

⑥ 参见 María Mercedes Maldonado Copello, "La Ley 388 De 1997 En Colombia: Algunos Puntos De Tensión En El Proceso De Su Implementación", *Arquitectura*, *Ciudad y Entorno*, No. 7, junio 2008。

四 城市规划的结构性立法内容

城市规划法律中除专门法、规划法中相关条款外，还包含环境保护的补充性法律机制，包括土地管理规划中有关环境的法条和规章，部分属于结构性（基础）城市规划条款，该项规定的目的之一是在上述规划中，将环境相关法条规定为优先性条款，高于规划中其他一般性和补充性条款。

城市规划结构性法规，是为确保规划有关城市的中期整体内容目标和战略的实现所制定的条款。优先于其他条款，其他不属于结构性条款级别法条，不能制定或修订含有不符合结构性条款规定的内容。结构性条款本身的修订仅在规划整体修订时才能进行，除非基于必要原因或有可靠的技术性支持研究为基础，由市县长或区长提出。如哥伦比亚的该项规定通过 1997 年《第 388 法》第 15 条设立，此外，该条款还确立了土地管理中城市规划条款具有如下三种内容：基础性内容、一般性内容以及城市和乡村部分。在总体性规划中的结构性规范，主要是对长期规划结构的规定。长期规划内容的执行，应当配合中短期规划实现。根据《第 388 法》第 28 条规定："土地管理规划有确定不同领域实施内容和条件有效性的职责，包括对长期、中期和短期规划的结构规制。"[①]

1997 年《第 388 法》第 15 条和第 28 条规定，赋予结构性城市规划条款特殊层级，既建立了城市规划条款的优先权；又指明结构性城市规划条款内容应当包含长期和中期规划内容，也就是说，长期规划的有效性的实践要求为 3 个宪法规定的市县行政周期，即应当有至少 9 年的有效期；同时，中期规划应至少达到两个宪法规定市县行政期，即 6 年。

土地管理规划 1997 年《第 388 法》第 15 条为城市规划结构性条款，规范对自然资源和风景的保护和保留内容，规定风险区域禁止性条例，总体是所有和环境相关内容，除规划需进行修改情况外，一般不得在任何情况下进行修订。也就是说，根据正常法律规定，每 9 年或 6 年，允许

---

① 参见 María Mercedes Maldonado Copello, "La Ley 388 De 1997 En Colombia: Algunos Puntos De Tensión En El Proceso De Su Implementación", *Arquitectura*, *Ciudad y Entorno*, No. 7, junio 2008。

进行一次长期或中期规划修订。

因此，无论是环境条款在城市规划法律体系中的优先法律位阶，还是其制订、修改以及司法保护，在哥伦比亚法律体系与国家生活中都有着重要地位，也是结构性规定对具体法律内容提供法律保护的良好范例之一。

五　城市规划中其他一般性规定内容

城市规划一般性法规内容广泛，除上述重要内容外，还包括了规范土地使用方式和强度；如何在城市规划法内，对城市化、建筑以及市县综合体系管理过程起到基本规范作用。包括道路、交通、城市管线、下水道、设施等系统。这类条款的实施，应服从结构性条款的优先规定内容。同时包含对城内不同区域发展进行区划、城市化、建设以及发展的相互协调等内容的规范。就规划条款执行、处理和程序性监督的条款。重点在于对土地所有者及土地上实施建设开发权，公共部门执行城市规划权力。这类规定是最具有城市规划特点的，围绕土地管理规划相关内容展开，涉及内容广泛，都属城市规划内容中的一般性条款。

六　保留条款中的不动产赔偿

城市规划保留条例的实施，及其相关赔偿机制，是不动产纳入保留条例赔偿机制的法律基础。如哥伦比亚 1998 年第 151 号特别法建立，根据 1997 年第 388 号法第 50 条中规定进行的立法工作。[①]

第 151 号特别法第 2 条规定：城市规划条例中的保留，是因环境、历史、建筑等原因，限制市县或区内，一定区域中的特定不动产，不得进行建筑结构性变革。第 3 条规定，在一个地区执行保留条例，土地或不动产受到建筑和发展权的限制，相应在一个区域对其发展规模进行限制，特别对土地或建筑物，相应发展规模的限制，如没有上述规模限制，有

---

① María Mercedes Maldonado Copello, "La Ley 388 De 1997 En Colombia: Algunos Puntos De Tensión En El Proceso De Su Implementación", *Arquitectura*, *Ciudad y Entorno*, No. 7, junio 2008, p. 48.

可能在相同地理经济区域或次区域中，保留条款因土地管理规划或发展机制而无法实现对相应不动产的保护。

由此可见，赔偿金是为了补偿不动产所有者因保护而发展受限所受到的损失。第 3 条及后续条款规定赔偿金金额由奥古斯汀·歌达西地理研究所（el Instituto Geográfico Agustín Codazzi）确定，该机构完成其职能，或该所注册私人专家或获得认定资质的同行业协会，就地产来源、特性等进行不动产评估。赔偿区赔偿金基金支付，对相关不动产所有人以税收优惠和鼓励、建筑可转让所有权确认与发展或符合其他相似规定的市县或区支付赔偿。但应符合 2002 年第 1337 号法第 1 条第 2 款的规定。

城市规划立法不仅有环境保护的法律职能，也是环境维护和市、县、区建立相关保护的法律依据。相应地，对因城市规划管理行政职能而受到影响的所有人赔偿应当遵循城市规划管理的基本原则，享有相应的城市规划法律规定的权利和义务。

第四章

拉美及加勒比地区国家城市
规划的法律实施

第一节　拉美及加勒比地区国家城市
规划的法定行政权力

一　行政机构规划权力的法律依据

城市规划执法依据包含国家层面基本法、部门法和地方立法中的城市规划类综合法、土地规划等专项法等。法律的具体执行，主要集中在地方行政部门，包括行政机关及附属专项机构等。国家和省/州行政机构主要承担授权、审批、协调、许可、监督等职能。在拉美及加勒比地区国家中，单一制和联邦制国家普遍采取国家层面立法，授权市级立法等机构承担城市规划相应国家职能的方式。[①]

（一）公共资产与城市规划法执行[②]

因殖民历史，拉美地区的城市规划行政行为已有约 500 年历史。从

[①] Jorge Armando Núñez Alfaro, "El Poder Judicial en la Operatividad de la Planeación Urbana en el Estado de Michoacán al Inicio del Sigol XXI（Caso de Conurbación Sahuayo, Jiquilpan, venustiano Carranza）", *Insitituto Politécnico Nacional*, 2011, México.

[②] 本章涉及西班牙语缩略语：CAG：水务法；CC：民法；CGR：共和国总审计；CPR：共和国宪法；DCGR：共和国总审计意见；DDU：城市发展领导办公室；DFL：具有法律效力的法令；DL：法令；DOM：市政工程领导办公室；DS：最高法令；LBGMA：19.300 号法规，环境基本法；LGPA：渔业和农业普法；LGSE：4/2007 号具有法律效力的法令，电子服务普法；LGUC：458/1976 号具有法律效力的法令，城市规划和建筑普法；LOCBGAE：1/2001 号具有（转下页）

16 世纪起，在欧洲殖民者统御下，各总督区首府已有复杂的规划行政行为。从 200 年前，拉美国家摆脱欧洲殖民统治，获得民族独立自治到现在，城市规划行为发展的影响因素日趋复杂。如大型基础设施工程、快速的城市化进程、城市核心区的拥塞等因素的影响。近 100 年中，拉美城市规划法的执行一方面快速发展，另一方面也出现诸多问题。如同一地区各有关公共机构间的行政权力竞合或推诿等。地区对城市规划法律执行的原则有广泛共识：规范规划行为及其相关人员，保护城市范围内的公共资产的合理与有效使用，而不是为国家或公共部门扩大权力。大部分城市土地的管理和规划（权）并无竞争，主要存在争议的土地资产集中在城市边缘地区，尤其是非正规住宅集中区。①

　　立法领域对城市规划的解释已经超越了城市，扩大到国内全部领土规划与协调的广义的管辖。如在智利相关法律中，没有任何土地空间在城市规划法律规定之外，均在公共管理（法令）的管辖之下。城市规划的扩张主要依靠城市土地和建设授权，通过逐步进行的城市布局项目得以实现。因此，由国家和不同公共组织实施的工程都要服从城市规划的安排。②

（接上页）法律效力的法令，总统府总秘书处，确定 18.695 号法规的改编、调整和系统化的内容，国家管理基本法规立宪组织法；LOCGAR：1/2005 号具有法律效力的法令，内政部，确定 19.175 号法规的改编、调整和系统化的内容，政府和区域管理立宪组织法；LOCM：1/2006 号具有法律效力的法律，内政部，确定 18.695 号法规的改编、调整和系统化的内容，城市立宪组织法；LOMOP：850/1997 具有法律效力的法令，市政工程部组织法；MINVU：住房和城市规划部；MO：公共工程；OGUC：47/200 号最高法令，住房和城市规划部确定城市规划及建筑总条例的内容；PRC：社区发展计划；PRDU：城镇发展区域计划；PRI：跨社区发展计划；SEREMI：部级区域秘书处。

　　① Eduardo Cordero Quinzacara，"El Derecho Urbanístico, los Instrumentos de Planificación Territorial y el Régimen Jurídico de los Bienes Públicos"，*Revista de Derecho de la Pontifícia Universidad Católica de Valparaíso*，Chile，2007.

　　② 关于目前城市规划的范畴可以查阅一些著作，如 Ferández，Tomás Ramón，*Manual de Derecho Urbanístico*（第 14 版，马德里，El Consultor，1999）；GARCÍA DE ENTERRÍA，Eduardo-Parejo Alfonso，Luciano，城市规划法课程（第 2 版，马德里，Civitas，1981）；《城市规划与管理：关键的平衡》（*La ordenación y la gestión urbanística: un balance crítico，1984*）。明确论述了这一内容：Ríos Alvarez，Lautaro，"城市规划和城市规划法的基本原则"（节选 Francisco González Navarro，马德里，《公共管理部门》，1985）。Figueroa Velasco，Patricio 和 Figueroa Valdés，Juan Eduardo 所著的《城市规划和建设》（圣地亚哥，Lexis Nexis，2006）。López Peláez，Antonio 的 *Derecho Urbanístico de España y América Latina*（《西班牙和拉丁美洲的城市法》）一书，就西班牙和拉丁美洲国家的城市规划法律和实践，进行了比较研究。Martínez Rosado，Rodrigo 的 （转下页）

城市规划法通过对城市地产的调控及对公共资产法律制度的影响，实际扩大了法律作用范畴。在这个意义上，拉美法学界就如何将规划的手段及关于公共资产部门制度（海岸、水、公路、街道等）的结合方式展开了广泛研究，对相关机构的权利与立法不足进行调整。探讨如何通过行政手段弥补。法学家提出地区规划行政的建议，面临各级和各部门间的纵向和横向权力竞争。[①]

　　其中，对公共领域和公共资产[②]影响显著。严格意义上，城市规划行为包含三方面主要功能：引导作用；调整城市发展为特定的土地政策服

（接上页）*Derecho Urbanístico：Ordenación del territorio y urbanismo*（《城市法律：土地规划和城市规划》）一书对西班牙城市规划法律框架进行了广泛讨论，涵盖了规划和城市发展的各个方面。该书对拉美城市规划法发展有一定影响。城市规划法的相关论文包括：Crespo, María Belén 在 "Análisis comparativo de la normativa de planificación urbana en América Latina"（《拉丁美洲城市规划法的比较分析》）一文，对多个拉美国家的城市规划法进行了比较研究。Quintero, Andrés Alejandro, 在 "Derecho urbanístico y ordenamiento territorial en América Latina"（《拉丁美洲的城市规划法和区域规划》）一文从法律框架与实践关系入手，分析拉美城市规划法和区域规划制度。González, Carlos Eduardo 的 La regulación sobre planeamiento urbano en países latinoamericanos（《拉美国家城市规划的法规》）一文，就拉美国家的城市规划法规的制定和实施情况入手，分析了法规发展面临的挑战和机遇。

①　Eduardo Cordero Quinzacara, "El Derecho Urbanístico, los Instrumentos de Planificación Territorial y el Régimen Jurídico de los Bienes Públicos", *Revista de Derecho de la Pontificia Universidad Católica de Valparaíso*, Chile, 2007.

②　本节使用公共资产的表达来替代公共领域，以符合拉美地区属于欧洲司法制度中确定的名称。此外，公共领域制度是根据法国和西班牙的学说建立的，与智利的公共资产制度不是完全相似的，（智利的公共资产制度）是建立自宪法规则（宪法第 23 条第 19 款）和民法规则（第 589 款）的。在智利法律中只有公共资产（或是公共用途的国有资产）的质量，（公共资产）的使用（权）都是属于所有国民的。但对于两者关系的具体性分析或研究，地区文献丰富，参见以下作品：Tomás Font I Llovet 刊登在《公共管理杂志》123 页（1990 年 9—12 月）的文章：《西班牙管理法形成中对公共领域的保护：处分权及损害赔偿》；同一个作者，《公共领域的宪法管理》。Sebastián Martín-Retortillo（编辑），《西班牙宪法的研究：向 Eduardo García de Enterría 教授致敬》（马德里，Civitas, 1991）；在 José Ignacio Morillo-Velarde Pérez 的《公共领域》（马德里，Trivium, 1992）中进行了概念性总结；Luciano Parejo Alfonso 最有影响的著作之一，刊登在《公共管理杂志》（1983 年 1 月至 12 月）100—102 页的《公共领域：重建它的普遍理论的随笔》。Miguel Sánchez Morón 的《公共资产：法律制度》（马德里，Tecnos, 1997）中看到西班牙制度的概况。智利可参考文献包括：Santiago Montt Oyarzún 的《公共领域：保护和使用特别制度的研究》（圣地亚哥，ConoSur, 2001）；以及 Alejandro Vergara Blanco 的《1980 宪法中自然财富和资源的 la summa divisio（最基本划分）》，Enrique Navarro Beltrán（协调人），《智利宪法的 20 年 1981—2001》（圣地亚哥，ConoSur, 2001）；同一作者，刊登在《公法杂志》114 页（马德里，1989）的 "公共领域理论：问题及现状"，刊登在 *Ius Publicum* 杂志（圣地亚哥，1999）3 页的 "公用的国有资产" 的法律本质等。然而，现有多数拉美文章没有将公共领域与国有资产同一性进行教条式论述的论文。

务的作用；以及允许土地平衡发展的城市规划的作用。[①]

城市空间布局中的公共财产（bienes）决定着规划行为对不同对象利益的影响。城市规划因土地划分职能，既会对所有权的一般规定产生影响又会涉及公共资产管理。城市规划不仅仅包含建筑等功能性用地建设。拉美地区建立了广泛、严格的私有产权制度，这制约着城市规划立法的发展。城市林荫路、公共活动空间、绿地及其他公共设施的建设，都面临着避开或征用私有土地的规划。所有权对制订规划造成了巨大困难，特别是在执行计划时会遇到公共利益冲突。这些空间的获得不仅受制于城市规划中的公共资产制度，更在执行层面受制于政府的财政能力。

同时，部门法也面临公共资产问题，如与海岸、公路及水相关（的公共资产），它们一般不属于规划法管理范畴，却可能因沿海、森林城市等地理因素，而与规划法的执行产生交集。[②]

（二）国家部门、地方职能部门城市规划实施法律依据

在拉美国家中，规划立法的执行部门存在国家和地方两级政府，国家间存在行政权划分的差异性。以阿根廷、墨西哥为代表的国家，城市规划立法主要以地方为主，国家层面无专项法律。因此，地方行政机构行使城市规划行政权依照国家基本法、行政组织法规定，制定地方行政机构管理法，依法行政。例如，阿根廷圣萨尔瓦多·德胡胡伊省 2011 年颁布了第 5694 号地方法（建立城市规划自治规范机构法）。规定在省内建立具有预算和管理全省土地的规范部门，具体包括：规划法律事务；制定、发布省内城市各类规划；协调省内不同城市规划；对现有公共建筑改造和升级等。该机构的负责人由省负责人或省行政机构任命，归属

---

① Eduardo Cordero Quinzacara, "El Derecho Urbanístico, los Instrumentos de Planificación Territorial y el Régimen Jurídico de los Bienes Públicos", *Revista de Derecho de la Pontifícia Universidad Católica de Valparaíso*, Chile, 2007.

② Eduardo Cordero Quinzacara, "El Derecho Urbanístico, los Instrumentos de Planificación Territorial y el Régimen Jurídico de los Bienes Públicos", *Revista de Derecho de la Pontifícia Universidad Católica de Valparaíso*, Chile, 2007.

国家秘书处管理，代表省行政机关。①

多数拉美国家，国家和地方行政机构共同行使城市规划管理权；各行政部门间协调一般由国家层面成立的专门土地规划或城市规划部门负责；规划立法等专门领域责成相应专业机构负责，代表性国家如哥伦比亚。该国宪法法院公告，哥伦比亚土地使用规则的执行由环境部门负责。据此，第 388 号法（1997 年）和第 99 号法（1993 年）建立了专门职能机构（环境部），地区自治机构负责土地环境管理的组织工作。② 但是，为保护国家总体利益，首都管理权为国家。③ 第 99 号法第 61 条特别规定：首都波哥大（现名为圣菲波哥大）地区的该项行政权归环境部所有，孔迪纳马卡自治区政府参与条文制定。

拉美国家层面的环境部通常承担规划职能。具体包括：第一，起草城市规划内的土地环境规划、计划和项目等，将其纳入国家发展规划和投资规划；第二，确立环境标准；制定城市中心、居民住宅和所有经济活动相关的环境总则；第三，发布并执行相应土地使用的区划规章，符合国家有关环境领域的具体土地管理和规范条件；第四，确立河流水域的管理和规范总则，以及其他特别地区的管理。

（三）国家城市规划的法律实施——以墨西哥为例

墨西哥城市规划立法内容的执行，主要以市县政府及市级行政机构与授权机构为主。城市规划项目依据国家规划法律框架建立。

（1）1976 年《宪法》修订了第 27 条、第 73 条、第 115 条，为墨西哥建立了城市规划立法基础，同时也是城市规划行政机构建立的基本法依据。

（2）《墨西哥共和国总规划法》（1930 年）是协调、建立政府不同部

---

① 参见 Cuesta, Rafael Entera, "La competencia municipal ámbitos más calificados", ponencia en el Cuarto Congreso Hispanoamericano-Luso-Americano-Filipino de Municipios, Barcelona 1967. Citado por Zuccherino, Ricardo Miguel, Tratado de Derecho Federal, Estadual y Municipal, Tomo II, 2da. Edición, Ediciones Depalma, Buenos Aires, 2012。

② Acosta Irreño, David Oscar, "El Derecho Urbanístico Como Mecanismo De Proteción Del Medio Ambiente", Ed. U Externado de Colombia, 2002.

③ Corte Constitucional Colombiana, Sentencia 0534 del 16 de diciembre de 1996.

门行为准则的专项法，根据测绘、气候、人口、历史和传统、生活功能、社会和经济、国家保卫、公共卫生，满足国家城市的现在和未来的发展。

（3）为实现如上目标，"墨西哥国家规划"（Plan Nacional de Mé XI co）根据各地区特点、功能确定不同职能定位。在此基础上，城市和地区规划逐步形成，并出现联邦区规范性规划意见和联邦土地管理等。

（4）《人类住区法》（1976年）规定市县承担规划的行政职能。① 依据该法，建立人类居住和公共工程秘书处（SAHOP），负责城市和地区发展政策实施。

墨西哥联邦政府层面为推动法律的实施，配套发布了《城市发展国家计划》（以1978年为例），核心目标为：

（1）对国家经济活动和人口进行合理化分配，将其置于国家最具潜力地区。

（2）在城市中心推动城市一体化和平衡发展。

（3）提供有利条件，让人们可以解决其对城市土地、住宅、公共服务、基础设施和城市功能设施的需要。

（4）改善并预防人类住宅引起的环境问题。

（5）成立城市生态和发展秘书处。1983年该秘书处成立，同年联邦官方公报公布了新《城市规划法》，废止1930年公布的《规划法》；新法将规划定义为"……合理和系统的行为规范，充分考虑调整和促进经济、社会、政治和文化活动等方面内容"。

《联邦公共管理组织法》于1992年进行了修改，并成立国家职能部门社会发展秘书处（SEDESOL）。依照修改后的《联邦公共管理组织法》第32条内容，负责城市和地区发展，核心职能是土地管理。根据此法规定，秘书处主要职能包括：提出人类住宅和城市发展的宏观政策，对城

---

① 墨西哥《人类住区总法》：第一章，总则；第二章，机构职责与协调；第三章，城市圈规定；第四章，城市中心所有权规定；第五章，城市规划发展和住宅土地规定；第六章，城市储备用地规定；第七章，市民参与规定；第八章，城市规划发展促进法规；第九章，城市发展监管规定。该法三项原则是：（1）建立市级相应协调机构，实现对国家土地的居民住宅规范管理；（2）落实建设、保护、改善和提升城市中心规划基础性条款；（3）规定有关国家和各州应当承担的行政职能，明确相应的预防、使用、保护区域和地块用途规定。

市中心和人口分布提出细化的土地规划细则。1993 年新《人类住区总法》确立了墨西哥城镇中心住宅和城市发展土地管理规则。

二　行政机构有关城市规划行政性文件的制定程序——以城市规划土地管理法律实施为例

在土地管理法规的实施机制方面，拉美地区在实施城市土地规划订立的过程中，土地使用和所有管理需要对土地条件、限制性因素以及土地适用发展目的有科学评估方式，通过立法保障其执行与监督。而如何将专业分析评估纳入土地功能区划中有关的法律条文，理论和实践都不够充足。参与机制的建立与参与权法律规定有一定差距，缺乏有效的公众监督与行政执行过程中的民主性。

（一）拉美城市规划土地管理规划过程步骤

规划过程主要包括：规划制定、执行、评估；相关政策、计划、规划的执行。

制定过程：

（1）科学技术阶段：评估、诊断、预测；

（2）政策技术阶段：讨论、通过；

（3）行政技术阶段：执行、评价、修正、反思、调整等。

拉美多数国家建立了国家层面指导地方政策和规划的规则。在这方面，国家层面的政策规定还不甚完善，中观层面的法律制定相对符合要求，相对地方领域的规划政策更为丰富。

（二）拉美国家承担城市规划土地管理的行政机关

拉美国家承担土地规划管理的部门存在国别差异，包括选择专职部门或划归相关行政部门管理两种模式。具体情况见表 4 - 1。

表 4 - 1　　　拉美国家承担规划的主要行政部门（土地管理规划）

国家	国家行政机关
阿根廷	土地规划和管理联邦委员会（COFEPLAN）
玻利维亚	发展规划部多民族委员会

国家	国家行政机关
巴西	国家一体化部
哥伦比亚	环境和可持续发展部
哥斯达黎加	住宅和居民住宅部
古巴	经济和规划部、建筑规划所
智利	分散在各机构
厄瓜多尔	规划和发展国际秘书处（SENPLADES）
萨尔瓦多	公共工程、交通、住宅和城市发展部
危地马拉	总统规划和项目秘书处（SEGEPLAN）
洪都拉斯	土地管理国家委员会（CONOT）
墨西哥	社会发展秘书处（SEDESOL）、环境和自然资源秘书处（SEMARNAT）
尼加拉瓜	土地研究尼加拉瓜研究所（INETER）以及共和国总统
巴拿马	住宅和土地管理部（MIVIOT）
巴拉圭	规划技术秘书处
秘鲁	环境部（MINAM），地方政府
波多黎各	规划委员会
多米尼加	经济、规划和发展部、土地管理和指导总体领导办公室
乌拉圭	住宅、土地管理和环境部（MVOTMA）、土地管理指导办公室（DINOT）
委内瑞拉	总统和部委员会、咨询机构：土地管理国家委员会等（15 个国家部门）

资料来源：根据拉美各国规划部门网站信息整理（2020）。

（三）城市规划部门执行中的公共资产保护问题——以智利为例

1. 明确公共资产及其范畴的法律界定

在智利法律中只有公共资产（或是公用国有资产）的概念，这些公共资产的使用权属于全体国民。其中，国有资产包含当地的公共资产和公共用途的部门国有资产两项。这里只分析公共用途的部门国有资产。

公共用途的部门国有资产范畴广泛，涉及多项法律，比如邻海（《民法》第 593 条），海滩（《民法》第 594 条），天然水道中流淌的水（《民法》第 595 条第 1 段及《水务法》第 6 条），河床或湖床（《水务法》第 30 条）及湖泊（《民法》第 596 条第 1 段）或是人工湖泊，它们都是与自然资源相关的管理对象。还有一类是工程或人工技艺的产物，都需对其进行特有或是具体规划、建造，比如公共道路及桥梁等（产物）（《民法》第 582 条第 2 段及《市政工程组织法》第 25 条）。在智利，港口和机场是国有资产，但根据例外规制，可对港口和机场进行私有化，私有化并不意味着国有资产流失，而依旧遵守公共财产管理。它们的规划和后续建设都受制于公共用途的部门国有资产的程序及规定，比如接驳公路及桥梁，这都需要政府提供相关基础设施。建设产生的相关土地规划影响也属政府管理范围。因此，公共管理（部门）建构城市规划以及土地规划的管理方式及政策衔接，是明确公共资产定义，并为之提供保障的制度前提。[①]

2. 智利城市规划纵向管理（部门）组织结构

在城市规划与部门公共财产管理的相互衔接上，拉美国家管理方式不同，智利在权力竞合方面有较多管理经验。首先，政府和国家管理（机构）归国家领导——共和国总统。其职能通过与国家行政机关协同合作来实现。（国家行政机关）由部委、办公厅、中央政府直辖区及履行行政职能的公共服务机构，包括共和国审计署、中央银行、武装部队及公共安全及治安部队、各级市政府及依法建立的公共企业（共和国《宪法》第 24 条及《国家管理基本法规立宪组织法》第 1 条）。在这个机关复合体之中，城市规划作为行政管理内容，管理权力以纵向的不同层级为主：

（1）在中央行政机构之中，权力归于住房和城市规划部（职能自理机构）及住房和城市规划部区域秘书处（地区性土地自理机构）。

（2）在地区层面，归于地区政府（地区性土地主管机构）。

（3）在市级层面，归于市政府（市级土地主管机构）。

智利的城市规划政策以组织机构和程序机构为行政主体。通过对围绕土地管理的三级行政，释放管理效能。具体包括：土地建设和使用的预防性干预及违法和制裁的执行，土地规划所使用手段（许可、执行的命令、破产、规划法的保护、土地分块及城市规划的检验）的制定，计

---

① Eduardo Cordero Quinzacara, "El Derecho Urbanístico, los Instrumentos de Planificación Territorial y el Régimen Jurídico de los Bienes Públicos", *Revista de Derecho de la Pontifícia Universidad Católica de Valparaíso*, Chile, 2007.

划和监管的执行。在该过程中，三级政府中的市级政府发挥关键作用（机构）。一系列服务于衔接职能的部门或社会组织，根据管理资格（不仅是规划资格还有部门资格）不同，为纵向的各级行政机构提供专业性、程序性服务。①

3. 智利城市规划部门间横向程序性衔接：发展条款

在智利不存在唯一的城市规划行政，不同部门间存在横向的联动执行。联动行政的特点是各机构间关系的"水平"，涉及管理领域包括：居民定居点整体项目、和谐发展的总体目标和城市土地延伸的规划管理。

智利是单一制国家，城市规划体系注重行政管理的整体性。纵向上，通过土地单位（地区政府及各级市政府）及中央政府（住房和城市规划部和部级区域秘书处）进行干预性管理。横向上，借助对拥有更高级别②的行政原则：发展条款，减少部门间决策权争议，同时规避地方政府转移至中央政府的纵向管理风险。

此外，《城市规划和建筑普法》在国家层面③明确了城市规划制度。在实践中，规制工具还未形成学界共识。而在具体政策《城市规划及建筑总条例》中，土地规划的具体管理工具仍旧不足。基于这些原因，智利选择以"城市发展国家政策"作为政策补充，确定引导机构行为目标及其有效管理工具。④通过行政政策弥补立法不足。政策基本原则是：开展土地权管理，引导特定部门参与城市发展的行政管理。管理行为应符

---

① Eduardo Cordero Quinzacara, "El Derecho Urbanístico, los Instrumentos de Planificación Territorial y el Régimen Jurídico de los Bienes Públicos", *Revista de Derecho de la Pontifícia Universidad Católica de Valparaíso*, Chile, 2007.

② 智利的《城市规划法》构建在不同的管理级别，这些管理级别使得土地规划手段的整合来自发展的原则。因此，城市规划及建筑总条例第 2.1.1 款写到城市规划和建筑普法及城市规划及建筑总条例的规定优先于土地规划手段中相关的相同规定。而且，这些手段构成了一个体系，在（这个体系）中更高级别手段及适合其行动的规定具有优先权，针对低级别的规定是具有强制性的。也就是说，最高等级对应的是城市发展区域计划，其次是城市间或大城市管理计划，之后是公共管理计划，最后是部门计划。

③ 《城市规划和建筑普法》第 29 款。

④ 这个手段是根据委托给住房和城市规划部做出的第 1305 号法第 8 款规定所公布的，"国家住房和城市规划政策的公式化"。然而，最新的国家城市发展政策已于 1985 年被废除（1985 年 3 月 4 日，31 号最高法令），完全不适应国家现存的社会、政治、文化及经济现实，也被将要放弃这个手段的规定所超越。

合国家法规要求。①

拉美多数国家为单一制国家，但在纵向和横向的行政管理中都面临依法执政的挑战。主要原因在于，拉美国家城市呈现复杂、深刻的城市问题。总的来说，拉美国家城市规划公共资产保护，尤其是土地权管理的"孱弱"，主要受到殖民时期以来的土地私有制的历史影响。公共部门并不掌握包括城市在内的私有土地权，尤其在城市扩张的进程中，又涉及广大的农村私有土地。城市土地管理权的获得，甚至需要公权力机关与私人土地所有者进行"商谈"，权利的可获性受到了较大制约。因此相关规划法及政策中，土地管理工具及内容的"不足"，成了地区"共性"。

三　行政机构行政性文件的内容

当前，拉美国家大都建立了国家、省、市三级城市的行政体系，国家还依照相关法规成立了负责规划行为整体或部分城市规划内容的专门行政机构。行政机构的政策领域，涵盖了城市规划的各发展方向，包括传统的城市土地管理、城市街区改造、非正规住宅用地合法化、历史文化保护以及城市规划制定。也有部分新兴领域，如绿色城市管理、数字化城市建设等。总的来看，科技进步和全球化是推动城市规划管理发展的主要内外部驱动力，对城市规划的法律执行带来了不小挑战。

（一）拉美各国三级政府城市土地管理政策规划

土地规划是城市规划法律执行的传统领域，制定推动城市土地发展的规划是主要的政策手段，且行政管理呈现自上而下的纵向发展。拉美各国以三级城市规划的执法结构为特点，各级政府协同开展土地管理（见表4-2）。

---

① Eduardo Cordero Quinzacara, "El Derecho Urbanístico, los Instrumentos de Planificación Territorial y el Régimen Jurídico de los Bienes Públicos", *Revista de Derecho de la Pontifícia Universidad Católica de Valparaíso*, Chile, 2007.

表 4 - 2　　　　　　　拉美地区主要国家土地规划领域行政政策

国家	国家层面	中层领域	地方领域
阿根廷	土地发展与管理国家政策和战略	地方发展规划	市县规划
玻利维亚	城市和土地管理规划	土地规划和土地使用部门规划	印第安土地规划和土地管理市级规划
巴西	无	经济生态区划	领导规划
哥伦比亚	土地管理规划	部门纲领	市和区规划
哥斯达黎加	土地管理国家政策	无	地方（县乡）规范性规划
古巴	在《2023 年国家经济计划》中，制定土地管理目标	土地管理和城市规划省大纲和规划	市县、部分和特殊规划
智利	无	土地管理地区项目（PROT）	区、跨区、大都市规范性规划
厄瓜多尔	区域发展国家规划	地区和省规划	市规划
萨尔瓦多	土地管理和发展政策和国家规划	土地管理和发展部门战略和规划	市规划
危地马拉	无	无	市规划
洪都拉斯	土地管理国家规划	地区规划	市规划
墨西哥	土地生态管理规划	州发展规划	市县规划
巴拿马	城市规划发展土地管理国家规划	地区规划	地方和部分规划
巴拉圭	土地发展国家框架性规划、国家发展规划	无	无
秘鲁	土地管理政策路线（2010）	经济生态区划（ZEE）	经济生态区划（ZEE）
多米尼加	城市土地发展与管理国家政策（PNDOTU）	地区规划	市县规划
乌拉圭	土地管理国家规划、整体发展项目	地区战略、部门条例	地方规划

资料来源：笔者根据拉美各国规划部门网站信息整理（2012）。

执行中的主要问题在于，随着土地管理的行政性政策制定能力的条款的专业化，行政部门和相关社会参与方不能完成相关规划程序和目标。部分由于设备和技术所限，部分由于规划内容的宣传和理解不到位，也有由于参与土地规划管理的相关人员缺乏必要知识所致。

（二）国家城市规划相关行政性文件内容——以墨西哥联邦区为例

墨西哥以城市人口增长计划为原则，建立和执行城市规划体系，规划包括如下三类：城市发展总计划、城市发展授权计划和城市发展专项计划。依据城市规划，制定规划相关行政性城市发展项目，是行政机构执行城市规划法的方式，项目的建立，必须同时符合"城市发展信息与评估体系"，评估其与其他规划机制的协调性，确定是否需调整设计其他计划的冲突内容。这些计划内容的具体条文，应在考虑相关自然人或法人、公共或私人利益后制定。其主要性质与职能如下：

一是《城市发展总计划》。规定联邦区土地城市发展的政策、战略和执行。建立（授权和专项计划）实施的原则，制订与执行这一计划内容，还包括形式行政职权，就联邦区城市地区相关职能与城市圈所在市保持一致。

二是《城市发展授权计划》。城市发展和土地管理部门发展。

三是《城市发展专项计划》。专门领域，有特殊条件的城市发展规划。

总的来说，计划需符合《人类住区法》和国家城市发展总体方向。此外，还需考虑政府执行与管理的可行性以及是否满足《联邦区组织法》规定以及地方集体利益。国家三级行政机构，均参与城市规划行政性文件拟定。联邦区城市规划体系是《联邦区城市发展法》的具体执行方式，是国家发展计划，城市发展国家计划联邦区发展计划等的下层计划，以联邦区城市发展总计划为指导。

1. 联邦层面

职权范围主要包括相关机构：社会发展秘书处，通过《城市发展总则》负责管理《人类住区总法》的实施和相关技术性规则。监督和审查城市发展计划的执行。

2. 州层面

联邦区政府所属城市发展与住宅秘书处，引导提升城市活力的必要政策和战略，制定有效、可持续和包容的土地管理原则。其目标是提升城市竞争力，开展有社会影响力的计划，保障墨西哥城可持续城市发展，协调都市区与国家中心区域。

3. 市层面

16 个行政区都设立了工程和城市发展处，其主要职能是：

（1）土地使用的审核，协助进行城市发展计划的登记；

（2）制订城市土地发展和保留用地计划；

（3）区计划和城市发展特别计划完成情况监督；

（4）制订工程和城市发展处年度开展计划的执行计划；

（5）制订和管理区内社会、文化、体育和服务中心的修建与维护计划执行；

（6）制订和管理二级饮水工程项目、排水计划；

（7）制定和管理区内城市基础设施公共建筑的建设和重建；

（8）制定和提出改善和养护的初级交通提案；

（9）授权二级道路的改善和养护。

纵观城市规划政策在墨西哥的发展，20 世纪墨西哥城城市规划演变，与国家工业化进程吻合，主要分为以下几个阶段：

（1）不明确规划期；

（2）规划发展期，20 世纪 20—60 年代；

（3）明确规划期，1970—1982 年；

（4）规划倒退时期，1982—1988 年；

（5）灵活规划期，1988—1996 年；

（6）稳定规划期，1996 年至今。

新冠疫情下，学者对城市规划的规制目标进行了反思。2021 年在苏格兰格拉斯哥举行的第 26 届联合国气候变化大会（COP 26）也让绿色、低碳以及智慧城市成为拉美各国的城市规划新方向。墨西哥城作为超大城市，也在行政领域加强了对城市规划如何规避公共卫生危机或降低其对城市生活的影响政策。城市宜居性与室内功能规划等成为规划管理的新内容。面对气候变化，墨西哥还在城市的环保领域规划加强了减少城市建筑产生的污染、实现可持续发展的规划目标。①

（三）地方城市规划行政实施政策内容——智利

在智利，城市规划法律实施，以制定"土地规划政策"为主，主要包含②：《城镇发展区域计划》《城市间或大城市管理计划》《公共管理计划》《分项计划》《城市界限》。

1. 《城镇发展区域计划》

（1）《城镇发展区域计划》（Plan Regional De Desarrollo Urbano，PR-DU）目标为引导不同地区的城市中心的发展。它由一份说明性报告③、区域性城市发展指导方针和描绘计划内容的设计图组成，2002 年首次发布，是城市发展现代化的政策，目前国家所有地区都制订了各自的《城镇发展区域计划》④。

（2）《城镇发展区域计划》由相关的省级区域秘书处（SEREMI）制定，并必须经过地区政府（《政府和区域管理立宪组织法》LOCGAR 第 21 条第 f 款）的环境影响评价，并符合共和国总统令签发的住房和城市规划部（Ministerio de Vivienday Urbanismo，Minvu）相关规定。《城镇发展区域计划》作为地区间协调性政策，有助于各地方"加入城市间、大城市和市级政府的统筹管理中"（《城市规划和建筑普法》LGUC. 第 33 条）。

---

① Francisco Reyes，"Construcción'COVID free'：el impacto del coronavirus en la arquitectura y el urbanismo analizado por expertos"，参见 https：//www.infobae.com/tendencias/2021/07/10/construccion-covid-free-el-impacto-del-coronavirus-en-la-arquitectura-y-el-urbanismo-analizado-por-expertos/。

② 《城市规划及建筑总条例》1.1.2 及 2.1.1 款。

③ 根据《城市规划及建筑总条例》第 2.1.5 款所规定，《说明性报告》应当包含以下内容：（1）佐证《计划》的概念和技术方面，比如目标、理念和使用的方法以及能够履行《一般环境基本法》的必要背景；（2）基于诊断公式的有用的研究和技术背景；（3）诊断（以下内容）：为了提供可供选择的地域结构，从趋势的确定分析优势和弱势，考虑土地的占用程度、居住中心体系的层级、相互影响的范围以及引力关系；（4）被分析结构的备选；（5）关于规划和投资需求的业务议程；（6）由公共部门预计的主要投资草案或计划；（7）已经通过环境影响研究的私人方面的主要投资计划。

④ 2002—2007 年土地规划手段的更新计划（圣地亚哥，住房和城市规划部，城市发展司，城市规划处，2007 年）。

2. 《城市间或大城市管理计划》

《城市间或大城市管理计划》用来管理城市单位下，不同城市和相关农村地区的协调发展。城市单元人口数量超过 50 万时，规划属大城市的范畴（LGC. 第 34 条）①。其他为《城市间管理计划》（Plan Regulador Intercomunal，PRI）或是《大城市管理计划》（Plan Regulador Metropolitano，PRM）。

无论是《城市间管理计划》还是《大城市管理计划》都由住房和城市规划部的部级区域秘书处来制订，向相关的市政府和财政机构咨询。相关部级区域秘书处预先授权，对城市间关系有影响的城市能够直接制订《城市间管理计划》，需获得该秘书处批准。这项计划还需遵守环境影响评估制度（《环境基本法》（LBGMA）第 10 条第 8 款）。还需提交住房和城市规划部（Ministerio de Vivienda y Urbanismo）的城市发展司来进行修改及出具技术报告。所有行政审批（根据《政府和区域管理立宪组织法》（OCGAR）第 36 条第 3 款第 2 段）② 最终提交到地区政府。批准的计划会由行政长官通过解决办法来进行颁布，该解决办法需经由决策程序决定③。

被授予各类《城市间管理计划》及《大城市管理计划》的发展制度需要《公共管理计划》的政策支持，为《城市间或大城市管理计划》提供政策具体化与可行化支持。

3. 《公共管理计划》

《公共管理计划》（Plan Regulador Comunal，PRC）是在最小的行政管理单位——城市中，制定的具有法律效力的规划政策。④ 根据社会经济

---

① Eduardo Cordero Quinzacara, "El Derecho Urbanístico, los Instrumentos de Planificación Territorial y el Régimen Jurídico de los Bienes Públicos", *Revista de Derecho de la Pontificia Universidad Católica de Valparaíso*, Chile, 2007.

② 审计长认为区域政府只能够通过或否决《城市间管理计划》（Plan Regulador Intercomunal，PRI），引入修改不在职责范围内。Vid. Por 15. 466/95 意见。

③ 第 3 款第 24 号解决办法 520/96，共和国总审计（CGR）。

④ Eduardo Cordero Quinzacara, "El Derecho Urbanístico, los Instrumentos de Planificación Territorial y el Régimen Jurídico de los Bienes Públicos", *Revista de Derecho de la Pontificia Universidad Católica de Valparaíso*, Chile, 2007.

发展的区域目标，促进域内和谐发展的（规划），特别是居住区和谐发展，施行具体政策。①

《公共管理计划》是在城市功能区提供关系舒适空间、工作空间、设施空间及娱乐空间，并建立适当卫生及安全条件的政策工具（《城市规划和建筑普法》（LGUC）第41条第3段）。其主要目的是为了促进公共土地的和谐发展"划拨土地用途"。因此，根据扩大或提供卫生及能源网络的可行性及其他城市规划（《城市规划和建筑普法》（LGUC）第41条最后一段），其规则涉及土地的使用或是区划、社区设施的定位、停车、道路结构的分级、城市界线的确定、为了城市面积增长、规划土地的人口密度和开发优先级。

《公共管理计划》由各自的市政府制订。一旦计划被制订，市长通过法令确定《公共管理计划》，告知公众日期及范围，根据《城市立宪组织法》（LOCM）要求，市长具有向集体经济和社会委员会（CESCO）告知计划的义务。此项计划也应符合环境影响评估体系。

完成每项说明程序后，市委员会审议批准计划，还需获得住房和城市规划部的部级区域秘书处出具的关于该计划的技术报告。之后，将该计划连同所有材料提交到区域政府，目的是获得区域委员会的批准［《政府和区域管理立宪组织法》（LOCGAR）第36条第3款］。批准的计划会由行政长官通过一项解决办法来进行颁布［《政府和区域管理立宪组织法》（LOCGAR）第24条第15款］，该解决办法需经由决策程序决定（第3款24号解决办法520/96，共和国总审计CGR）。

4.《分项计划》

《分项计划》用于满足详细管理及街道具体布局的需求，是土地用途的管理手段，是《公共管理计划》或是完成城市部分土地的治理计划［根据《城市规划和建筑普法》（LGUC）第46条第1和第2段以及《城市立宪组织法》（LOCM）第21条第2款］。② 城市发展领导办公室

---

① 《城市规划和建筑普法》第41款。

② Eduardo Cordero Quinzacara, "El Derecho Urbanístico, los Instrumentos de Planificación Territorial y el Régimen Jurídico de los Bienes Públicos", *Revista de Derecho de la Pontificia Universidad Católica de Valparaíso*, Chile, 2007.

（DDU）的第 55 号法指出：《分项计划》是"《公共管理计划》的必要补充手段，它的主要功能是建立设计城市公共空间的规则，以及在建筑物未曾达到标准化水平时，临时设计城市建筑物规则。具有社区管理的特点和具体事务的决策权"。

《分项计划》管理内容包括：《广告管理计划》及已划定地方管理土地范围内的以下两种情况：

（1）涉及"改造区"声明内容［《城市规划和建筑普法》（LGUC）第 46 条第 1 段及第 72 条第 1 段和《城市规划及建筑总条例》（OGUC）2.1 第 40 条］；

（2）涉及审批必要建筑区域［《城市规划和建筑普法》（LGUC）第 46 条第 1 段和《城市规划及建筑总条例》（OGUC）第 2.1.41 条］。

因此《分项计划》计划中具体适用范围如下：

（1）《公共管理计划》的发展和细节，部分地面命名。

（2）无《公共管理计划》时，土地使用的详细管理。

（3）改造区域的声明。

（4）必要建筑区域的审批。

一般情况下，《分项计划》的批准遵从与《公共管理计划》相似的程序（《城市规划和建筑普法》第 2.1.15 条）。然而，改造和建设区域的部分计划应当通过法令的批准（《城市规划及建筑总条例》第 2.1.39 条及第 2.1.40 条）。

5. 《城市界限》

《城市界限》——智利城市规划法规中最后一种规划手段。根据《城市规划和建筑普法》第 52 条，它承担"确定城市不同区域的划界及公共区域功能、使居住中心符合城市发展的非实体边界"勘界功能。《城市规划和建筑普法》提出，城市界限是独立的土地规划手段，多数城市界限根据《城市规划和建筑普法》第 54 条的规定，通过《城市间管理计划》和《公共管理计划》确定。由于城市区域的划界只建立了不同用途的区域，在土地规划中贡献不大，因此不少学者对区域划界政策并不推崇。①

---

① 城市发展领导办公室（DDU）的 55 号法令。

　　城市新界限的设置或是已存在城市界限的修改遵从《公共管理计划》相同的办理和审批程序，需向农业部省级区域秘书处预先报告。城市界限职能包括"城市地区"和"农村地区"的划界〔《城市规划和建筑普法》（LGUC）第 52 条〕。此外，还包括在城市地区确定不同土地用途及在其之上开展活动（居住、设施、生产活动、基础设施、公共空间和绿地）的地块界定，通过区划降低威胁人类居住的潜在风险，明确不可建设或是限制建设的地区，建立相关的建筑类别和密度〔《城市规划和建筑普法》（LGUC）第 60 条〕。

四　城市规划法律实施中的城市和部门竞争与协调——以智利为例

（一）"协调"的一般义务①

　　协调在法学领域属行政立法内容。在智利法律体系中，该词最早见于原《智利共和国政治宪法》（CPR）②，后出现于行政法系《国家管理基本法规立宪组织法》（LOCBGAE），③《政府和区域管理立宪组织法》（LOCGAR）④ 及《城市立宪组织法》（LOCM）中。⑤ 协调的法律适用涉及国家层面及地方的各类行政主体。协调的法律概念具有双重作用的特点，即包括法律适用和法律概念的双重性。⑥

　　协调的普遍概念，作为行政组织的原则使用，避免行政体系和部门间矛盾，减少行政行为的机能问题。协调主要涉及与关系性措施及关系

---

　　① 关于这个内容可以查阅 Menéndez Rexach，Angel 的相关研究，刊登在《行政档案》第 240 期（10—12 月，1994 年）的《协调，法律概念?》以及 Sáncez Morón，Miguel 刊登在《行政档案》第 230—231 期（4—9 月，1992 年）的《作为法律概念的行政协调》。关于这个研究的主题在 Menéndez Rexach，Angel 的论文中也有涉及，刊登在《行政档案》第 230—231 期（4—9 月，1992 年）的《用影响物质环境的部门政策协调土地布局》和刊登在《90 年代西班牙区域经济》（马德里，经济学家学院，1991 年）的《地区发展中的基础设施的影响：协调的问题》。

　　② Vid. 123 款。

　　③ Vid.《国家管理基本法规立宪组织法》（LOCBGAE）3 款和 5 款。

　　④ Vid.《政府和区域管理立宪组织法》（LOCGAR）2 j 款；17 b 及 c 款；18 b 款；19 b 款；24 m 款；45 e 款；62 款；64 a、c 及 f 款；103 款及 104 款。

　　⑤ Vid.《城市立宪组织法》（LOCM）7 款，10 款及 63 k 和 l 款。

　　⑥ Eduardo Cordero Quinzacara，"El Derecho Urbanístico，los Instrumentos de Planificación Territorial y el Régimen Jurídico de los Bienes Públicos"，*Revista de Derecho de la Pontifícia Universidad Católica de Valparaíso*，Chile，2007.

体系确立相关的职能。当出现行政技术以及权力竞争时，不同公共管理机构以协调为共同原则，维护行政管理体系的整体性。

严格意义上的协调，指由国家行政管理机构对其他一个或多个有条件行使自身职权的机构施用强制性决定。这意味着协调管理机构对其他协调机构有着至高无上的位置。因此，在一个基于多个机构权力下放的行政行为体系中，协调力需法律逐项赋权。同时，自愿的协调或合作是国家行政管理机关的主动行为，是给行政管理机关的其他机构行动提供便利或是为了完成整体行动，这些机关和机构自愿接受其他机构协调建议，成就共同的利益。在这个意义上，根据《国家管理基本法规立宪组织法》的条款，合作是行政管理机构的一项全面义务。

《国家管理基本法规立宪组织法》赋予了协调双重意义。一方面，作为行政机关的基本原则（第 3 条第 2 段）；另一方面，在合作的形式之下，作为施加于所有国家行政管理机构的一项全面义务。这样，这些机构应当以统一的行动来履行其协调任务，避免职能的表里不一或是干预，如同《政府和区域管理立宪组织法》及《城市立宪组织法》所批准的条文一样。①

行政管理单位不同合作技术的分类是很困难的。这些单位经常局限于报告、咨询、建议，特别是各单位间的直接协议。在某种程度上，协调方式被理解为决定强加于公共机构的行为。

目前在公共行政管理机关存在的问题是：第一，在协调作为行政机关基本原则时，存在理解和施用的行政主体差异。各机构都希望本部门作为协调的主导方，要求其他部门接受本部门协调建议。第二，智利行政分权的过程是相当缓慢的，而且集权的行政管理机关结构仍在，且对行政分权单位甚至是自主单位有着很强的干预能力，如市政府对市辖地区和各领域事物的保护控制权。第三，《国家管理基本法规立宪组织法》引导规避不同行政管理机关之间的职能冲突，但对中央行政管理机关的

---

① Eduardo Cordero Quinzacara, "El Derecho Urbanístico, los Instrumentos de Planificación Territorial y el Régimen Jurídico de los Bienes Públicos", *Revista de Derecho de la Pontifícia Universidad Católica de Valparaíso*, Chile, 2007.

界定包含了集权和分权的两个向度。第 39 条中规定不同行政权部门出现的职能竞争将由其所属或有关上级解决。然而，所属或有关的上级部门并非单一机构时，就需共同决定。如果没有达成意见一致，将由共和国总统解决。这样，行政部门间的关系由职权的划界来引导。冲突时，让中央行政管理机关解决这些协调中的问题。这种解决行政部门间关系的方式体现了智利在中央集权制度下国家职权至上的基本原则。[①]

克服明显的集权和基于单边行动的行政行为需要智利行政机构改革，为了以更多协调模式来行使职能，维护机构间的关系和谐共存。在国家行政管理机关逐渐分权的过程中，行政合作的技术性进步，对（国家行政管理机关）中土地规划治理至关重要。

（二）城市规划布局与部门立法之间的"协调"作用

智利立法中为了公共财产将城市规划和部门立法相衔接的预先协调机制没有脱离之前提到的普遍框架，主要基于必要协调的手段，功能有限。[②] 在城市规划和部门公共财富的职能之间的协调，是以自然资源的公共用途和非自然国家财产区分的。[③] 一定程度上，自然的公共财产应当承担城市规划作为土地，不妨碍管理和保护方面归于某些行政机构的职权。另外，部门公共财产与在规划过程中出现的大型基础设施相关，通过实施过程中的统一标准，保证利用相关机构的资源。公共用途的天然国有财产，包含：毗邻的大海（《民法》CC 第 593 条），海滩（《民法》CC

---

① Eduardo Cordero Quinzacara, "El Derecho Urbanístico, los Instrumentos de Planificación Territorial y el Régimen Jurídico de los Bienes Públicos", *Revista de Derecho de la Pontifícia Universidad Católica de Valparaíso*, Chile, 2007, p. 284.

② 这个主题以相同的方式在《比较法》中涉及。参见 Menéndez Rexach, Angel 在《水法：宪法学分析》（马德里，MAP, 1991 年）的《水、土地规划和环境的立法》；Ortiz De Tenea, María Del Carmen《水资源规划》（马德里，Marcial Pons, 1994 年）；Sáncez Morón, Miguel 在《公共行政杂志》第 123 期（9—12 月，1990 年）的《水资源规划和土地布局》；Pérez Moreno, Antonio 在《城市规划法杂志》第 117 期（3—4 月，1990 年）的《海岸及城市计划法》；Parejo Alfonso, Luciano 在《城市规划法杂志》第 135 期（1993 年）的《公共港口区域及土地布局：国家职能及自治区职能》等。

③ Eduardo Cordero Quinzacara, "El Derecho Urbanístico, los Instrumentos de Planificación Territorial y el Régimen Jurídico de los Bienes Públicos", *Revista de Derecho de la Pontifícia Universidad Católica de Valparaíso*, Chile, 2007.

第 594 条），河床或湖床（《水务法》第 30 条），大湖（《民法》第 596 条第 1 段），流经天然渠道的水流（《民法》CC 第 595 条第 1 段及《水务法》第 6 条）。

智利的立法将这些财产归为三个范畴：（1）海岸和领海，包含毗邻海域、海底及海滩；（2）河及湖，包含湖底及其河滩；（3）沟渠或河床及湖床，还有水流淌过的土地。① 这些财产的管理归于以下方式：

（1）属于国防部海军秘书处，负责控制、监视及超级监控共和国的所有海岸及领海。这项职能特别通过领海及商船总局执行。海军副秘书处行使专有职权，给予海滩、财政海滩区域、岩石、海底、海湾内外的大量水资源等专有用途，还有海滩、海滩及"可航行超过 100 吨船只的河及湖"（DFLCM 第 1 条）。②

（2）隶属于公共工程部的水务总局负责管理水资源以及天然渠道（河或湖）中水资源使用权的发放。

（3）市政府负责在市界内无法通行超过百吨的船只的渠道或河、湖床的管理［《城市立宪组织法》（LOCM）第 5 条第 4 款］以及拥有授予私人用途许可的权力。

（4）在进行水产养殖以及在天然公共用途的国有财产的使用方面，立法者做出了区分：第一，在海滩、财政海滩区域、岩石、海湾内外以及可航行超过 100 吨船只的河或湖海军秘书处负责管理；第二，对于不能航行超过 100 吨船只的河或湖，转移到市级政府并将权力交给经济部的渔业副秘书处。然而，对于水产养殖，这两种情况都需要适当的预先行政声明［《渔业和农业普法》（LGPA）第 67 条］。

（三）影响城市规划部门权力的因素及衔接机制的设立

1. 海洋和河湖岸的城市规划与管理

因国家狭长，多数水域兼具城市规划区域和军事管理区域的双重职

---

① 《水务法》（CAG）第 30 款第 1 段规定"河床或是公共用途的天然水渠是水流在周期性涨落时交替占据及腾退的土地"。

② Eduardo Cordero Quinzacara, "El Derecho Urbanístico, los Instrumentos de Planificación Territorial y el Régimen Jurídico de los Bienes Públicos", *Revista de Derecho de la Pontifícia Universidad Católica de Valparaíso*, Chile, 2007.

能，河渠或是河床的市级权力，因为这些财产与当地的公共财产均处于相同的地位，将其纳入城市规划没有问题。这样，城市规划将其纳入合法范畴，无论是在财产的管理还是私人用途的授予方面都应当尊重市政府的（意见）。保证行为主体，也就是市政府的管理行为具有行政主体的一致性。① 此外，在市内公共财产所有的补充性规定中，可由市级主管机构委托其他机构管理。②

在这种情况下，内陆水域的管理权交与了水务总局。这是由于智利从1981年开始建立水利资源分配体系，这个体系是基于水利资源的自由分配和转移，不考虑任何水利规划的体系。此外，由于公共工程、城镇化、建筑及其他工程的建设而必须对自然或人工水渠修改的计划、建设和融资都不受制于《水务法》的特别规定，除了某些涉及治安措施的内容。③ 因此，城市规划立法也就包含在规范这类建设的普遍规则中。④ 水务总局只处置及管理水力资源以及准许其相关利用，但是它没有权力准许渠道或者河床的私人用途。⑤

---

① 对于河床和河岸的谷物的提取是特别重要的。在实践中，这项活动遵循城市规定的2个类型：（1）PRC能够划定首选地点，建立探索的地区和规则（vid. 城市发展领导办公室，DDU 55）；（2）根据市政条例，规定了关于公共用途国家财产的谷物提取的私有用途许可。

② Eduardo Cordero Quinzacara, "El Derecho Urbanístico, los Instrumentos de Planificación Territorial y el Régimen Jurídico de los Bienes Públicos", *Revista de Derecho de la Pontifícia Universidad Católica de Valparaíso*, Chile, 2007.

③ 水务法，在被引入20.017号法规的修改内容后，制定了第129款bis2，提到"水务总局将能够立即停止在无授权且可能伤害第三方的对自然河道的工程或者工作，以便能够根据水务法第138款中的规定呼吁公共力量的辅助，工程实施地法官的预先授权"。"主管机关"的表达明确提到了那些履行调整计划所包含规则的监管机构。

④ 根据水务法第41款推断。然而，在智利已经发展成为一项国家水利政策，力求在流域水平方面获得水力资源的全面管理。但是仍然没有物质化。

⑤ 一方面，根据2007年具有法律效力的第4号法令所规定的电力优惠方面，应对被提及的是电力优惠授予建设用地的权利，但是没有给予由此利用水资源的权利，水资源的使用和处理需遵循《水务法》的规定。同时，也没有给予占据公共用途的国有财产的权利，特别允许人工公共用途的国有财产的（使用）（2007年具有法律效力第4号法令第16款）。另一方面，也没有排除规划条例，所以无论是城市土地还是农村土地都应遵守规划条例。毫无疑问，其分析和研究是关于利益的，因为涉及不同强度和本质的行政干预，这已经超出了本研究的范围。Eduardo Cordero Quinzacara, "El Derecho Urbanístico, los Instrumentos de Planificación Territorial y el Régimen Jurídico de los Bienes Públicos", *Revista de Derecho de la Pontifícia Universidad Católica de Valparaíso*, Chile, 2007, p. 288.

海岸及领海的管理权归属于海军副秘书处。海军副秘书处的权力位阶较高。海岸包括：（1）海滩，指从潮涨潮落延伸出的土地直到潮汐所能到达的地方（《民法》第594条），是公用国有财产；（2）海滩的领域，从海岸最高潮线处测量出的80米宽的一条区域，是国有财产或是财政财产；（3）海滩及可航行超过100吨船只的河滩及湖滩。领海是从相关基线至12海里距离的毗邻海（《民法》第593条），包括岩石、海底、海湾内外的水量（DFLCM第1条）。土地规划制度也包括了海岸，因为它们都受到土地分类（城市或是农村）的支配，也就是受到土地规划手段的支配。

《城市规划和建筑普法》（Ley General de Urbanismo y Construcción，LGUC）第64条规定在城市地区，公用国有财产对应的海岸、可航行河岸及湖岸区域将根据调控计划和当地法令的内容使用。所以，这些区域都从属于土地规划中的区划、占用、建筑密度及可预见用途的相关法规。因此，由海军副秘书处授予私人用途的使用应当与调控计划的法规相一致，也就是《城市规划和建筑普法》第64条第2段的规定，准许相关市政工程领导办公室进行预先报告。这一协调机制具有一定强制性，要求市政府在任何情况下都应当依照土地规划执行。

关于农村地区，海军副秘书处对相关国有财产符合行使规定行为只局限于在城市，不包含农村。[1] 然而，这不符合《城市规划和建筑普法》第55条农村土地制度的规定，只限定了其农业用途，禁止所有类型的城镇化或是群体的形成。而且，该范畴内所有区划和城镇化土地都需经农业部区域秘书处的特别授权，提前向住房和城市规划部区域秘书处报告，并经相关市政工程领导办公室的审批。因此，需要三个行政管理部门共同批准。智利并无专项农村土地用途及建筑的调整计划，相关行政机关拥有自由裁量权。[2] 因此，在农村土地上的海岸制度虽从属于城市规划立法，在规范其用途和建筑时更为严格。

---

① Eduardo Cordero Quinzacara, "El Derecho Urbanístico, los Instrumentos de Planificación Territorial y el Régimen Jurídico de los Bienes Públicos", *Revista de Derecho de la Pontificia Universidad Católica de Valparaíso*, Chile, 2007.

② 事实是不损害城镇发展区域计划（PRDU）及跨社区发展计划（PRI）的存在，它们能够建立农村土地的使用和建筑规则，但是目前这些手段的存在是例外的。

总之，无论是在城市地区还是农村地区，其管理都需要在协调原则下执行，海岸是城市规划的一部分，不仅是由于调整计划（城市地区），也由于市政工程领导办公室（城市地区）以及住房和城市规划部区域秘书处（农村地区）出具的相关报告。因此，海岸的使用和建设应当属于城市规划立法体系及现存的土地规划手段，尽管包含公共用途的国有财产，也包括源于特许行为的私人用途的国有财产。在这个意义上，这些规则还适用于相关水域的水产养殖。

尽管在智利海岸地区有着巨大的重要性，但是用途和建筑物的行政调控不足，并且缺乏促进这类空间开发的整体管理。国家行政机关不同机构没有共同目标、共同行动程度有限。近年来，通过沿海海岸使用国家政策已经能够克服这些问题，这项政策作为来自中央政府的协调申请，已于 1998 年 1 月得到国防部、海军副秘书处第 475 号最高法令的批准，为了实现毗邻海岸的海域和地域空间的整体规划，倾向于在该地区授权兼容性用途，并且协调机构和公共单位共同行使权力。① 智利还成立了由各部委、机构和组织组成的全国委员会，管理在海岸地区的活动，主要职能是在海岸问题上向共和国总统提出促进国家政策的行动，落实该政策，并且使用区域和部门职权协调不同公共机关。同时，借助 1997 年 1 月第 1 号总统令，建立了海岸使用区域委员会，其职能是提出优先用途、支持国家委员会的工作以及完成地区土地登记册。

从超越地方和部门的角度看，这样的制度化建设在土地合理使用的政策设计上是一个真正的进步。然而，到目前为止所提目标的完成远远超过了行政能力。保护海岸政策的设计首先要求部门规范性地审查，考虑并适应不同的保护地区。其次，应当在法律层面上考虑城市规划立法的修改，该立法向规划者强加了构建准入制度和与海岸地区和谐发展的义务。最后，最重要的一步是应当在区域层面上构建土地规划有效竞争的机制，在当地和部门层面作为共同职权的协调申请，以及与中央行政

---

① Eduardo Cordero Quinzacara, "El Derecho Urbanístico, los Instrumentos de Planificación Territorial y el Régimen Jurídico de los Bienes Públicos", *Revista de Derecho de la Pontifícia Universidad Católica de Valparaíso*, Chile, 2007.

管理机关不同机构的协调机制。

2. 人工公共用途的国有财产

人工公共用途的国有财产基本上是公共道路和与其相关的基础设施，比如桥梁和隧道［《民法》第582条第2段及《市政工程组织法》（LO-MOP）第25条］。港口和机场是大型基础设施的一部分，但是在智利这属于财政财产或是国有资产，与领土没有关联，特别是与城市规划没有关联。所有的这些基础设施都包含于广义的公共工程。①

财政公共工程的规划、研究、计划、建设、扩展、修复、保存和开发由公共工程部（Ministerio de Obras Públicas）管理。该部委下设公共工程总局（Dirección General de Obras Públicas）。总局建制包括：规划领导办公室及负责建筑、风险、公路、港口工程及机场等专项工程的办公室。②

尽管《城市规划和建筑普法》经过城镇化及国家建设的许可或城镇化准许的审批，但是它免除了国家执行的基础建设工程的义务（第116条第4段）。这并不意味着衔接国家职权与大型基础设施以及城市规划的其他机制的存在。③　规划领导办公室履行基本职能。尽管不同的领导办公室在不同公共工程的规划、建设和保存上有着不同的职能，但是规划领导办公室如同公共工程部，是这些职能的最高协调者。

依据国家的需要、政府项目以及不同服务和单位的目的，规划领导办公室是公共工程部在规划、政策定义、全面协调和研究计划、计划和工程执行优先性等方面的战略咨询顾问。因此，像公路、港口及机场等公共工程的执行规划，特别是优先权交给了领导办公室。这些职能的履行，《市政工程组织法》要求领导办公室遵守土地规划手段，以及公共工程部与这些手段的协调。《市政工程组织法》第15条第1款规定规划领导办公室应当与国家发展计划、地区计划和跨区域调整计划形成目标。

---

① Eduardo Cordero Quinzacara, "El Derecho Urbanístico, los Instrumentos de Planificación Territorial y el Régimen Jurídico de los Bienes Públicos", *Revista de Derecho de la Pontifícia Universidad Católica de Valparaíso*, Chile, 2007.

② 《市政工程组织法》第11及13款。

③ 此外，这项特例包括市政权力的拖欠（1985年5月27日，DCGR11.986号）。此外，这项规定不仅被应用于国家机构，也被用于承包商（1997年6月10日，DCGR17.860号）。

因此，领导办公室应当解决住房和城市规划部提出的建议，协调公共工程部与城市发展规划的计划和需求。①

除了协调手段，《政府和区域管理立宪组织法》和《城市立宪组织法》中都进行了普遍性规定。然而，在自愿协调手段失败的情况下，智利的立法对协调机制职权模式的规范预见性不足。在这些区域和跨区域规划的层面上，需要国家中央行政管理机构履行协调职能，对涉及不同土地规划手段的条款，能够将基础设施工程纳入城市协调计划中。②

总之，通过自愿和职权的协调机制，准许基础设施工程加入城市规划的不同机制存在于智利的立法体系中。法律规制在协调职能问题上界定和执行不足。未来，仍需通过对定义履行从属于国家行政管理机构的协调的普遍义务及其方式。

（四）小结

在跨地区层面上，为了保证土地的适当使用和公共行为的协调行动寻找合适的手段，智利的土地规划政策注重城市规划立法的传统手段，特别是通过《城市发展区域计划》来促进区域规划。

最近20年间，在公共行政管理所经历的放权过程中，智利的城市规划立法一直维持着集权化的土地规划模式。此外，超地区层面的规划手

---

①　区域城市规划应当通过城市发展区域计划引导区域城市中心的发展，应当包含区域城市发展方针等文件，陆路交通的道路基金，特别是国道、高速公路、铁路、空港、海港、边境土地及道路等［《城市规划及建筑总条例》（OGUC.）2.1.5款］。一方面，城市协调计划应当包含解释性备忘录，至少拥有整个城市土地或是影响规划区域的诊断，识别结构性道路，特别是地下管道及服务性道路，并指出它们和区域城市规划和跨城市规划定义的国道、高速公路、铁路之间的关系［《城市规划及建筑总条例》（OGUC.）2.1.10款］。另一方面，在《城市规划及建筑总条例》（OGUC.）还规定了不同类型基础设施的用途，即水坝、港口、机场、陆路交通枢纽、火车站、发电站、饮用水或废水获取处理及分配平台、垃圾填埋场及转运平台、电信基站等相关设施，作为规划区域或其附属区域的特定设施及其定位，在符合土地规划管理的基础设施规定的同时，还需符合其他法律法规［《城市规划及建筑总条例》（OGUC.）2.1.29款］。在住房和城市规划部（MINVU）、城市发展领导办公室的第26及55号通告中，社区发展计划（PRC）和跨社区发展计划（PRI）的制订建立了一系列的关于基础设施的原则和准则，具体参照公路、港口和机场。

②　Eduardo Cordero Quinzacara, "El Derecho Urbanístico, los Instrumentos de Planificación Territorial y el Régimen Jurídico de los Bienes Públicos", *Revista de Derecho de la Pontifícia Universidad Católica de Valparaíso*, Chile, 2007.

段不足。尽管自 1993 年以来土地规划的不同职权都归属于区域政府，但是对于规划落实也是缺乏必要手段。

通过土地规划提升政策执行的协调性，是智利在不同领域推行协调重要尝试。

（1）考虑到物质因素，应当协调空间与经济和社会因素。

（2）公共行政管理机关的行为协调，包括职能方面（部门方面）和地区层面，在政策和不同层面的计划之间需要协调统一。

土地规划应成为衔接不同土地政策和职能的技术协调的集合。由于其横向性和整合的职能，所以在同级别政府中不仅要求其自身的部门政策的协调性，也要求政府不同级别的政策协调性。在这个意义上，市级策划的城市规划计划应当属于土地规划计划的内容。整个协调系统还需制度理念的具体化实践。

第二节 城市规划的法律实施现状与效果

一 非正规住宅合法化政策实施效果

拉美地区国家开展土地"规范化"或"合法化"项目已有几十年历史，但真正意义上的大规模政策出台主要集中在 20 世纪 90 年代，政策重点为城市规划土地改善性政策以及土地占有合法化政策等。这些政策较以往手段更加多元、涉及部门、政策目标也更广泛，也引发了一定的制度与实践争议。

（一）推动住宅政策发展的影响因素

（1）国际城市住宅理念因素。1996 年第二届联合国世界人类居住大会认为：世界各国政府的一大职能在于确保居民享有具有基础性设施的住宅。①

（2）国际组织因素。对拉美地区影响深远的国际组织包括：美洲开发银行（Banco Interamericano de Desarrollo）和世界银行（Banco Mundi-

---

① Nora Clinchevsky, "Infromalidad y Regularización del Suelo Urbano en América Latina, Algunas Refrexiones", de la Revisata Estudos Urbanos e Regionais, V. 9, N. 2/Novembro, 2007.

al）。特别是20世纪90年代以来，国际组织和双边组织的信贷融资，不同于过去主要投资住房性政策的惯例，转而更多投向包含公共服务的区划政策，随后向街区合法化和街区改善性政策投资。

（3）学术理念因素。受到秘鲁经济学家埃尔南多·德索多（Hernando De Soto）观点影响：非法占有的土地是一种资本，应当对其进行转化，一旦这部分资本合法化，那么将符合税收要求而纳税（这与财政调整与国家改革政策相关）；同时，土地合法化后，还能作为正规金融部门信贷抵押物。[①]

（4）民主政府发展因素。特别是20世纪90年代以来拉美地区大部分国家进入文人上台执政的民主化新时期，政府将该政策视为实现社会融入目标的国家行政行为。

（二）拉美国家设立的土地"合法化"项目特点

项目的制定与实施过程复杂多样，尤其是在相关立法史较长的国家，一些国家经历了立、废而又立的过程，已有几十年历史。另一些国家立法较晚，仅以市或省开展，或国家行政机构主导，但却没能完成项目目标。包括秘鲁、墨西哥等20世纪六七十年代起即开展合法化项目的先行国家，相关政策的黄金期出现在90年代。其他国家，如委内瑞拉等较晚开展土地合法化政策的国家，早期多以城市规划改善计划为主。

合法化政策的开展有所不同。一些项目通过专门法律或法令，在法律框架下开展；另一些项目和计划目标与大规模解决非正规住宅不同，而加入不同层级政府的参与并获得相应项目资源。一些进程，如委内瑞拉，还在探索使用法律与法律修改，而其他国家，如经验较多的秘鲁等，已经通过修改法律框架而增加项目的可使用范围。

（三）行政行为解决非正规地区人口的政策经验

非正规人口问题作为政府行为的主要行政相对人，在近几十年来，主要以通过为其提供非规划土地及其附属非规划城市建筑物进行合法化手续办理，为非正规住宅补建、完善城市基础设施服务为主。这两种方

---

① 参见 Hernández de Soto, *El Otro Sendero*, Buenos Aires, Editorial Sudamericana, 1987 和 *El Misterio del Capital*, Buenos Aires, Editorial Sudamericana, 2003。

式，将聚居其中的非正规住宅内人口纳入城市管理，他们因此获得城市基本权利保障。墨西哥政府实施了土地所有权规范项目，同时以低价城市开发（建设）储备用地，作为合法供给的协调性政策。截至 1982 年，这一制度建立 9 年以来，通过土地所有权规范项目进行合法化的土地达到 7000 公顷，大约占联邦区村社土地的 25%。[①]

土地所有权规范项目的执行范围仅限于被侵占区域的土地的合法化工作，自由空间的规划安排。这一政策主要用于因城市人口的增长，在已规划区域持续出现非正规居民住宅用地问题。因此这一政策解决机制的形成，是非正规用地行为的结果。由于侵占等因素的城市非法人口规模过大引发的城市综合问题，需要从规划维度建立解决机制。

政府在进行城市规划中，对侵占行为付出了很多政策及执行方面的努力，但却没能根本性解决侵占问题。[②] 虽然依法建立了土地所有权规范项目机制，但应对非正规人口模式以及解决非正规地区安全问题上仍显不足。所有非正规人口规模仍在增长，城市非正规住宅区域仍在扩大。

对非正规土地合法化的政府行政目标是，在一定时期内，限制超大规模城市的人口数量。地区对超大城市（主要是拉美国家首都）人口控制的立法、行政措施较多，除非正规住宅合法化项目外，还包括对租住、买卖房屋法律的建立与修改，目的是通过不同城市立法，应对人口增长及不断进入城市人口对城市规划发展及公共服务造成的过大压力。墨西哥城土地规划以特别名录的方式将人口管理纳入其中，通过对城市土地使用的生态价值等规定进行严格规范。城市地区的大部分区域源自城市南部农村土地转化过来的，包含大部分的山区土地，均可纳入城市开发储备用地。

---

① Secretaría del Desarrollo Urbano y Vivienda, Gobierno del Distrito Federal, Consejo de Desarrollo Urbano Sustentable, http：//www. iztapalapa. cdmx. gob. mx/transparencia/121/ⅪX/dgdd-AU-16. pdf.

② Secretaría del Desarrollo Urbano y Vivienda, Gobierno del Distrito Federal, Consejo de Desarrollo Urbano Sustentable, Disponible en http：//www. iztapalapa. cdmx. gob. mx/transparencia/121/ⅪX/dgdd-AU-16. pdf. PAOT (Procuraduría ambiental y del ordenamiento territorial del D. F), Asentamientos irregulares en suelo de conservación, http：//www. paot. org. mx/centro/temas/suelo/docpaot/asentamientos. pdf。

（四）非正规用地合法化项目的实际执行效果

拉美地区所有权规范项目和城市和/或环境或部门性改善项目，呈现项目日趋一体化特点（一些项目规划中设立了第二步住宅项目计划，如厄瓜多尔；并增加街区改善规定内容）。项目的执行，部分实现了社会参与，并实现了在主导项目或项目框架中的一般性社会参与。例如，哥伦比亚土地管理规划与巴西城市宪章等。这些项目模式仍以规范投资者行为为主。值得肯定的是，国家或地方政府引入了创新性政策，接受了国际或双边融资机构提出的建议，特别是美洲开发银行和世界银行的研究成果。这样，项目外部融资行为，对项目本身条款制定产生了更多影响。然而，上述金融组织意见并不适用各国国情，且方法的施用也因国家不同，成效各异。比如在秘鲁的国家项目中就因为国际因素最终导致项目的失败。[1] 同时，由世界银行在拉美及加勒比地区主导的"消除贫困"（Alivio a la pobreza）运动，[2] 在危地马拉等国家的城市地区，完成了若干所有权合法化项目。

在街区合法化项目中，包括规划类和所有权转化两类项目。值得肯定的是，规划类合法化项目关注了城市环境内容。少数城市规划项目中，出现了具体的环境条款；但在所有权合法类的项目中，并未涉及这方面规定。环境可持续虽被多数环境学者和立法学者视为城市规划法的重要内容，可在这类执行性很高、拉美国家广泛使用的两类合法化项目中，却不是立项重点。[3] 因此，拉美国家的规划立法，基于项目而规定以灵活的方式执行法律审批手续，然而建设法令、规划法和城市基础设施建设标准在城市部门的行政过程中，并未真正以"灵活"的方式逐条适用，在非正规住宅改善类项目中的法律执行也不能体现立法初衷。但是巴西

---

[1]　参见 Nora Clichevsky，"Regularizando la Informalidad del Suelo en América Latina y el Caribe. Una evaluación sobre la base de 13 países y 71 programas"，*Santiago de Chile*，*Serie Manuales* N. 50，CEPAL/ Naciones Unidas，2006。

[2]　参见 Nora Clinchevsky，"Regularizando la Informalidad del Suelo en América Latina y el Caribe. Una evaluación sobre la base de 13 países y 71 programas"，*Santiago de Chile*，*Serie Manuales* N. 50，CEPAL/ Naciones Unidas，2006。

[3]　Nora Clinchevsky，"Infromalidad y Regularización del Suelo Urbano en América Latina，Algunas Refrexiones"，de *la Revisata Estudos Urbanos e Regionais*，V. 9 N. 2/Novembro，2007.

是个特例。城市规划领域已经形成适用法律的灵活机制：对包括《城市章程》在内的国家法规，在这些城市贫困地区"允许"有区别于城市其他地区的不同执行办法。

规划外城市土地的合法化政策，根据所在国别和项目不同，居民需满足不同规定。通常包括：满足在侵占区域居住一定时长（在秘鲁等国，如侵占为条件艰苦地区，则不满足项目规定时长也可合法获得法律认可）；在本国无其他房产所有权（这一内容很难查证，拉美地区很多国家都存在现有土地登记信息不全、未全国联网等问题）；是家庭的大家长（将所有权授予家中女主人，存在相应性别平等保护政策的情况）；在该国无贷款或债务。一些条件并不利于改善贫困人口在城市中的社会边缘地位。如要求有至少一种支付能力，即申请人有固定收入。但居住在非法占有区的部分人口（贫困或赤贫人口）中，相当一部分为非正规就业群体，他们被排除在了上述两类所有权合法化项目外。但地区也有个别项目，将合法化手续金额设为象征性价格，还有一类项目将付款作为完全附加型条款。一些立法领域的进步并未带来城市管理的有效，甚至作用相左，如巴西《城市章程》立法内容新颖，却缺乏可执行性，行政效果甚微，未能实现立法目标。

拉美的法治化在城市规划立法方面逐步实现，制度可操作性也在不断完善。虽然普遍的非正规城市住宅建设问题一直困扰着拉美地区的城市发展，但越来越多的土地规制法律制度建设也因此逐渐形成。政策趋势包括：城市非正规住宅及其对拉美城市规划和发展的影响力提升；非正规（informalidad）住宅对城市规划法律制度的影响提升。这引发了学界讨论：现有制度是否能保障在不同时代背景下非正规住宅中居住人口，这一法律保障是否有助于所有权的公平？私人所有权①是唯一能保障这类住宅合法所有的法律制度吗？上述为公众对行政部门政策执行的主要困惑。

此外，非法土地合法化政策执行后的问题也值得注意。部分城市土地合法化政策执行后，已经拥有合法城市住宅身份的贫困人口，选择以

---

① 这里的私人所有权是指特定个人的所有形式，及所有权执行时的排他性。

出售房产、不支付城市公共服务支出，并继续居住在其他非正规住宅的行为广泛存在。也就是说，合法化政策并不能解决贫困问题，而非正规住宅人口大都由于贫困，无力承担城市房屋合法化后增加的城市公共服务支出。

很多城市规划法规改革仍在进行中，执行原则仍在集体与个人权利博弈中摇摆：个人权利优先的深厚地区法律传统，在面对公共利益和集体利益（interes genereal）时，绝对个人权利存在规划治理困难。法律设计的初衷是以新的制度工具，推动城市生活质量和城市竞争力，然而土地政府（Gobierno del territorio），在城市（土地）市场交易中虽起到重要引导作用，却也同时造成该市场对个体公民的不公平。城市发展并未获得国家规划的政策支持。多数拉美国家开启了城市规划地方法治化的政策实践。地方层面尝试平衡国家与市场、国家与社会两重利益关系。尝试提升行政手段和土地管理的政策协同效应，促进城市发展。如：在巴西和哥伦比亚，两国都在尝试土地政府和建筑空间城市规划的国家法治化路线，明确土地管理的目标和政策。执行的法律依据是：哥伦比亚1997年《第388法》以及巴西《城市章程》。两法均明确了平衡利益关系和促进发展的目标。在机制化帮助下，两国建立了土地管理"所有权的可行性规划行政，丰富了城市规划土地市场的执行机制性办法"。[1]

二　农村土地纳入城市规划

正规市场接纳城市非正规土地纳入市场的法律程序，在复合制和单一制国家的发展存在近似性和差异性：（1）墨西哥，改革加强了个人土地所有权，维持既有集体所有权。（2）秘鲁，开展大量城市非正规地区合法化。

（一）墨西哥：村社土地私有化

不同于个人土地所有权，由于村社或集体制下的土地所有权不归个

---

① Claudia Acosta, "Trajetorias Da Regulação Urbanística À Luz Das Fases Do Desenvolvimento Na América Latina", O documento da CEPAL denominado *Urbanización en perspectiva" citado na bibliografia apresenta um amplo analise demográfico da trajetória da America Latina desde* 1950 ate 2010. 2012, pp. 6 – 7.

人所有，使土地市场所有权流转受到制约。这不利于土地市场发展。这些改革始于农村地区。随后，在城市土地市场中，由于需占有原农村土地而进行的城市新增用地所有权也涉及农村土地所有权问题。也就是说，墨西哥的农村土地法改革也是城市规划法律体系发展的重要部分。

在这类法律改革中，最重要的是，集体土地的确权问题以及城市领域相关的实施面积问题。根据墨西哥现行《宪法》（1917 年颁布），农村地区农业改革源于 20 世纪初墨西哥革命。在墨西哥，除个人私有土地所有形式外，还有公共所有。根据《土地法》规定共有 3 级：社会所有以及村社和共同体所有。这类所有权的建立是为了保护农村地区农民和印第安共同体所在土地的秩序，也是土地商业化的最严格限制的领域。

随着城市的增加，很多村社土地已成为城市发展地区或城市延伸的储备用地。村社时常作为城市市场土地提供方，但由于其法律性质和农村用地的法律用途限制，并不能通过正当的法律程序实现村社土地向城市用地的转化。1950—1992 年，城市实际上已延伸至村社土地上，然而城市这些地区的土地流转虽有事实行为，却不符合当时的城市法律条款及《土地法》规定，而产生了很多联合所有权或非正规所有权的土地。为此，自 1974 年，墨西哥就开始了土地所有权正规化委员会（CORETT）项目，调整国家城市地区所有权的法律争议，将社会所有（村社和共同体）的土地上兴建的非正规住宅进行合法化所有权规制。

1992 年通过的宪法改革，彻底解决了共同体土地参与正规土地市场交易的法律困境。宪法修改中，明确承认了村社农民对其耕地的权利并赋予村社农民更便利的条件的决定权，自由确认其所有土地的使用目的。这为这些农村土地的私有化，也为村社个体买卖土地提供了法律条件，允许共同体所有土地进入市场，成为正规土地来源。这一宪法改革，对村社所有权施行了个人化，并在 1992—2006 年的系列法律项目中实施。墨西哥全国有 26000 个村社实现了所有权的个体化，约占国家所有村舍比例的 90%（全国村舍总数约为 29000 个）。

（二）秘鲁：通过所有权或使用权授予实现规划外城市非正规治理

有关非正规土地市场，有一个对世界产生广泛影响的范例——秘鲁。"不稳定住宅公共土地权项目"系秘鲁开展的一系列为非正规住宅进行房屋所有权和土地使用权及所有权的确权项目。1996 年，时任秘鲁总统藤森设立非正规所有权合法化部（la Comisión para la Formalización de la Propiedad Informal），专门负责此类项目的实施。此类项目基于当时的经济状况，就所有权转换的住宅确权，更进一步是对有关不动产资本的法律性质认定。据此，将其纳入正规性质的经济权利。例如，使用所有权作为在银行体系获得信贷的担保（包括标的范围、等级土地和建筑物）。1996—2006 年，秘鲁共计受理了 100 万平方米该类土地性质认定，其中 1/3 为利马城周围，是非正规土地的集中地区。[①]

对土地的确权提升了城市规划与管理行为的合法性，但由于城市公共服务供给能力不足，难以为合法化政策提供下一步的城市管理。经验表明，土地确权是应对贫困的措施之一，确权有利于增加银行对贫困家庭的信贷服务提供。这一结果，获得了法律机构支持和政府透明行政的保障。正规市场的机制强化，有利于良法的发展，以及对于秘鲁的城市土地、非正规市场的控制。但这一政策并不以改变人口贫困状况为目标，而是一个市场的法律改革。这样，从条款看，只有国家城市土地市场发展了，新实施的城市规划法才能对市场有重要的规制作用。而缺乏土地管理和城市规划具体内容的法律框架，则增加了区划行为的政府管理。

三　城市公共服务的提供与土地管理

（一）城市规划与城市公共服务实施现状

拉美地区国家的城市规划和管理没有政府机构的垄断。相反，非政府机构和行为在公共政策程序之外的影响力却对拉美和第三世界主要城市的发展有着重要影响。部分环保、人权等领域的非政府组织、居住在非正规住宅中的贫困人群，在国家机制之外影响城市规划和管理的立法、行政结构和政策，造成了国家的规划立法机制和城市功能作用的相对低

---

① 参见 Clichevsky N., "Regularizando la Informalidad del Suelo en América Latina y el Caribe. Una evaluación sobre la base de 13 países y 71 programas", *Santiago de Chile*, *Serie Manuales* N. 50, CEPAL/Naciones Unidas, 2006。

效。至 20 世纪 90 年代，国家主导的城市发展失败的例证比比皆是。① 这不是简单的公共基础设施的瘫痪、服务的下降，或者管理的低效，这些仅仅是表象和缩影。实际是非政府机构对国家行政机构在依法行使城市规划与城市管理权的过程中，在大多数第三世界国家，包括拉美地区，多数的住房、交通、就业和贸易等活动都发生在国家机构管辖范围以外。②

这种情况需要城市管理部门创造性地开展城市管理，超越经济、财政和政治治理思路。其中，非政府机构的作用仍待讨论。城市行政治理有助于机制发展，应对更多城市发展问题。事实上，拉美地区已经不再是事事依赖政府或者某个机构："对社会机构的态度转变、非政府组织的建设性作用、非集权化进程，以及地方政府作用的提升已经预示着更加综合的关系"出现在社会与政府之间。

拉美有创造性和地区特色的依法行政模式有："聚合"。即从老的模式中创新变形出新模式，然后将普遍的理论和概念再细化成符合地区的模式和理念，最终根据拉美现实将其变成有解释力的具体模式。③ 随着治理的转型、信息技术的发展、社会思潮和现实的变化、全球化、跨国行为和当今世界上的各种新事物深刻和全面地影响拉美的行政治理行为。此外，这些因素在拉美大陆相互作用，拉美学者提出了"关联网络"（associative network）概念，作为城市治理模式的核心。④ 有学者用关联（associative）解释新机制出现的代表性、依赖性、能动性和非无序性。关联或者联系主义（associationism）都源自现代社会和政治组织的两个重要

① 参见 https：//www. researchgate. net/publication/310173428_Models_of_Urban_Governance_and_Planning_in_Latin_America_and_the_United_States_Associationism_Regime_Theory_and_Communicative_Action#：~：text = This% 20article% 20discusses% 20two% 20main% 20urban% 20governance% 20models，the% 20implications% 20of% 20those% 20models% 20in% 20planning% 20theory。

② McCarney Halfani, "The Governance of Urban Development in Latin America", *Paper for international Workshop on Local Governance second Annual Meeting Makati*, 1995.

③ Calderón J., "Políticas de Regularización y Mejoramiento Urbano en América Latina", Cambridge, Massachusetts, Lincoln Institute of Land Policy（LILP），2003, p. 35.

④ Douglas A. Chalmers, *The New Politics of Inequality in Latin America：Rethinking Participation and Representation*, Oxford University Press, 1997.

原则：等级制度与权力和依附性的关系；市场和微小机构间的竞争关系。在这个机制下，网络指社会团体之间的相互关系，是对公共决策和政策的影响因素，参与者在规范指导下推动该相互关系良性发展。所以，"关联网络"的适用定义是众多参与者一起形成公共政策，这一行政结构模式是没有等级的结构。"关联网络"联系了国家与社会的各个部分，但是"关联网络"的发展不替代市民社会的发展，仅仅是社会组织"关联网络"与国家进行关于治理的对接。

"关联网络"概念是包括实用主义在内的灵活适应与非常严肃和繁杂的民主结合的可能性。每个"关联网络"的特征是：具有机构、个人和其他参与者间的互动和差异性。这类网络的职能是：在对待问题、决策规则、参与者和机会变化等方面进行介入和社会治理。最重要的是，网络通过对建议、理念和诉求的争论和协商强化共识性认知。因此，"关联网络"又开启了沟通行为计划理论。基于上述"关联网络"的特点，它非常适合第三世界的情况，即"关联网络"可以用来弥合资源不平等带来的不同参与者之间的矛盾，可以提供更多避免使用强制力和竞争的问题解决办法，减少参与者之间的不公平。

不同于民粹主义不同利益群体相互竞争，并通过政治压力进行国家决策的模式，相互作用的形式是在"关联网络"内国家和社会其他成员之间通过公开程序获得参与权，利益在参与程序中获得重新界定。在"关联网络"中，对于任何团体和个体来说，挑战性的任务是界定或者重组其身份和目标，并通过与他人的互动，最终达成集体的决定。查莫斯等（Chalmers et al.）认为这样的城市治理模式的现实意义有三个方面的进步：建立相对稳定和有效的政府；有助于克服拉美的极端不平衡；为有效的参与提供空间。要使该模式能够促进稳定、重建正义、民主参与有以下三点：第一，组织和程序，可以协调多方决策中心和应变的网络；第二，权力框架，为规划行为参与者提供"城市规划的关联网络"；第三，部门战略公开、透明，尽可能地通过程序性民主避免新规范的失误。

上述要求有些可以通过立法实现，但是真正实现还要价值观、规范和理念的调整，即改变传统。这必然会在市民、政府和规划实施之间产生新的难题和利益竞合。尽管会形成巨大的挑战，一些拉美的案例却已证成这样治理的可行性。例如，城市规划参与行为，一方面推动了法律制度的进步。另一方面，因为这个过程包含了社会运动，还取得了地方治理实践的民主化。这样的参与实践，还为规划立法与行政以外的领域带来积极影响，削弱了侍从主义、经济赞助和新民粹主义。对不同形式的霸权政治有打击性作用，也削弱了技术统治论。巴西阿雷格里港参与预算的案例是这方面的例证。① 如果将上述参与行为对规划的影响进行分类，拉美国家的参与性规划行为主要有三方面作用。第一，以波哥大、麦德林、卡塔赫纳、里约热内卢、阿雷格里港、萨尔瓦多、累西腓、圣地亚哥、康塞普西翁、科尔多瓦、罗萨里奥、亚松森和库里提巴为代表，所做的努力包括起草或者修改战略规划。第二，以圣何塞、基多、圭亚那城为代表，通过促进城市和经济转型，以及公私部门合作，来实施多方参与的大都市和地区发展规划。第三，蒙特雷（墨西哥）、布宜诺斯艾利斯、里约热内卢、圣保罗、波哥大（哥伦比亚）、利马和库里提巴等城市通过国际城市开拓市场、城市改造、市中心重振等措施寻求经济发展。②

上述拉美不同国家的城市规划与管理实践，实现了积极的理论和现实影响，也对规划法律框架之外的政治、经济乃至社会关系领域产生了积极的影响，得到学界的重视。尤其是在政治角度，城市规划政策犹如"关联网络"的观念，与美国政治学家克拉伦斯·N. 司顿（Clarence N. Stone）就城市治理提出的政权政治理论有着近似表述。推动了城市政策的学理解释发展。从社会学角度，此概念与曼纽尔·卡斯特（Manuel Castells）"网络社会"的概念有异曲同工之处。同时，还有"权力网络"的概念。而在城市规划法实施领域，这种制度的政策间与实践的行政部门间的"关联网络"正在不断发展，是规划立法体制发展的关键性推动因素和重要环节。

---

① Fedozzi, L., "Práticas inovadoras de gestão urbana: o paradigma participativo", *Revista Paranaense de Desenvolvimento*, *Curitiba*, No. 100.

② Fedozzi, L., "Práticas inovadoras de gestão urbana: o paradigma participativo", *Revista Paranaense de Desenvolvimento*, *Curitiba*, No. 100.

（二）政府在城市规划法框架下解决城市交通问题——以墨西哥为例

城市规划行为牵一发而动全身，单一部门已很难解决规划与发展问题。在城市规划法发展中，墨西哥城的交通管理，即通过反思治理城市交通的制度问题，理清过去主要集中在交通基础设施建设领域，而未能对公共交通体系有效性给予足够重视的治理理念问题，并结合其他城市规划领域，进行法律实施、政策制定、城市建设与改造结合的综合治理。

墨西哥城位列世界最大城市之一。城市人口和面积的不断增长让交通拥堵严重制约城市发展。政府提出了一系列交通解决办法，以城市发展一体化战略为出发点，考虑环境影响和可持续交通等多方面因素。在20世纪70年代以来的都市区的部门政策方面，面对建筑和人口扩张，政府规划中，交通方面的重点在于主要道路规划以及道路工程的建设。①

很快城市管理部门意识到，不断延长的公路并不能解决拥堵问题。规划解决交通拥堵，不仅需要新增道路建设规划，更要解决规划进程被差异化执行的问题。城市道路建设有利于城市地区发展，但过度发展则会造成城市、城市圈的不可控增长。在提升城市居民出行便利、提高城市生活水平时，部分城市政府采取了提振地区汽车工业措施，鼓励汽车的大规模使用，却加剧了城市交通拥堵，还带来了环保和城市不断扩大等问题。在随后的10年，墨西哥公共交通政策摒弃了这一政策思路，因为大规模交通基础设施建设只会刺激私人小汽车用量。

但短时间提升城市公共交通的单一政策不能满足不断发展的城市生活要求以及不断增长的城市面积和人口。因此，在20世纪80年代末，墨西哥城不得不寻找一体化解决机制。政策的缺乏以及交通一体化规划的不足，引起了交通管理问题以及公共政策困境，为居民出行带来了不便，同时增加了环境和基础设施的公共投资。城市交通规划的新目标因此形成共识：应该有城市群土地规划、人口规划和污染防治的整体规划。同时，聚焦可持续发展的环境规划也纳入交通和大部分城市规划领域法律规定条款。

---

① V. Islas, "Llegando tarde al compromiso: la crisis del transporte en la ciudad de México", México, Ed. El Colegio de México, 2000.

这样的规划机制主要以城市管理为中心，在城市交通领域，城市规划法规建设通过规范交通和道路秘书处职责，建立交通和道路一体化规划。当时，墨西哥已提出了一系列面对当前城市交通政策：制定城市交通和道路一体化规划，具有代表性的墨西哥城 2001—2006 年交通和道路一体化规划，提出了五条核心：（1）交通体系：优化公共交通；（2）道路基础设施：道路网络优化与实施为主；（3）法律框架：法律、法规、规则与程序的条款执行；（4）组织结构：跨部门协作为主；（5）协助体系：为了帮助和完善规划政策整体执行，控制交通流量。

2001—2006 年，墨西哥交通规划的最大特点是，不以道路建设为首要措施，转而以支持城市发展规划；放弃满足城市交通的直观目标，转而以一体化、多领域为规划目标，主要包括推动中心地区人口的大规模拥堵缓解，保护储备土地，地块土地使用功能的混合与效率提升。在这些方面，从住宅密集区道路通行能力，到城市多功能活动地区交通能力均实现了显著提升。主要以提升基础设施利用率，改善道路安全性和连接性为政策内容实现。对于居民来说，交通便利性的提升远比人均道路公里数提升更为重要。而公共交通能力的提升，则改观了居民及非居民对城市规划与管理政策的认可度，实现了环境服务和城市污染治理的规划与管理。

城市交通问题并非单一地方行政机构职责，首都区的规划亦联系着国家发展与周边地区利益。因此都市管理规划应以多层次政府行政合作为发展方向。这些内容的实现需要已存在的规划实施机制的实现。同时也需要都市管理规划，在中央、联邦和首都区等多层次的合作，这类协作最早于 1997 年提出，主要目标在于：

（1）减少城市地区增长速率，支持多样化发展，在城市黄金区（corona）和国家其他区域；

（2）控制联邦区人口，有效减少墨西哥州城市圈增长；

（3）避免城市发展侵占自然区、湿地区、林区以及风景保护区；

（4）利用历史性资源，通过改造和修缮增加城市功能。

城市交通管理经验是城市发展规划的制定依据。2003 年，墨西哥就依据前几年交通问题管理经验，将如何保护相关城市储备用地纳入城市发展总规划：

第一，保护用于交通目的土地，通过不适用道路权利以及航空及地下所需的一体化建设，这些土地将用于拓宽和建设新初级道路基础设施工程，以及现有支持性和水泥结构的使用。

第二，公共和私人交通使用者间的转化，缓解有中期和长期道路矛盾地区。同时减少初级道路的不足，减少通勤时间，减少由汽车带来的污染。因此，大力发展公共交通是墨西哥在道路领域城市规划的重点，基础设施现代化主要通过建设、拓宽、调整、优化初级道路，以缓解最严重路口拥堵，重新规划公共交通服务现有结构，不仅通过政府行为，允许受影响者的参与，开展交通者受影响者的参与，为了更好的空间分布和不同公共交通间的接驳，有效促进城市交通发展。

为此，2002—2010 年墨西哥山谷都市区空气质量改善项目［el Programa para Mejorar la Calidad del Aire en la Zona Metropolitana del Valle de MéXIco, 2002 – 2010（Proaire 2002 – 2010）］，由墨西哥政府、联邦政府以及联邦区政府三级间，以城市交通讨论会形式，协调如何减少交通对城市的影响并提高空气质量，发展公共交通并降低公共交通污染。包容性交通规划向可持续方向发展，城市规划新秩序的交通及其基础设施建设注重交通改善的有效性。[①]

具体的交通条件改善措施内容广泛，例如，为了提升道路交通的流通速度，改善基础设施并增加道路标识。在减少行驶每公里污染的同时提升公共交通运力，引入有利于环境的技术和燃料。强化车辆检验，对污染车辆施行报废和置换，提升运力。减少人均出行成本，增加运程运量等。[②]

跨部门规划机制的建立与共同工作，有利于交通发展，但并非仅仅

① 参见 "Líneas estratégicas y políticas del Programa Integral de Transporte y Vialidad"，Fuente：elaboración propia con datos del PITV。

② Natalie Rosales Pérez， "Nuevos Desafíos de la Planeación Urbana：Pautas para la Instrumentación de los Principios de Sostenibilidad Y Su Aplicación al Programa de Desarrollo Urbano de la Ciudad de MéXIco"，Universidad Complutense de Madrid，Facultad de Geografía E Historia，Tesis Doctoral，2013，p. 233.

由交通部门实现，而需要城市整体交通水平提升，改善城市结构、细化环境标准及与交通相关的环保执行措施，将其纳入交通和道路一体化规划中（如2002—2006年版规划）作为参与指南，对多样化公共交通进行政府引导，通过提升公共交通能力切实吸引居民使用；并通过宣传公共交通，促进环保内容的推广，促进城市新秩序的建立，恢复公共空间，实现交通出行的便利与可选择性。①

城市交通规划实现，是公共利益的提升和对公民城市权的保护的成果。一方面提升了居民生活水平，保护了公民基本利益；另一方面通过提升交通减少污染，保护环境，保障了居民健康环境权。

（三）便利餐馆在住宅区的审批

随着城市化的发展便利餐馆重要性不断提高，在城市中也逐渐列入到了规划的范畴。快餐馆开设在住宅区，需获得所在住宅区的便利餐馆开设许可。便利餐馆在给住宅区带来便利的同时也可能会带来一些问题。例如，便利餐馆有时也会影响到周边的邻居，主要是进出营业场所的交通、晚上经营存在灯光、聚会噪声及社会治安等风险性因素，居民生活可能受到的干扰和垃圾的问题等。一些拉美国家通过多维管理的途径解决此类问题。代表性、有效的管理方法是要求申请经营的公司具有处理上述问题的能力，通过实施必要管理减少上述不良影响。如乌拉圭要求：（1）建筑要低矮不影响住宅区的性能；（2）要与住宅区有17米距离，并用3米宽的绿化带隔开，以尽量减少便利餐馆对住宅区的影响；（3）便利餐馆对住宅区不能有任何遮挡；（4）隔离带要用1.8米的木质栅栏，并与居民区的标准栅栏相一致；（5）严格规定只能用标准栅栏和绿色隔离带；（6）灯光的设置要避免照射到邻近的居民区；（7）便利店的维护也要严格遵守这些要求，同时要求有妥善的垃圾处理能力。②

---

① Gobierno del Distrito Federal, *Programa Integral de Transportes y Vialidad 2010*, México, Gaceta Oficialdel Distrito Federal-Gobierno del Distrito Federal, 2010.

② Fernandes E., "Programas de Regularización de la Tenencia de la Tierra Urbana y Pobreza Urbana en Latinoamérica", *Revista Vivienda Popular*, N.12, Facultad de Arquitectura, Montevideo, Agosto de 2003.

四　城市规划土地管理执行效果与挑战

土地管理过程的实现需要成文法将其纳入相关的法律框架下，还要有规划和多级政府行政支持。同时要求社会的民主参与和规划预期与战略。拉美地区的城市土地管理法律规范不断发展，已形成了理论框架，并制定出了一系列法律、政策、计划、方法和技术指引、信息体系，并确立了市民参与机制的立法化。纵观几十年来拉美地区城市土地管理的行政执行经验，通过土地管理领域法律解决土地和环境问题的行政能力有限。

（一）阿根廷规范城市用地法律实施的评价

阿根廷规范城市用地和城市土地转让法律内容实施过程引起了学术界的关注，南美学者费尔南德斯（Fernandes E.）教授综合了学界的看法[①]，评述如下：

（1）阿根廷第 3.736 号法作为规范城市规划中优先城市地区的法律，明确了对住宅区的规定。根据该法，大量现有住宅都属于非城市规划建筑。因此，住宅周边环境、小区建筑物及基础设施等都低于对城市居住区条件的规划规定。这使该法在制定后面临执行难的复杂境地。根据条款，要求区县承担规划起草职责，确立土地使用用途。作为土地所有者，国家政府在包括政策、融资和行政管理等方面面临执行困难。

（2）关于征用的法律，最早是民法典中的法律机制，是协调基础设施建设和集体设备建设用地与城市土地所有权关系，在获得政府领导层共识后，允许将土地交予需占用部门的法律。征用行为在经济上有利于土地所有者，通过放弃所有权，他们将获得可观的赔偿。同时，所在地区其他非征用土地价值，随着城市规划设施的完善而提升。这一机制保障居民不被驱离，却没对占有行为进行专门规定，也没有明确转让的最终支配权，这些缺陷导致立法保障内容不完善。

---

① Fernandes E.，"Programas de Regularización de la Tenencia de la Tierra Urbana y Pobreza Urbana en Latinoamérica"，*Revista Vivienda Popular*，N.12，Facultad de Arquitectura，Montevideo，Agosto de 2003.

（3）20 年事实占有土地获所有权及转让权的规定：私人占用土地，若占有者对土地连续占有时间满 20 年且原支配者并未就所有权进行申诉时，占有者获得土地所有权。这需要法律确认"时效继承"机制。这一机制不包括城市规划用地，仅适用于被占用私人土地的法律处置。

（4）第 24.374 号法是国家层面立法，在各省执行情况各异，但在首都布宜诺斯艾利斯市没有相关实施机制。基于"20 年期限"立法原则，允许支配权转让，满 10 年要求即可进行支配权转让。适用"简要时效继承"原则。其特殊性在于通过行政程序启动转让，而不是按照该法规定的所有权转让需启动法定程序。但这两类转让中，不涉及对土地最低基础设施或集体性设施用地适用性条款。

（二）城市规划法中的环境保护与可持续发展实施——以墨西哥为例

1. 可持续发展纳入城市规划

直到 1997 年，墨西哥联邦区仍保持着与墨西哥其他联邦实体不同法律行政现状。这一时期，行政领域，公民社会运动的日趋频繁，促进一系列联邦区民主化改革。这样地方行政和地方选举权被取消，联邦区行政长官由共和国总统任命，首都获得独立的政府和相应的立法机关——有立法职能的地方议会。

自 1997 年起，新的社会部门以及社会资金进入墨西哥首都的城市规划领域。在政治、经济和社会行为体的讨论，围绕参与集体行为途径等问题展开。其中，公众参与作为所有行为问题的核心，而可持续发展成为所有目标的中心，作为不同秘书处和规划机构的共同目标，运用在了城市发展管理与调控政策中。

公众参与和可持续发展成为墨西哥城市规划领域行政的标准，因此，在法律领域，城市规划相关立法也开始将环境保护、城市交通、市民参与等作为执法重点，通过信访室，实现对城市行政机构的监督。

可持续发展也被写入不同的现行规划和计划中，始于联邦区发展总规划，它是部门、机构性以及特别规划的制定依据。以 2007—2012 年联邦区发展总规划为例，其目标是："保障城市在短期、中期和长期的可持续（发展）；同时，改善居住和城市面貌，促进环境问题相关的城市参与途径简化。"① 在此背景下，可持续发展问题的规划设立了七个战略性目标：（1）政策改革（全面城市权和居住权保障）；（2）平等权；（3）实现公民一定预期；（4）安全与公正；（5）促进有竞争力和包容的经济；（6）文化活动集中；（7）可持续发展与长期发展协调。

政府设立城市新秩序：提供提升所有人生活质量的有效服务。在多个城市发展总规划中，目标机制围绕"提高城市人口和城市农村人口生活质量，在国家一体化和地区平衡发展框架下，通过城市可持续发展规划，土地规划，来推动经济的发展以及社会不平等现象的减少"② 等内容展开。由此看出，墨西哥城市规划的执行力求机制一体化和目标可持续发展两大原则。

在可持续发展不断深入城市规划领域时，新机制的建立对城市可持续发展的制度目标，起到了推动作用。例如，环境秘书处，通过绿色计划的规划，建立如下目标："改变主要进程、引起墨西哥城生活质量退化的现象，将城市生活带向可持续发展道路。"③

此外，环境问题和气候变化都是可持续发展的核心关切，相关机构建立了墨西哥都市区环境可持续日程（la Agenda de Sustentabilidad Ambiental de la Zona Metropolitana del Valle de México，ASAZMVM）机制，这也是墨西哥城气候行动计划内容（el Programa de Acción Climática de la Ciudad de México，PACCM）。

公民权领域的讨论促进了相关的行政机制发展。例如 2008 年 7 月，城市发展和住宅秘书处成立了可持续城市发展委员会，该委员会的工作重心在 2003 年规划基础上，为 2009 年城市发展总规划商讨议程提供参与机制。④ 城市规划的发展是政府指导的前提，近几个世纪以来的传统规划

---

① 参见 Secretaría de Desarrollo Urbano y Vivienda, Disponible en：https：//seduvi. cdmx. gob. mx/。

② 参见 Gobierno del Distrito Federal, *Programa General de Desarrollo Urbano del Distrito Federal* 2003, México. Gaceta Oficial del Distrito Federal-Gobierno del Distrito Federal, 2003。

③ 参见 Gobierno del Distrito Federal, *Plan Verde*, Acciones de alto impacto para una ciudad con futuro, México, 2007, Disponible en http：// www. planverde. cdmx. gob. mx。

④ Gobierno del Distrito Federal, *Plan Verde*, Acciones de alto impacto para una ciudad con futuro, México, 2007, Disponible en http：// www. planverde. cdmx. gob. mx.

对城市问题的解决已动力不足，需要发展的行政管理以及制度保障推动规划实施。可持续发展，是墨西哥城市规划立法最早提出的立法原则之一，其实现面临着如下三方面不稳定因素：

（1）从墨西哥城市规划整体看，最大问题在于土地的大量买卖，仍主要集中在利益集团手中，主要作为其城市用地储备。

（2）城市地区非正规人口规模增加，在一些城市的储备用地上也出现了非正规居民住宅。

（3）城市行政体系在城市规划领域缺乏立法，行政缺乏立法赋权加剧了社会—空间分化的管理漏洞，也导致城市土地贫富分化。

当代城市土地问题的解决主要依靠城市规划领域的政府行政行为，墨西哥在该领域的尝试在拉美国家中具有代表性。多数拉美政府对非正规土地市场基本采取默许态度，尽管各国经济、政治和社会情况不同。如在巴西，自1979年起非正规土地买卖为违法行为。在尼加拉瓜，土地如通过非法途径交易，将会被没收。在墨西哥，自20世纪50年代起，村社或共同体所有土地就通过合法或不合法以及私自区划等机制被实际性占有，作为"居民区"，特别是在城市周边地区。①

国家在土地实际城市规划区划中，向城市贫困人口倾斜。具体政策形式包括：出售或赠予贫困人口实际占有土地给占有人，有些国家已执行该政策几十年；其他国家，自90年代以来，通过国家改革项目和调整性法规政策，进行公有土地出售政策缓解国家财政赤字。一些政府在该政策执行中，规定一些土地出售对象为贫困人口。②

2. 合法市场职能

合法市场，一方面不可能为城市大部分人口提供不动产买卖空间；另一方面受制于农村土地变更为城市规划用地规范缺失以及难以商业化的窘境。土地市场与各国的经济活力息息相关；与通货膨胀和/或国家经济稳定关系密切；与金融部门职能相互影响；土地市场与国家利率、资

① Nora Clinchevsky, "Infromalidad y Regularización del Suelo Urbano en América Latina, Algunas Refrexiones", de la *Revisata Estudos Urbanos e Regionais*, V. 9, N. 2, Novembro, 2007.

② 参见 Nora Clichevsky, "Tierra fiscal y regularización urbana", Buenos Aires, IDRC-IIED-AL-CONICET, *Informe de Investigación*, 1991。

本准入制度等相互制约；和外贸部门的联系在全球化浪潮后更为紧密，同时连接世界经济。同时，也与住宅、工业、商业和服务业市场紧密相连。

直接规划建设和商业性机构中（所有者、参与者、开发商与城市规划者）以及非直接部门（金融、工业、商业等）更关注对自身职能的规定，通常在有偿付能力时履行职责。此外，不同国家的政治独裁或市场垄断，以及政府和/或市场缺乏透明度，都很难确认谁是真正所有者（使用权人很有可能是"挂名者"），流转的真实价格也难以摸清。这造成了土地市场的停滞（大小所有者），以及大量城市空置区划土地。也恰恰如此，贫困人口总能找到合法住宅的替代土地，正规市场永远不会迫于贫困人口压力而降低利润率。同时，几十年空置土地也大量存在。

依据国家法规，城市土地根据公共服务设施不同，土地"规划建设"定价因此不同（价格通常为农村土地价格，加上公共服务以及区划和登记的合法税费等）。近几十年法律规定中的相关内容并不具体，"规划建设"费用加上平均市场收益，与土地提供价格不符。如农村土地在变更为城市规划用地时，出售价格远低于首次作为城市用地价格。定价方面，由于决定性因素不同，在各历史时期，合理性不足。影响的行政性因素包括：支付和融资可能性、公路网体系等。在近几十年的拉美城市规划发展中，为私人汽车所有者提供了更多便利。城市土地商业化政策，缺乏国家行政行为规范，对行为本身和机构（主要对机构）的规范性约束不足。土地原始所有者只关心价格，即如何能获得更多利益。①

3. 自下而上公众参与城市规划法实践

拉美多国曾有积极的社区和地区城市规划与公众参与相结合的实践。在现行法律制度下，以居民自发，社区参与，市级规划与历史保护部门给予一定支持的方式开展。为实现城市规划立法有效性，公民参与为实现可持续性，一方面以社区主要街道改造为主，另一方面促进社区文化与自有非物质资源的传播，通过网络推动当地游客到访数量，实现项目

---

① Nora Clinchevsky, "Infromalidad y Regularización del Suelo Urbano en América Latina, Algunas Refrexiones", de la *Revisata Estudos Urbanos e Regionais*, V. 9, N. 2, Novembro, 2007.

资金可持续性。同时，由于仅在现有法律框架内开展历史保护与规划发展，成功模式获得了市级政府、历史保护部门、教育部以及旅游和卫生等多部门的支持，也是自下而上地实现公众参与、城市规划多项法律内容的成功经验，改变了过去由政府主导的单一行政模式。

第三节　城市规划法实施问题

一　立法不完备造成无法可依

（一）城市规划法实施缺乏配套政策

拉美国家普遍都有城市规划法，在实施过程中，还是出现了这样或那样的问题。以下以委内瑞拉为例，探讨该问题。委内瑞拉法律体系中，城市规划法的出现是伴随着城市问题纳入宪法体系进程的，国家承担立法、协调和统一相关法律的责任，同时对城市规划管理相关程序与法律承担相应责任。同样，承认所有权和国家权力是具体实施、执行、定责和履行职能的前提，是实现公共和集体利益的行政前提。然而，由于国家权力与职责分由三级行政单位所属：国家、地区和市，各级行政机构权责很难严格区分。

因此需要有效地协调公共实体，就有关城市规划问题进行分工，因为相关内容并不完全为政府行政范围。一大挑战在于要有更好的机构间交流和更高的行政效率。如何将公共诉求和市民需求进行体系化分析，找到解决城市人口问题的途径，以及避免专业力量和公共资源支出重复。此外，每项政策决定，无论制定的行政主体级别高低，都应获得足够的重视。涉及相关土地所有者的责任和权利时，应保障对行政主体的权力的尊重。

然而，城市规划权，涉及城市领域的私有权等行政法之外的法律关系。作为行政法一支，面对不健全的法律、法规、规章和其他地方性规范或国家规范，难以施行。立法不足是难以保障行政程序法律权限的关键因素，也是其他委内瑞拉地方级公共行政管理实施的障碍。地方公共机构行为仅限于解决突出问题和行政性罚款，并没有按城市规划法执行，没能有效解决城市规划问题，也没有城市规划真正与基础设施所有者联系，很难在工程或项目过程中实现规划执行与行政监督。城市规划本身，配套政策脆弱，规划法律体系实施不足。国家虽然拥有土地管理规划、城市管理规划、特别规划和实施纲要，但限于城市规划参与式预算的资金和管理困难。

（二）城市规划中公众参与的具体政策与执行问题

拉美国家城市规划的起草者以专业或技术行政人员为主，缺少在决定规划时咨询公众意见的强制环境，尽管机构宣传是以开放和自愿方式制定规定该政策。在规划条例之间和各部规划间，也缺乏固定的长期目标和规划连续性。在从传统条例性规划向参与式规划过渡中进步缓慢，多数情况仍是专门的或单一部门的主导。

根据法律规定，资金问题在城市规划相关行政参与行为中，主要接受来自三级政府的公共预算支持，但一般这一公共预算长期处于赤字状态。有时会有补充信贷、国际协约支持等，用于不同工程执行，但私人部门（所有者）只会参与城市化进程中与自身相关的公共设施建设，对一体化城市整体建设和可持续性规划发展帮助甚微。

管理公共资源的接收和有效利用，在相应的管理过程中，以及有助于城市投资和私人部门融资促进方面。然而，由于政府机构行政管理程序网络复杂，加之各届政府间缺乏持续性，很难在地市乃至国家层面实现长期有效的城市规划发展政策执行，城市建设与城市问题解决多呈现单一式发展，而行政有效性也由于地方与中央所属不同政党而受到较多阻碍。

因此有学者提出，在未来的城市规划中，城市居民应当实现横向参加公共城市政策的机制，参与各级政府中与城市规划相关政策的制定，作为决策者之一，与行政主体（包括政府和公共机构）共同推动城市发展问题中政策实施有效性以及问题解决新合法办法的实施。

综上可见，规划的制定、规划预算乃至规划实施的管理等多个行政过程中，行政主体并未获得或者创造足够的具体法律政策条件。由于缺乏公众参与的保护性条款，国家基本法与国家城市规划法规定的公众参与权无法在行政过程中完全得到执行。公众参与不仅是规划制定时的行政相对方，更可对规划行为进行监督，有助于法律有效性与政策执行透明的公众管理。但由于缺乏法规依据，这两项公众参与也未能实现。

二　城市规划土地管理实施问题

由于过去几十年造成的不平等，微观经济政策也没有实现为居民提供适当住宅的目标，导致拉美地区居住在不同类型非正规地区人口规模的增长。拉美各国政府在 20 世纪 90 年代开展了住房系列政策，应对城市环境造成的非正规住宅现象，寻求改善和解决城市非正规人口的问题。因此，拉美地区的很多城市的规划和土地管理政策通过土地所有、合法化项目、计划，以及少数预防性政策入手改进，取得了可喜的成就。同时，由于过度重视合法化政策，带来了一系列城市规划法执行的障碍。

（一）对非正规行为法律"规范化"中行政项目设计问题

项目国际参与方的政策影响问题。国际机构参与规划项目的结果是治理贫困还是加剧贫困？是治标还是治本？有些政策对象带有局限性，有些项目只针对一部分贫困人口或仅针对赤贫人口。规范化项目效果与实施目标的分析显示，拉美城市项目的实施从数字上减少了贫困率，部分项目却在城市范围产生了消极影响。例如，占地行为更甚，引发城市设施的紧张，或恶意通过非法手段占地后产生严重的城市环境问题。

施政目标与城市原有政策不匹配问题。规范项目的实施最早是以"合理化"为目标的，希望贫困人口能进入城市规划与合法土地市场，而非针对非正规市场的产生原因——贫困。"规范化"政策的实施离不开地区公共政策的协调，规划条款与地区原有管理政策间，存在政策目标差异。规划条款希望改善城市规划的无序化发展，而城市管理条款则以保护本城市居民（本国）居民为施政原则。根据城市管理规定，非本市和本国居民无权享受城市非正规住宅合法化项目。这也不符合规范化项目促进土地和住宅可获性，进而推动民主化的制度设计初衷。[①] 部分项目设计之初，"依法"产生了歧视性条款。很多国家的此类项目中，不包含将

---

① Fernandes, E., "Programas de Regularización de la Tenencia de la Tierra Urbana y Pobreza Urbana en Latinoamérica", *Revista Vivienda Popular*, No.12, Facultad de Arquitectura, Montevideo, Agosto de 2003.

土地所有权授予外籍公民情况，这在很多拉美地区国家边境城市项目执行中，带来了一系列法律和非法律问题。

项目类别繁多，不利于政策实施及项目覆盖保障。拉美国家按项目涉及的土地类型主要有如下几种。（1）项目针对具有特定地质特点地区如解决遭受洪水灾害的公民住宅问题，这里的公民包含所有居住在上述环境的人口；（2）对特定街区的项目；（3）对特定实验区的项目等。例如，在巴西开展的一个项目，是基于对居住在非正规地区的目标人口进行评估后开展的。在贝伦（Belém）和萨尔瓦多两市，类似合法化项目目标仅为市级居住在非正规地区或住宅中人口的 1.68% 和 1.14%。巴西戈亚尼亚、累西腓、阿雷格里港、里约热内卢和特雷西那市的同类项目则分别覆盖了 9.46%、大于 38%、38%、46% 和 100% 的目标人口。因此，此类合法化目标的立项情况调查十分必要。[1]

相对非正规土地合法化项目，所有权合法化项目惠及人口数量更多。例如，在秘鲁和墨西哥，接受所有权合法化项目的人口比例很高，是拉美地区最高的两国，约 70% 居住在非正规住房人口参与了国家、地方大规模合法化项目。

（二）所有权合法化，大都在公有土地领域实现

很多规范化项目寻求对私人土地占有的合法化，但收效远不如公有土地的实施效果。主要原因在于，国家在处理私有土地上占有行为合法化过程中，执行难，执行方式有限。一类情况为，经法律授权合法化项目首先对私有土地进行征收，在获得土地所有权后，通过合法化手段将所有权转让给占有者；另一种情况为，项目执行者代表行政和法律机构，充当土地所有者和占有者之间的调解人身份。就土地法律上所有权与事实上土地占有行为间矛盾进行调解，使双方最终达成在法律与事实上的一致与合法。但实际执行中，这类涉及私人土地的合法化项目实际解决，仅在秘鲁和墨西哥获得了有限的实际成果。[2]

---

① Nora Clinchevsky, "Infromalidad y Regularización del Suelo Urbano en América Latina, Algunas Refrexiones", de la *Revisata Estudos Urbanos e Regionais*, V. 9, N. 2, Novembro, 2007.

② Nora Clinchevsky, "Infromalidad y Regularización del Suelo Urbano en América Latina, Algunas Refrexiones", de la *Revisata Estudos Urbanos e Regionais*, V. 9, N. 2, Novembro, 2007.

1996 年秘鲁司法部下属非正规所有权规范委员会（la Comisión de Formalización de la Propiedad Informal，COFOPRI），负责设立和执行对全国 17 个大区 78 个省（占秘鲁城市化区域 46%）的合规化国家项目。大规模确权，促进了公民获得实际所有权，在这部分土地进入不动产市场后，增加了居民获得基础设施建设和信贷服务的可能性。[①] 1998 年，国际重建与发展银行（Banco Internacional de Reconstrucción y Fomento，BIRF）和秘鲁政府共同通过了《城市所有权议案》（el Proyecto de Derechos de la Propiedad Urbana，PDPU）。项目旨在实现所有权的各项实际法律内涵。1996—2004 年，秘鲁全境实现了对 13 个不同地区总计 1929070 个地块授予 1425688 份确权凭证。[②] 其中，仅在利马一市，就对 785911 个地块授予了 635851 份所有权凭证。[③] 在墨西哥，政府累计在 20 年内颁发 250 万个地块的合法凭证，但仍有百万家庭在等待获得所有权证明。1998—1999 年，5 万合法化地块中，不到 20% 即 62 处居民区的 9000 户家庭获得了合法化证明。[④]

城市规范化项目和一体化项目也包含不同子项目，如完善供水、污水排放系统、道路路面养护、教育中心、健康诊所、信息交流设备等。一体化项目是基础，工程项目结合社会协助，有时也包含社会性工作机会提供等。一体化项目大都有强大的社会支持，部分获得机构帮助很多项目的发展为当地招聘带来技能性岗位，因此一些持赞成观点学者认为该类项目的实施对地区人口生活条件的改善有巨大帮助。[⑤]

项目中还多以补充性条款，涵盖城市规划规范性条款。要求参与项目居民仅需支付服务税等。在新近的项目中，还引入专项融资机制，根

---

①　参见 Rouillon，C.，*El impacto de la formalización en la propiedad urbana en la Economía Peruana*，Lima，mimeo，2004。

②　2004 年秘鲁司法部非正规所有权合规委员会。

③　2004 年秘鲁司法部非正规所有权合规委员会。

④　参见 Nora Clichevsky，"Regularizando la Informalidad del Suelo en América Latina y el Caribe. Una evaluación sobre la base de 13 países y 71 programas"，Santiago de Chile，Serie Manuales N. 50，CEPAL/ Naciones Unidas，2006。

⑤　Nora Clinchevsky，"Infromalidad y Regularización del Suelo Urbano en América Latina，Algunas Refrexiones"，*de la Revisata Estudos Urbanos e Regionais*，V. 9，N. 2，Novembro，2007.

据受惠公民支付税费情况，对不能支付一定比例或完全不负担税费情况，根据各国法律和配套政策，采取要求搬离和撤销相应所有权等民事处罚机制（或对所有人不动产进行抵押处置）。

对所有权规范项目中，多数人口都实现了承担税款的部分责任，但一般税率较低。不动产税并未有效平衡财政账户。由于项目涉及地区广，税款存在拖欠、延迟和部分缴纳等现象，项目并不能对这类参与项目贫困人口实现与其他公民一样的有效税收管理。需民法和国家税收法律的配套执行，以及相关税收部门的共同行政。

针对项目结束后，贫困人口缴税难问题，为实现参与项目人口合法、长期进入城市规划体系，拉美国家采取了所有权税收优惠政策。如在瓜亚基尔（厄瓜多尔最大城市和主要海港）项目中，对不动产税施行5年免缴期政策。[①] 公共服务费率实行按所有权分配，根据所在地区公共服务是否私有化，决定是否建立相应水、电"社会费率表"。

贷款发放和私人贷款可获性，是合法化项目希望实现的法律、政策惠民基本目标之一，政策收效甚微。拉美学者德所托教授认为，主要的土地合规化进程的受益者就是金融体系。但所有权现有的法律保障，并未推动信贷机制的真正发展。现有所有权保障机制，不能让贫困居民在获得城市不动产所有权证明的同时，获得银行信贷发放所要求的最低（家庭或个人）固定收入证明，因为贷款的发放要求产权证明。此外，对于正规金融机构来说，只能对贫困家庭发放小额贷款，这对贫困家庭来说杯水车薪。因此，实现贫困家庭获得贷款权的项目初衷，实际执行中收效甚微。

在秘鲁，登记住宅是金融和贷款机构的必要且不充分贷款条件，据此进入资本（valores）二级市场。然而，很多家庭对抵押贷款心存疑虑，认为存在过高还贷风险，认为住宅抵押额过高，这种对信贷申请的片面

---

① Nora Clinchevsky, "Infromalidad y Regularización del Suelo Urbano en América Latina, Algunas Refre xiones", *de la Revisata Estudos Urbanos e Regionais*, V. 9, N. 2, Novembro, 2007.

认识广泛存在。①主要原因在于这类居民认为并不存在稳定且收入不错的工作。虽然贷款数量和质量都在不断提升，2000 年为 2.49 亿美元，受益人口 15.4 万人；2001 年 2.74 亿美元，受益人口 17.3 万人；2002 年 3.14 亿美元，19.7 万人受益；2003 年 3.46 亿美元，22.6 万人。②

在巴西，一项对 10 个城市规范化项目的综合研究显示，项目中没有任何条件能证明所有权合法化对家庭贷款申请可获性有帮助。③

在墨西哥，不是所有拥有土地的人口希望获得银行贷款。调查显示，很多墨西哥人在获得不动产前就已有贷款，而且有可能是高息贷款，一些被调查者表示对此并不在意。这些人的贷款来源主要是私人机构、家庭成员、朋友等。墨西哥事实存在"非正规信贷市场"，主要面对上述贫困人口。合法化项目执行后，相比银行正规、合法途径贷款，此类城市人口仍倾向于选择原有贷款方式。理由主要是对银行的不信任、强制性条款内容、抵押物限制和担心贷款手续冗长。

阿根廷一项调查显示，获得所有权凭证并不代表大量人口获得合法信贷资格。1989—1998 年十年间该国获得合法所有权的 1800 个家庭的贷款可获性并不相同，而仍在申请合法所有权过程中的家庭，获得合法贷款的可能性更低。因此亲属、同事、邻居和朋友是项目受益家庭的主要非正规信贷途径。④

（三）执行"合法化"政策后，纳入规划的土地及住宅所有权保障问题

多数拉美国家实现了大量公有土地占有合法化和少数私人土地占有的合法化。合法化途径包括：公示公证书、公证其他所有权证明、进行

① 参见 DESCO, *Estudio de Cultura Registral. Lima*, Informe Consultaría COFOPRI, 2001. E. La influencia de El misterio del capital de Hernando de Soto Cambridge, Massachusetts, Lincoln Institute of Land Policy (LILP), Land Lines, January, V. 14, N. 1, 2002。

② 参见 COFOPRI. Garantía de un Perú formal, Lima, 2004。

③ 参见 Instituto Brasileiro de Administração Municipal (IBAM), "Estudo de Avaliação da Experiência Brasileira sobre Urbanização de Favelas e Regularização Fundiária", Vol. 1, Vol. 2. 1, Vol. 2. 2. Rio de Janeiro, IBAM, 2002。

④ 参见 Galiani, S. Schargrodsky, E., *Effects of Land Titling*, Buenos Aires, Very Preliminary Version, 2004。

特别登记（该做法主要在 2004 年以前在秘鲁实施）。一些国家通过时效承袭法和使用事实权转让等，如巴西。在阿根廷，非法土地占有（属"非正规"占有行为中的特殊类别），如果申请人不满足 10 年原所有者条件，那么属于中间所有（通过依法在公共文件登记），随后占有者获得法定公证书（根据《第 24.374 法》第 94 条）。

　　地方政策内容持续发展，很多城市的所有权政策与合规化项目间并不统一，甚至有法律冲突。同时，通过文书保障所有权形式的重要性还在于：出现冲突时，占有者和原私人所有者间，存在了法律依据。由于家庭问题或因外部经济因素，如有影响的公共工程的区域征用，对于这部分获得所有权证明的家庭来说，比进入不动产市场资格更具吸引力。

　　根据所有权公共登记，相关机构公示公证书的措施，是向拥有人赋予全面文书保障的途径。一个合法机构应基于合理、公正和"无私"基础上，以公开形式保护土地所有权凭证依据获得条款和其他特殊利益转让法律规定。获得法律意义上所有权凭证的所有人，自由享有使用和占有所有物。这一法律保障，并不依据公开公证文书来实现。

　　（四）非正规住宅合法化后增加了现有规划执行与未来规划设计难度

　　（1）大量规划外住宅与土地纳入原本的合法化体系中，也意味着原有规划设计与实际城市发展间巨大的差异。原有城市规划内不包含这些大规模合法的街区和建筑，在实现规划内城市发展的同时，需要调整规划，增加投资，延迟规划完成时间。

　　（2）不仅涉及规划部门，而且包括广泛的城市规划参与的政府部门，包括财政部、建设部乃至市政府在内，首先需对规划外合法住宅区进行重新调研与勘测，多数此类拉美住宅区兴建在自然条件较差的城市边缘地区，山区或周围的自然条件原本不适合城市发展。但纳入合法住宅后，按照宪法与城市规划法规定，国家和市行政部门有责任为合法居民提供必要的基础设施与公共服务，包括供电、饮用水、医疗乃至教育部门的设立等，都为原本规划的有限行政资源与本已赤字的城市规划项目预算带来更大压力。

　　（3）由于城市规划项目多属跨部门综合性项目，部门间协调伴随着各部门行政主管的不同政治派别，新增面积的规划内发展越发难以实现。

（4）现有规划法仅就城市规划与基本的城市规划对市民权利保障以及政府应进行的城市规划工程基本程序进行了规定，但对于行政权与政府责任的规定则较为宽泛，很多行政部门仅承担相应职责，但行政监督与行政处罚等配套政策内容不足。

（5）很多城市规划外合法住宅虽然获得了民法等保障的个人所有权，却难以在城市规划等行政法领域获得同样的法律地位。

（五）土地规划政策制定与执行中公民参与的缺失

拉美在合规化项目制定过程中缺乏公民参与。而对执行项目，包括特别项目中，通过机构、依据相关政策，一定意义上实现了市民参与。但在专门的所有权项目中，市民参与程度低于一体化综合项目。在大规模合法化项目中，公民参与权实现条件有限，仅能以书面请求方式，如申请属实，将能获得事后赔偿。在秘鲁，合规化进程是国家设计和主导的政策，遵循"自上而下"模式，而没有以个人或家庭形式参与。有组织的公民并没有向国家机构申请实施公民所有权政策制定或登记。其他情况中，也有居民自行申报包含与邻居相邻界线等内容的"（不动产）资料"，随后由专业机构上门测量等方式确认。

公民参与是一体化提升的基础，行政机构也在尝试如何进行改进。例如，通过聘用居民作为具体执行人员等方式增加参与比率和途径。否则，即使改善了住宅条件，解决了一些地区的拆迁危机，甚至是改善了周边环境，城市的空间隔离现象仍将持续。但不可否认的是，这些合法化的非正规住宅都属规划外建设。真正"有规制"的居民融合，应当由住址选定，显然在拉美和中美洲社会很难实现，这些地区贫困和赤贫问题还未得到根本性转变。

（六）不动产合规化项目是否加剧了非正规不动产现象的增长

在拉美很多国家，经济增长与政治民主化发展却伴随着国家贫困率的上升。一方面，经济呈低速增长态势，另一方面，经济增长却没能为减贫做出多大贡献，即绝对贫困率并未减少。伴随着土地占有和非正规市场职能壮大，尽管多年来拉美国家一直采取合法化政策，却并未从制度上或社会结构发展上解决这一问题。因此，拉美一些政策制定研究学者认为，是法律与政策规则制定促生了新增非正规占有行为。[①]合法化会带来更多的非法占地问题。

例如，1998—1999 年，秘鲁利马市郊新增规范住宅数量从 17929 套增长到 48869 套；同期无证所有从 371005 套增长到 392436 套。有学者因此将此类合规化机制喻为"侵略机制"。[②] 据财产正规化委员会（COFO-Pri）估计，仅利马市 5 年就增长了 214 个住宅区，25000 个家庭在此居住。

在巴西，在对"棚户区"进行规范管理的同时，很多新增棚户区以迅猛之势出现。不动产评估，在考虑到收入减少等因素，引起社会阶层"向下"流动，人口向低价街区发展。"棚户区"需要收入的提高，让一部分区内人口有能力购买不动产住宅。另外，低收入家庭不能在那些"棚户区"居住，因为正规化的"棚户区"已由于一系列城市规划基础设施的设立而让他们无力负担。[③]

根据项目和项目的出售专项要求，规范化土地进入城市土地市场，居民要承担相应价格（特别是合法化的私人土地上的非正规不动产）。因此很多低收入家庭选择市场中最低价格住宅而不是继续留在合法化"棚户区"，或选择城市其他可能或容易作为非正规住宅区的新街区继续以非正规形式居住，因此贫困人口仍旧聚集在城市特定地区，地区社会问题与法律问题依旧延续。

秘鲁大规模合法化进程对土地市场产生的影响是：空置土地的价格大幅上涨，非正规土地市场，成为贫困人口的唯一选择，而合法市场则成了更高收入人群的专享市场，这加剧了城市与社会的隔离与排斥问题。尽管秘鲁正规化项目是以发展和健全市场为执行目标的。这并非秘鲁一

① 参见 Smolka，M.，"Disfunciones y funciones del mercado del suelo en América Latina：retos y oportunidades"，México DF，1 Congreso de Suelo Urbano，2005。

② 参见 Calderón，J.，"Propiedad y Crédito. La formalización de la propiedad en el Perú Informe de Investigación"，Lima，Lincoln Institute of Land Policy（LILP），2002。

③ 参见 Clichevsky，N.，"Pobreza y acceso al suelo urbano. Algunas interrogantes sobre las políticas de regularización en América Latina"，*Santiago de Chile*，*CEPAL/ Naciones Unidas*，*Serie Medio Ambiente y Desarrollo*，N. 75，（LC/ L. 2025 – P），2003。

国问题，而是整个拉美及加勒比地区合法化不动产的执行过程中的深层次问题：土地所有权规范化项目的执行，对国家发展各领域产生的事实影响和作用是什么。[①]

一方面，规范化项目，从宣布到规范化执行机关的职能具体化，在拉美国家事实上引起了土地中间价格的商战。除了个别项目在条款中进行了市县价格限定如洪都拉斯特古西加尔巴（Tegucigalpa）的项目。在阿根廷胡胡伊（Jujuy）省的街区改善计划，虽然对占有者合法化进程没有明确规定，但这一项目中部分占有者随后以市场价格出售了不动产（由于该街区离市中心很近），因此正规市场此类地区土地价格很高。

另一方面，改善和规范行政行为，促进了新生城市违规土地占有行为。规范化街区的价格及其相应不动产税费成为城市规划新增规划外占地的制度性诱因。按评估价格需承担的税额和税率是这类城市居民难以支付的。因此他们只得选择离开已合法化街区，搬去其他空置的非正规住宅。这为拉美地区的行政部门带来了循环性合法化问题。在秘鲁，国家行为调整最贫困人口，实行了由财产正规化委员会（Organismo de Formalización de la Propiedad Informal，COFOPRI）负责的所有权合法项目，改变了地块城市化环境并相应增加了土地本身价格。但住宅仍维持了旧有风貌。总体来说，在相对传统的城市街区，政府并未开发市场也没有推动居民搬迁，但对于一些居民不稳定街区，政府行政实际推动了所有权买卖增加。[②]

政府的规范化政策执行是以推动土地纳入正规化市场，在执行中一定程度上实现了该政策目标。尽管该类政策所推动的城市居民不动产正

---

① 参见 Riofrío，G.，"Evaluando Políticas De Formalización：Formalidad Sostenible Para el Perú"，Cambridge，Massachusetts，Lincoln Institute of Land Policy（LILP），2002 Mercados Informales. Regulación de la Tenencia de la Tierra y Programas de Mejoramiento Urbano. 7 a 12 de octubre，2001。

② 参见 Calderón，J.，"Algunas consideraciones sobre los mercados ilegales e informales de suelo urbano en América Latina"，Lincoln Institute Research Report，Cambridge，Massachusetts，Lincoln Institute of Land Policy（LILP），1999. 及 Después de la Formalización Qué Sigue? Notas acerca de la consolidación de los asentamientos humanos en áreas de Bajos Ingresos en Perú，*Washington*，*IV Simposio Urbano*，*Banco Mundial*，2007。

规市场发展还不完善，但也在一定程度上分流了原非正规市场交易土地。

正如阿方辛教授所言，市场发展无序情况下，公权力规范和管理住宅行为，是城市规划性发展的有力保障。"理想派"学者认为公众可以反抗不动产部门的问题。"现实派"学者提出城市问题的存在并对其进行分析，就如何理解和寻求适当解决办法，为规范住宅居民而努力。①

（七）土地"合法化"城市规划项目作为近几十年拉美地区的城市规划执法重点，是否实现了城市规划合法化职能

通过对城市非正规类型复杂性的分析，在很多国家居住在不同类型非正规住宅人口的增加，由于财富分配和工作或收入情况，以及国家对土地所有以及合法土地市场的法律政策规定，决定着城市规划的规划性与合法性。拉美地区不同国家规范化项目的执行，以不同形式深刻地改善了非法居住在城市的贫困人口状态。这类项目实际上也不同程度地完成了项目目标。一系列由于执行项目产生的问题，是值得拉美立法者与行政人员共同探讨的。

规范的非正规不动产类型。项目以公有土地合法化和少量被占私有土地合法化为目标，由此减少城市土地非正规市场规模。非正规住宅的产生主要是由于国家高昂的土地价格，以及在一定私人土地居住较长时间产生，项目以授予和调解所有人和占有人关系，达成双方可接受价格实现所有权转让为目标。

非正规现象解决数量。在拉美一些国家这类项目的执行，从非正规住宅减少数量来看，取得了明显成果，如秘鲁。但特别支配权的合法化是有限制的，对特定类型或存在风险区域的地块，对地块上缺乏基础设施以及存在面积、建筑物等标准的情况，制约着项目的实施。一体化项目中，非正规住宅人口问题的解决规模有限，主要在巴西、哥伦比亚和阿根廷等国展开。

---

① 参见 Alfonsin, B. de M. Saindo Do Gueto, *A Regularização Fundiária Assumida Como Parte Da Política Urbana. Enseñando Mercados y Políticas de Tierra*, Cambridge, Massachussets, Lincoln Institute of Land Policy (LILP), 26 a 30 de Noviembre, 2001. 及 Clichevsky, N., *Políticas de Regularización y Mejoramiento Urbano en América Latina*, Cambridge, Massachussets, Lincoln Institute of Land Policy (LILP), 2003。

规范支配权机制。项目中一般规定使用公布公证书方式，解决支配权问题，所解决占有问题中，以"柔性"所有权授予更多。在合法化项目中，中间所有权（intermedio）的使用，为了实现最大化法律保障权利和最小时间、费用成本。根据各国法律、政策环境不同，这种半所有权获得存在失去的风险，处于容易受侵害的法律地位（相关土地冲突和被驱离问题在拉美地区多国出现）。还需指出的是，在该地区，在立宪制国家，私人所有权从法律角度，被视为受到法律保护的绝对权利，所有权社会职能的承认仍在发展。个人所有权的法律观点也造成了中间所有权在法律保障上的难度。

制度性问题。参与合规化进程的公共和私人机构数量（包括不同行政级别的国家机构），缺乏有能力的人力资源推动项目实质发展，加之项目设定中的问题，执行过程延长甚至在规划形成和实施过程中出现严重超期等都是影响项目实际效果的执行问题。

城市环境标准在规范化项目中的适用问题。合法化项目中没有类似条款，城市环境改善的案例多以专门城市环境立项执行。总体来看，拉美合规化项目中并不涵盖城市环保立法内容，现有项目规定也非常灵活。仅在个别项目中包含部分城市环境立法规范，这类项目的特点是隶属于国家、省或州、地方城市规划政策内。

国家的相关行政成本。国际融资是此类项目的主要资金来源，也有少数项目后期失去基金会支持，而需政府为项目完成进行财政拨款。对很多拉美国家来说，这意味着举债完成项目。其他一些政府出资项目，也面临资金来源持续性问题，这关系着项目是否能长期维持预定合法化目标；也有一些项目由于项目资金问题而修改所有权条款。

规范化项目涉及的公民。大多数项目，土地多以免费或象征性价格"售予"居民。很多项目的配套城市基础设施改造项目也相应是免费的，或以高额补贴帮助居民获得相应合法化所有权。但所有权的政策性定价并不是致使合法化后贫困居民搬离的主要原因，造成其选择继续寻找非合法化住宅的主要原因是：合规化执行后，依法为这部分居民带来的高昂所有权税和相关社会公共服务费用。由于无力享受政府提供合法城市生活条件，这部分人口只能放弃合法居民身份。

市民参与。城市或一体化项目中，在地方层面执行时，虽然获得本国或国际融资支持，但从法律上不可否认公民参与的重要性。在项目执行阶段，公民实现了部分参与，但在项目起草及项目目标设定过程中，参与途径与公民参与数量十分有限。这造成一些项目仅是国家决策的直接体现，而《市民参与法》规定的公民权成为一纸空文。

作为资本的合法化所有权。该所有权为居民带来了信贷和买卖等经济权利。尽管合法化与信贷市场发展间联系有限，合法化人口并未选择向私人银行申请贷款，如前文所述。在秘鲁，近几年规范化不动产项目虽取得了合法住宅数量上的成果，但并未实现计划刺激信贷抵押市场发展的目标。在巴西和阿根廷，合法化项目几乎没反映在信贷市场中。这一方面表现了人们对负债风险的担忧；另一方面是对以抵押形式借款的政策和法律不信任。合法土地金融不动产市场，大量人口选择出售刚通过合法化项目获得的不动产，相关所有权研究还有待深化。

拉美地区面临着社会排斥增加，现有居住政策主要依赖非法住宅规范化。城市排斥理论得到政府承认，当他们仅以非正规住宅规范化为主时，或者说，将贫困人口固化在社会下层规范化政策并未改善城市规划发展中的不合理内容，但并未消除非法行为。因此，此类合法化项目如果不能依法采取一体化行政预防性措施，则非正规现象的再生和加剧将不可避免。[1]

同时，拉美各国现有执行经验表明，合规化项目的执行并未减少贫困，很多时候仅仅是解决了支配权的合法化；不同目标的行政性项目推动了社会福利政策的完善。受到新自由主义经济政策影响，政府对结构性贫困问题的政策与法律调整能力仍十分有限。

学者多将包括合法化项目在内的不动产所有权合规化项目视为"社会"政策的一种。这主要是依据：项目目标为改善人口生活条件。同时，项目也实际促进了不动产资本市场的形成。有些项目中明确加入了具体

---

① 参见 Fernandes, E., "La influencia de El misterio del capital de Hernando de Soto", *Cambridge, Massachusetts, Lincoln Institute of Land Policy (LILP)*, Land Lines, January, Vol. 14, No. 1, 2002。

项目措施：推动完成规范化手续的不动产进入合法市场促进国家财政税收体系有效纳税人数量并增加服务类私有公司的客源。在这些方面，土地合法可获性不仅局限在城市规划法的"微观领域"，而且具有更多政治、社会的深刻含义与政策影响。因此这类项目不仅是"城市规划法"中的问题，更是关系诸多城市发展问题的综合性矛盾，需要多领域立法和学者的参与。

三　城市及地区规划管理实施的其他问题

拉美城市规划的发展，最早是在殖民管理制度下形成的。因此，行政管理经验贯穿殖民时期、民族国家独立至今的整个行政管理发展史，已有超过 500 年历史。拉美地区还是当今世界城市化率最高的地区，超过部分发达国家，地区城市人口约占总人口的 3/4。因此，拉美国家有着最为丰富的行政管理城市规划的制度和实践经验。

传统上，土地管理是城市规划治理的核心关切，而城市规划本身、城市规划的公众参与和公共项目的过程性民主及监督、可持续发展、历史街区保护和老旧街区改造、城市更新、城市污染治理、城市交通及功能用地规划等，均为城市规划的行政管理范畴。如墨西哥城的快速公交专用道的治理经验，就为世界上多个国家采纳。又如智利等国为保障城市畅通开展的单双号限行政策也为其他城市交通管理提供了国别经验。拉美同样也存在着城市规划治理困境。如各国的城市贫民窟问题，历经几十年的城市非法住宅合法化政策，并未能实现城市在规划下合理发展的愿景。又如墨西哥、玻利维亚等国面临城市水资源私有化带来的饮水价格、质量和环境健康权问题。此外，由于私有制在地区的长期存续，城市规划行政管理长期受到利益集团的裹挟，部分有助于城市发展的地铁、绿化项目因经济原因难以推行。

第四节　拉美国家城市规划法实施的案例分析
——以巴西、秘鲁、哥伦比亚三国为例

一　国别城市规划法的实施经验之一——巴西

城市规划法律执行面临非正规居民定居点问题。巴西大约有 3/4 的人口居住在城市。一方面是由于巴西经济发展，另一方面也因为城市新增用地带来国内人口向城市流动。快速的城市化进程在实现了发展与国家经济进步的同时，也带来了社会不公正和不平等问题。一个城市分成了合法和不合法两部分。合法部分根据规划建设，拥有完善的基础设施服务。不合法部分中在非正规条件下的居民，大多为没有工作的贫困人口，他们不具有房屋产权，且缺乏城市公共服务。城市发展带来的新增机会多数固化在合法领域内，人口的贫富分化加剧了社会不平等。

密集和快速的城市化进程是巴西社会发展的特征之一。1960 年巴西城市人口占总人口的 44.7%，10 年后城市人口达 55.9%，2000 年居住在城市的人口达到总人口的 81.2%。[1] 这一变革如果从绝对数据分析，就是在 40 年间（1960—2000 年），城市吸收 1 亿新增居住人口，也就是说，20 世纪末手工制造工业的发展带来了城市住房危机。那时，由于蔗糖、咖啡和棉花出口量下降，农村剩余劳动力涌入城市，城市人口增长带动住宅需求增加，造成了（城市）房屋价格升高。[2]

巴西先后通过卫生城镇建设[3]、劳工城市建设改善城市住房规划不足问题。这些新型住宅基本以集体所有制租赁形式提供。即便如此，大量城市移入人口也无力承担租赁费用，因经济条件问题，多选择城市非正规棚屋和"地下"住房。

---

[1]　Aline Costa y Agustín Hernández, "Análisis de la situación actual de la regularización urbana en América Latina: La cuestión de la tenencia segura de los asentamientos informales en tres realidades distintas: Brasil, Colombia y Perú", 参见 http: //revistainvi. uchile. cl/, 2010。

[2]　El alquiler de viviendas y el arrendamiento/aforamiento de tierras eran las opciones que predominaban en el mercado inmobiliario, de entonces, para la población de renta baja y mediana.

[3]　La villa higiénica era el patrón popular propuesto en la legislación urbana de la época.

巴西的城市非正规住宅区的出现，由来已久。巴西新汉堡市①为该国最早开始社会性住宅建设的试点。第二次世界大战的结束为当地带来了经济、政治和社会—空间的转变。然而，直到 20 世纪 60 年代，也没能发展起来符合时代城市实际的住宅政策。棚户区以及地下和非正规住宅是出现城市社会空间排斥的重要原因，而其产生原因却是国家城市规划管理未能面向全体城市人口。几十年的高速城市化进程中，缺乏面临中低收入的社会住宅政策以及不动产市场。大多数巴西城市移民人口选择非正规住宅是解决自己城市住宅问题的自发性手段。② 城市规划行政行为的不足，还因缺乏对这些住宅的管理政策，引发了更大面积的城市土地占有，催生了城市非正规用地的合法化政策，以应对贫民窟日增的问题。

在巴西法律机制中有可应用于依法承认土地使用、占有和城市土地所有权的条款。这些法律机制是以《城市章程》的特别形式建立的。《城市章程》[2001 年，又名《第 10.257 法》(Estatuto de la Ciudad，EC)]③，通过具体法的形式将 1988 年《宪法》中有关城市政策内容以系统法律的形式加以具体化，规范市级政府解决城市、社会和环境的行为，该法律覆盖近 90% 的巴西城市人口。

从理论维度看，《城市章程》并未遵循巴西长期的民法立法传统，而是就土地使用和城市发展管控法律—政策订立了新范式基础，特别就其中有关所有权的原则进行了新的规定，将其社会职能作为所有权的重要考量，通过市立法形式加以保护。这一理念随后在城市规划法律执行中得以应用。市级行政机构对城市发展进程的管控，也通过土地政策的订立与土地使用立法管理来实现。而这一立法和政策制定过程，也是所有权人个人利益服从社会、文化和环境利益的过程，力求在实现个人所有

---

① 新汉堡（Novo Hamburgo），巴西南部城市。

② 转引自 Souza, Marcelo Lopes, *Mudar a Cidade*：*uma introdução crítica ao Planejamento e à Gestão Urbanos*, Editora Bertrand Brasil, Rio de Janeiro, 2003。

③ Estado Novo fue el término con el que se conoció el régimen autoritario implantado en Brasil por el Presidente Getúlio Dornelles Vargas, que duró desde 1937 hasta 1945.

权的同时实现所有城市市民的集体和城市中其他群体利益。① 章程的订立，也以此为立法原则，规定市行政机构的一系列平衡个人利益和集体利益的立法原则。这些机制可以单独和多方协调的方式执行，通过在各市总体"城市规划"的订立来执行。

从文本看，内容具有创新性，但执行效果颇具争议。《城市章程》中新形式的城市和住宅政策，主要以规范性、应对非正规城市现象的产生、评估管理为制定目标。《城市章程》的内容创新主要有如下四点：

（1）将新的法律—政治概念框架引入国家城市规划立法，纳入宪法原则中的城市社会职能以及城市所有权社会职能。

（2）建立了一批具有城市规划性质的新机制，引导土地使用目的与占有形式。

（3）城市规划规范领域的扩大，增设了专门对非正规住宅规范化管理机制。

（4）新管理战略制定中，将市民直接参与概念引入城市发展目标决策性过程中。

这些制度的进步离不开多个新机制的建设：

（1）城市特别时效承袭时间的减少，现在法律规定应为 5 年。

（2）如占有人能共同证明在这一土地待满至少 5 年，依据集体时效继承原则（或集体时效获得），实施居住的多方占有者，可以群体或共有方式申请获得所有权。

（3）建设权转移作为巴西土地制度中的特殊内容，即所有权与开发权分开，这一措施是为了执行宪法规定所有权中的社会职能。将额外开发权作为土地一项权力，为集体利益有可能占用这部分权利用于城市规划或改造建立必要的法律基础。

（4）地表权，这是对所有权的限制性，将建设权和土地所有权分离。

（5）优先权的建立，市县公共权力机构有优先以转让形式获得城市

---

① Más recientemente, con el aumento significativo de la pobreza urbana, la adquisición de lotes en loteos ilegales se ha vuelto prohibitiva para una parte cada vez más grande de la población, con lo que el número de favelas han crecido desorbitadamente en las áreas periféricas de diversas ciudades, juntamente con la mayor densidad de ocupación de las favelas centrales ya existentes.

不动产。这一条款设立让市县政府能将所需用地纳入社会利益规划中。

（6）不动产和城市土地税建立（el Impuesto Predial y Territorial Urbano，IPTU）。

建立的规则中，有 4 项重点内容：

（1）规范使用实际权的转让，作为在公共和私人地区非正规住宅规范机制建立。

（2）涉及社会利益特殊地区国家层面政策设立。

（3）以住宅为目的的特殊转让规定，通过确认实效性原则，在公共不动产中适用的原则。

（4）集体住宅目的特殊使用权转让的实施，仅在不能确认被侵占土地每个居住者权限情况下适用。

《城市章程》在执行过程中，主要面临如下问题（有些措施甚至没能实际执行）：一方面由于规则内容非常复杂，横向机制涉及多个公共部门及相关机构参与，包括行政、立法甚至是与司法权力机构的协调。另一方面，纵向的联邦、州和市三级政府，加之公民社会参与缺乏协调部门。制度设计初衷是出于立法完善与民主等多因素考虑的，但实际的全面执行则需要政治和社会的理念和实践进步，还需要相关配套法律的支持。至今，这一进程发展缓慢。

二 国别城市规划法的实施经验之二——哥伦比亚

哥伦比亚是单一制共和制国家，实行三权分立的代议制民主和地方政府自治。宪法承认省、市、区和印第安人土地所有权，制定了《土地管理组织法》（Ley Orgánica de Ordenamiento Territorial，LOOT）管理地区和省辖土地。哥伦比亚规划的法治发展主要经历了五个主要阶段：第一阶段，市县制定规划执行标准；第二阶段，关注规划实施的执行，引入专家和公众参与机制，引入柯布西耶①理论；第三阶段，受到新自由主义影响，降低公共职能对城市规划的影响；第四阶段，应对各类城市规划

---

① 勒·柯布西耶（Le Corbusier），原名 Charles Edouard Jeannert-Gris，是 20 世纪最重要的建筑师之一，是现代建筑运动的激进分子和主将，被称为"现代建筑的旗手"。

冲突，减少城市发展矛盾；第五阶段是超越市县城市规划，反思既有规划执法的不足，协调国家城市规划行政行为。①

　　波哥大作为哥伦比亚首都，城市规划中的不合规问题较为普遍。在首都一些地区，非正规街区已占所有街区的 80%。相较巴西，近三十四年哥伦比亚进步显著。在土地相关立法中，并未强调绝对或强制性权利，而将社会秩序作为立法重点。国家于 1963 年开始通过立法规范城市发展和住宅规划，城市土地管理和规制更早，始于 20 世纪中期。在经历近 40 年论证后，出台了《城市改革法》（1989 年第 9 号法，Ley9/1989），主要包含四方面内容：规划、参与土地市场的机制、社会福利住宅项目和融资机制。该法授予市级行政单位规范土地市场的自治权，要求市级政府最大限度应用新机制，管理土地市场和融资行为。国家作为规范城市土地市场和统筹各城市资源的部门立法主体。土地银行机制建立，确定不动产征用是否满足社会公共服务条件，为城市发展提供融资机制。②

　　虽然《城市改革法》完成了立法，但执行仍不充分，主要受三方面因素影响③：第一，地方行政管理能力有限，从国家到地方层面的不同机关缺乏具体执行标准。第二，城市规划和城市管理体系的立法与城市发展不匹配。第三，区县行政管理整体性不足，一直遵循着问题导向的执

　　① 转引自 Puente Burgos, Carlos Arturo, Génesis, evolución y consolidación de los asentamientos clandestinos, Tres casos en la ciudad de Bogotá, Tesis Doctoral, Universidad Politécnica de Madrid. Escuela Técnica Superior de Arquitectura, 2001。

　　② 参见 Maldonado, María M., El proceso de construcción del sistema urbanístico colombiano: entre reforma urbana y ordenamiento territorial, En E. Fernandes & B. Alfonsín (Orgs.), *Direito Urbanístico. Estudos Brasileiros e Internacionais*, Belo Horizonte: Del Rey, 2006. Clichevsky, Nora. (1) Informalidad y segregación urbana en América Latina, Una aproximación. Comisión Económica para América Latina y el Caribe (CEPAL), Naciones Unidas, Santiago de Chile, Chile, 2000. (2) Pobreza y acceso al suelo urbano. Algunas interrogantes sobre las políticas de regularización en América Latina. Comisión Económica para América Latina y el Caribe (CEPAL), *Naciones Unidas*, *Santiago de Chile*, Chile. 2003. (3) Regularizando la informalidad del suelo en América latina y el Caribe. Una evaluación sobre la base de 13 países y 71 programas, Serie Manuales, Comisión Económica para América Latina y el Caribe (CEPAL), Naciones Unidas, Santiago de Chile, enero, 2006。

　　③ 参见 Puente Burgos, Carlos Arturo, "Génesis, evolución y consolidación de los asentamientos clandestinos. Tres casos en la ciudad de Bogotá", *Tesis Doctoral*, *Universidad Politécnica de Madrid*, *Escuela Técnica Superior de Arquitectura*, 2001。

政原则。哥伦比亚早在 1963 年即开始居住或街区改善规划的制定，但城市规划立法至 1990—2000 年才大规模出台。① 同一领域的城市规划规定分散在多个条款中。

国家基本法是促进城市规划规制发展的动因。哥伦比亚《宪法》（1991 年）规定在特殊情况下，因国家城市发展造成的影响，可不赔偿。第 51 条规定："所有的哥伦比亚公民，享有适当住房的权利。国家有责任为这一权利实现提供必要的条件保障，推动社会福利性住房规划，促进相关融资机制。"

哥伦比亚非正规住宅合法化进程具有区域代表性，于 20 世纪 70 年代开始。1979 年第 7 号决定建立了合法化进程规定及其配套政策。由于非正规问题持续扩大，1985 年起，实施新决定，对所有已建成的住宅合法化。1989 年第 9 号法规定为 1988 年 7 月 28 日以前所有住宅办理合法化手续。规定到法律执行之日前所有住宅进行重新评估。1998 年开始施行消除边缘化街区规划，其目的在于提升所有居住在缺乏基础设施和社会服务街区人口的生活质量。至 2001 年为止 320 个街区完成了合法化手续，173 个街区正在办理。②

城市规划呈现立法与行政交互式发展的特点。1997 年，在法律执行、技术发展和公众参与的综合发展下，《土地发展法》［第 388 号法，Ley de Desarrollo Territorial（Ley N°338）］作为国家机制协调 1989 年第 9 号法条款内容执行。根据《宪法》规定建立的法规及其他相关法条，采取了一系列新城市土地管理机制建设。虽然一些立法机制已在 1989 年第 9 号法中出现，并未在土地规划先期执行中广泛执行，而第 388 号法的建立，为哥伦比亚土地规划带来了更多灵活执法选择。该法建立了 3 个灵活执法原则：所有权社会职能；集体权利优于个体权；合理平等分配权利和

---

① Clichevsky, Nora, "Regularizando la informalidad del suelo en América latina y el Caribe. Una evaluación sobre la base de 13 países y 71 programas", Serie Manuales. Comisión Económica para América Latina y el Caribe (CEPAL), Naciones Unidas, Santiago de Chile, enero, 2006.

② 参见 Clichevsky, Nora, "Pobreza y acceso al suelo urbano. Algunas interrogantes sobre las políticas de regularización en América Latina", Comisión Económica para América Latina y el Caribe (CEPAL), Naciones Unidas, Santiago de Chile, Chile, 2003。

义务。

依照原则灵活执法的立法考量，不仅提升了城市规划的依法发展，还推动了城市公共职能和民主参与的程序性进步。市县土地管理的公共政策建设，遵循保障政策有效性、提升人口生活质量、所有权社会化、所有者享受权利以尽宪法义务为前提、所有权包含集体需要的原则。这是实际执行中的行政原则。享受和享有利益的最低要求，是允许所有者合法获得受私法保护的经济权（使用价值和流转价值）。

1997 年《第 388 法》推行了土地管理法律机制，作为可持续和协调发展进程的第一步，促进土地管理和规划的协调，同时推动了公共投资渠道和优先发展战略的实施，也有助于促进城市规划私人投资。对依法管理城市规划的进步意义在于：

（1）允许通过合理市场价格作为公开获得资产来源，但不包括不动产由于先期公共投资或土地规则用途变更产生的增值；

（2）将土地管理下放到地方行政机构，包括地方性政府和城市土地管理机构；

（3）允许公共部门获得土地增值收益；

（4）简化对低成本住宅开发的私人部门参与手续；

（5）放开城市发展土地管理，允许所有者和占有者共同享有发展收益，促进社会住宅建设发展。

制度的发展同样存在现实问题。不同领域的新立法，在执行中由于缺乏有效行政性政策而难以执行。一些法学家认为哥伦比亚相关法律不足且存在法律冲突，因而影响了公民实际权益。法律过度细化，包含了过多制度性规定，执行中的法律认定缺乏解释性法律文件。此外，缺乏行政调整程序，进一步加剧了法律解释差异造成的实际依法行政的冲突。另外，法律和法规缺乏必要宣传。多数哥伦比亚人并不了解如何通过何种机制保障权利及获得权利救济。宣传途径有限且不利于法律普及。同时存在的问题包括机构行政能力，国家和市级机构都有这个问题。很多城市在执行 1997 年第 388 号法时缺乏行政人员编制和必要配套。

三 国别城市规划法的实施经验之三——秘鲁

秘鲁国土面积超过 128 万平方公里，全国划分为 26 个一级行政区，包括 24 个省（大区）、首都利马省及卡亚俄宪法省，首都是全球重要城市。[①] 城市人口占全国人口的 80% 左右，秘鲁为拉美地区最早制订城市土地管理政策的国家，但其政策中未能明确公共投资途径。作为政府责任，基础设施投资需要国家相关立法许可，城市规划建设公共投资体系尚待完善。秘鲁大规模农村人口向城市流动集中在 20 世纪 40—60 年代。至 60 年代末，城市人口已占全国人口的 60%，首都利马在 50 年代时已有城市非正规住宅问题，非正规住宅人口占城市人口的 15%。

秘鲁是较早出现城市规划土地管理的国家。1961 年，中央政府出台支持低收入人口占领公共空地行为许可，将这些自然资源视为"土地银行"。主要为无人荒漠区，分布于利马市周边，商业价值低。

正规住宅增长政策受到城市人口激增的冲击。国家开展住宅项目建设并且管理土地使用时，面临的城市化进程超过了政府治理能力。新增占地行为飞涨，收效甚微。1993—1997 年，利马市非正规住宅数量猛增，共计约 833 处，43 万人。高峰时，非正规住宅人口数额已接近 300 万，分散在 1980 多个街区。当前利马非正规住宅居住人口仍有 70 余万人。[②]

非正规住宅合法化政策同期展开，以居住权合法化为核心。这主要由于 20 世纪 40 年代以来，城市贫困人口无法享受城市规划的基础设施建设和服务。所有权合法化政策，分几个阶段发展：20 世纪六七十年代，中央政府行使行政权；20 世纪 80 年代，市县政府完善所有权政策；20 世纪末以来，城市土地所有权政策向专业化发展，力求提升政策效力。

政府行政主要面临两方面问题：解决非正规住宅乏力、不动产流转

---

① 参见 Clichevsky, Nora, "Pobreza y acceso al suelo urbano. Algunas interrogantes sobre las políticas de regularización en América Latina", Comisión Económica para América Latina y el Caribe (CEPAL), Naciones Unidas, Santiago de Chile, Chile, 2003。

② 参见 Clichevsky, Nora, "Pobreza y acceso al suelo urbano. Algunas interrogantes sobre las políticas de regularización en América Latina", Comisión Económica para América Latina y el Caribe (CEPAL), Naciones Unidas, Santiago de Chile, Chile, 2003。

如何市场化。秘鲁于20世纪80年代末开启大规模土地合法化进程。秘鲁所有权规范政策的目标，早期为提高不动产价值，让缺乏资源的居民能通过合法市场，进行信贷并获得政府投资的城市基础设施服务。土地许可政策主要由两个国家机构负责，分别负责城市土地和农村土地。国家设立非正规所有权合法化委员会（La Comisión de Formalización de la Propiedad Informal，COFOPRI），该委员会现隶属于司法部。非正规所有权合法化委员会职责为制定并执行17个大区78个省（占秘鲁城市面积的46%）的国家规划实施办法。[①] 这既是社会、经济投资项目，也是反贫困措施，通过授权和许可对贫困人口发放信贷，满足其住房需要。具体措施包括促进在土地和住宅领域的私人和公共投资。工作职责主要为保障条例执行、承认和建立城市土地所有权，认定非正规住宅人口房产的投资行为合法。

所有权合法化在秘鲁大规模推行。1999年3月，城市所有权项目（el Proyecto Derechos de Propiedad Urbana，PDPU）正式实施。项目核心目标是为居住在边缘地区和极度贫困人口带来保障性福利，为这些城市人口住宅提供明确有法律保障的所有权证明或授权；同时通过公共投资与私人投资改善上述所有权人的生活条件。该项目的实施，严格限定在秘鲁8个城市区，覆盖全国非正规城市住宅中89%的所有者。

不动产信贷便利化的配套政策，并未获得民众认可。非正规所有权合法化委员会成立后，房屋贷款申请可于第二天获得所有权凭证。居住性房屋登记是对金融机构和信贷机构的保障，建立在公证文书基础上，继而房屋即可合法进入不动产二级市场流通。然而，贫困人口对贷款申请的态度非常谨慎。主要由于这部分人口缺乏稳定收入。

1998年，34%利马住宅获得了非正规所有权合法化委员会颁发的所有权证明（总计非正规住宅70725套，获得所有权凭证的为23965套）购买款项通过多种融资渠道，包括贷款机构、家属集资等，改善并翻新了自有住房。到1999年，又有18%的非正规住户获得了上述房屋贷款。

---

① Nora Clichevsky，"Informalidad y Regularización del Suelo Urbano en América Latina"，*Revista B. Estudios Urbanos e Regionais*，V. 9，N. 2，novembro，2007，p. 62.

不过获得100%房屋贷款的案例均来自公共部门的融资支持，尽管家庭拥有房屋所有权凭证，但私人银行贷款部门担心两方面风险：延迟还款风险以及房屋本身是否因有抵押而不能进入市场。①

非正规所有权合法化委员会专门设立了国家土地、建筑以及市县土地被贫困人口侵占的公证部门。进行所有、占有以及授权行为。非正规所有权合法化委员会要求登记者达到足够标准，才将国家所有土地进行公证。

然而，当土地为私人所有时，非正规所有权合法化委员会仅有权推动所有者与占领土地者间的协调。通过调解达成协议，进而进行转让等行为的公正。通过司法解决的执行，实现相应权利、义务和责任。

非正规所有权合法化委员会还负责推动信贷的发展，开展针对非正规所有权变更的居民的特殊信贷计划，合理引导信贷需求，现行法律保障机制包括：

（1）土地所有权凭证（地契）：以免费或象征性收款方式转让土地所有权。

（2）土地使用权凭证：通过该机制授予土地使用权。

（3）所有权担保公证：对土地所有权进行正当性和有效性保护。

（4）所有权变更：调整土地所有权在所有权登记中所记录的登记内容。

非正规所有权合法化委员会最明显的益处在于加快了城市中不动产所有权的合法取得过程。在秘鲁，所有权的合法化需要207步程序，52个办公室，一般需要6年11个月。而有了该项目，获得所有权公证的时间大为缩短，手续过程仅需45天。其政策实施优势在于：低成本、大规模合法化担保程序的建立；去除了"传统"合法化机制执行中的诸多行政冗赘手续；统一了解释和执行行政法规部门，保持了司法的可靠性以及法律执行者的行政执法统一。该机制同样引入调解功能，作为冲突解

---

① 参见 Clichevsky, Nora, "Pobreza y acceso al suelo urbano. Algunas interrogantes sobre las políticas de regularización en América Latina", Comisión Económica para América Latina y el Caribe (CEPAL) . Naciones Unidas, Santiago de Chile, Chile, 2003。

决机制的选择性措施。机构还可发布规定，允许私有不动产所有者参与信贷，获得相应不动产。其他所有权保障具体措施，如依据《民法典》和其他公法规定对所有权进行公证。为居民所有权带来保障。①

制度的进步同样会在具体实施过程中遇到问题。第一，所有权合法政策目的之一是让此类房屋可以合法进入信贷市场机制。然而，这一政策设立的初衷在实际执行中效果并不显著。因为确认获得贷款的主要依据为申请者的偿还能力，而非仅有不动产证明。第二，项目相关诉讼案件。非正规所有权合法化委员会，曾为公共空间用地上非正规房屋进行了所有权公证。还曾于2001年对位于危险地区和会造成环境问题地区不动产进行了公证。另外，该委员会还曾对城市道路规划中，部分道路用地上的住宅进行了公证。并对出现过载不适宜居住用途地区，如存在某些风险不适宜建设住宅地区的房屋进行了公证。第三，由于缩短了行政手续，加之委员会没有必要的调研力量评估存在潜在风险的地区住宅，难以对土地确权，更难对土地所有者进行限制。

① 参见 Clichevsky Nora，"Pobreza y acceso al suelo urbano. Algunas interrogantes sobre las políticas de regularización en América Latina"，Comisión Económica para América Latina y el Caribe（CEPAL），Naciones Unidas，Santiago de Chile，Chile，2003。

第 五 章

拉美及加勒比地区国家城市规划的
法律监督与救济

城市规划法司法发展首先应对城市规划立法与司法的关系进行反思。由于司法制度具有一定复杂性，在《宪法》规定下实施城市规划立法的同时，司法相关领域的内容还有待进一步梳理。政策制定机制，发展、合作、冲突评估和解决、管理、经济等机制以及教育和沟通机制，参与机制，分析、评估和监督机制等，是完成城市规划法律实施的进程。其中，评估和监督是任何行政改革行为过程或规划中的必要步骤，是了解行政执行中有效和不足的有效方式，也是对行政行为评估和监督都应在不同行政过程中的实现。而且其中的社会监督机制，更关注可持续发展。评估和监督机制还有助于找到城市规划主要原则的具体执行措施，以及促进实现可持续发展实现的具体措施，有利于城市可持续发展建设，同时促进空间规划和土地使用规划制定。

第一节 拉美及加勒比地区国家城市
规划行政的监督机制

城市规划立法程序、立法内容和法律执行是城市规划良性发展和实现国家健康、合理城市化的重要法律保障。但在立法与执行过程中，出现事实与规范性差异的问题却威胁着拉美国家城市规划的法治化发展。具体来说，包括三方面问题：第一，法律制定缺乏地区适用性或可操作性；第二，依法行政水平不高；第三，规划过程中法律约束力有限。追其根源应该是立法、司法和行政三个领域调整不够。必要的行政监督机制，是拉美地区在城市规划领域的重要法律保障机制。是否实现了必要的法律功能？如何开展？参与主体与执行标准如何？出现纠纷的解决机制又是如何构建的？这些问题是本节的论述重点。很多拉美国家的监督机制和司法救济形式主要是在涉及城市环境、规划执行与政府职能等专项领域实现的。当前，拉美关于城市规划立法执行的监督机制仍在逐步完善过程中。

一　主要行政监督机构

总体来看，拉美国家主要由司法部门承担对城市规划的法律监督职能。这是国家司法部门的职责：宪法执行与法律有效性的监督与保障机制。宪法作为根本法，其他任何法律法规不得与宪法冲突。

有关城市规划的法律相关问题，主要涉及实施监督职能的两大国家最高机构：国家议会和宪法法院。宪法法院具有监督职能，主要通过行政诉讼司法程序执行监督职能。具体的宪法行为或监督行为，依据国家法律开展，包括复查城市规划立法行为等。

国家最高法院负责城市规划立法与执行中的具体性司法问题，包括同为行政主体的国家与地方机构政策设计与执行、中央政府与州自治权间行政权执行冲突，政府行政规划执行对公民（居住在城市、城周边以及农村地区公民）的影响，不动产所有人对土地擅自进行划分、功能改变，影响城市规划环境保护或城市发展等行为等。判定行政行为或法律是否违反宪法主要通过最高法院或宪法法院进行，阻止可能威胁宪法行为，或根据违反条款由地方法院、行政法院、民商事一般法庭等进行。

纵向来看，拉美地区的司法部门主要分中央和地方两个层面的机构。中央包括前述的宪法法院和国家最高法院。在全球化背景下，拉美国家的机制发展，对三权的发展力求更具进步性，一方面三权分立；另一方面，权力间应实现更好的协调与联系。后者是当前拉美司法部门发展的重要方向。司法应实现对宪法的保护，保障法律和社会公正性。对司法权力的要求并不局限于单一的法院案件审理或判决。这就要求地方法院在处理城市规划问题上，发挥更大的效能。拉美的地方法院在处理城市规划相关司法监督问题上，实现了长足进步，包括案件数量和案件涉及领域均有发展。但是进步性具有地域局限性，首都的地方法院的地方城市规划司法经验远高于其他地方法院。这主要因为，拉美城市规划行为重点在人口聚集的首都及国家主要城市。这与拉美长期殖民形成的人口高度集中的发展模式相关，多数国家超过 50% 的人口集中在首都。在新的历史时期，社会差异的缩小，社会的普遍平等和所有公民机会均等，甚至通过更为精简的司法建构，减少国家开支，增加国家凝聚力，实现司法公正等都是拉美地区国家司法发展的新动向。

吉列尔莫·奥唐奈（Guillermo O'Donnell）曾说，民主法治的施行是国家民主质量提升的基础性要求。因此，政治制度以及国家权力机关关系规范是政府正确履行责任的关键性因素。而好的宪法性设计，确是实现国家有效性的双面性因素。因为麦迪逊曾指出，国家权力归于少数人所有，很有可能引起专制。所以司法机构成立的最重要初衷是保障司法稳定和避免行政专权的双向机制。

二 监督机构部门结构与构成

以墨西哥为例，联邦制国家在联邦层面的司法机构包括：最高法院、选举法院、合议庭（colegiados）、区域协调（unitarios de circuito）、地区法庭（juzgados）、联邦司法委员会（负责司法权执行的监督与管理）。国家最高法院由 11 位法官组成，由总统提名，参议院任命。①随着司法部门政策的不断发展，对最高法院部门人员的任命权，以及选举法院的成立等，使墨西哥实现了更好的司法独立。此外，地区的司法结构改革，增强了司法部门执行力。

地区法官队伍建制。一般由一位法官和数位秘书、书记员组成，人数根据具体需要和预算决定。地区法院是联邦司法权力机关的一审法院。

---

① Jorge Armando Núñez Alfaro, "El Poder Judiicial en la Operatividad de la Planeación Urbana en el Estado de Michoacán al Inicio del Sigol XXI（Caso de Conurbación Sahuayo, Jiquilpan, venustiano Carranza）", *Insititudo Politécnico Nacional*, 2011, México.

包括刑事、行政、民事和劳务庭等。一些地区拥有上述所有的法庭，一些地区仅有其中几类法庭。法官依据一定法律程序，直接对涉及城市问题决定进行审理和裁决，审理内容涉及城市规划、城市发展、城市建设等。

三　拉美国家司法监督机构特点概述

司法独立性，是对拉美国家司法监督机构的重要评判标准。拉美地区的部分民主评估也包含对司法部门独立的分析。在拉美及加勒比国家中，哥斯达黎加在司法体系评估中获得了较好评价，最低的为海地。墨西哥人类学、社会科学家冈萨雷斯·卡萨诺瓦（González Casanova）根据墨西哥最高法院 1917—1960 年的 3700 项决议认为，该国司法部门具有一定的机构独立性。另一位地区学者秘鲁宪法学家塞萨尔·兰达指出，拉美国家采用了宪法法院制度或最高法院宪法法庭等方式，进行宪法的司法实践。但由于历史原因，存在不稳定性。[①] 而美国最高法院判决（其中部分判决为支持反对党的法院决定）。研究显示，相较美国，拉美国家司法独立性还没有达到理想的标准[②]。

从无偿的司法援助和基本自由保障等维度看，司法独立通常以总体宣言或出现于国家宪法中，在其他下位法规（组织法、法典等）中进行具体规定，拉美国家多采取该类立法模式。程序上，规定最高法院以及司法权力机构人员应对宪法进行宣誓，遵守相关法律保护司法决定公正性。在司法决定中不侵害其他权力机构，独立享有司法权，促进司法解释制度的完善，接受公众监督，法官独立人格（不能减少司法税收报偿，司法权力机关国家谷底预算，保障司法职位、选拔和任命规定的稳定，不得同时执行其他有报偿性行为，保障司法权不可侵犯）。

---

① César Landa， "Las Sentencias Atípicas en la Jurisdicción Constitucional Latinoamericana"， 2010， Bibliotec Jurídica Virtual del Instituto de Investigaciones Jurídicas de la UNAM， https：// archivos. juridicas. unam. mx/www/bjv/libros/6/2894/24. pdf.

② Jorge Armando Núñez Alfaro， "El Poder Judiicial en la Operatividad de la Planeación Urbana en el Estado de Michoacán al Inicio del Sigol ⅩⅪ（Caso de Conurbación Sahuayo， Jiquilpan， venustiano Carranza）"， *Insitituto Politécnico Nacional*， 2011， MéⅹⅰCo.

　　司法独立性具有几方面内容：外部独立和内部独立。外部范畴，涉及司法权力机关人员在经济、不动产所有的合法性。职能上，法官判决应为自主性而非迫于来自任何组织、机构或个人的压力。同时，司法机关作为整体，与立法及行政权间保持独立关系。这也是一直以来拉美地区国家司法研究备受争议的问题。实际司法行为中，拉美社会对其他部门影响司法判决问题较为关注。近十几年以来，拉美国家也进行了一系列司法改革，包括相关立法内容、司法机构改革、法官队伍建设等一系列内容。取得了更高的司法可信度，增强了相对薄弱的司法独立性。

　　多数拉美国家历史上存在司法权受行政权干预的情况，军政府统治时期尤甚。这一影响延续至今。例如，乌拉圭在 1977 年通过降低司法独立制度机构决议，将司法权置于行政权下，司法部转化为行政职能性法院，失去司法权。①古巴在 1973 年也曾根据《司法体系组织法》，将司法权力置于部门委员会下，1976 年古巴《宪法》第 122 条，以及 1977 年《司法体系组织法》规定国家法院归国家议会和国务委员会管理。②巴拿马在 1968 年遭遇军事政变后，《政府预备章程》（法律级别相当于宪法）将所有权力归于国家，包括司法权也由执政军队管理。③

　　在拉美从军政府向民选政府的民主化过渡时期，存在司法权不独立问题。在一般法院和军事法院或专门法庭关系中，也出现过一系列司法权受到行政权威胁案例。如巴西 1965 年根据 2 号组织决议，规定居民因违反国家安全受到起诉时，军事法院负责审判。此外，在阿根廷、哥伦比亚、古巴、智利、萨尔瓦多、危地马拉和乌拉圭等国都曾建立审理参与破坏煽动性行为罪的专门法庭，大多数国家有特殊的审判过程，不具

---

①　"The Lawyers Committee for Human Rights, Uruguay: the End of a Nightmare?", 1984.

②　Luis Salas, "Social Control and Deviance in Cuba", New York, *Praeger*, 1979.

③　参见 la Constitución de 1972, cuyo artículo 2 establecía que los órganos legislativo, ejecutivo y judicial deberán actuar "en armónica colaboración con la Fuerza Pública"; con este eufemismo, se acordaban plenos poderes a esta última institución. (cf La administración de justicia en Panamá (Informe final), op. cit, pp. 26 – 29。

备一般基本保障，执行的处罚性判决也非常严苛，包括死刑等。①

部分拉美国家曾存在司法程序不公平问题。如在尼加拉瓜，1979 年曾建立特殊法庭、1983 年曾建反索摩查民众法庭，专门审理被控战争行为或"反人类罪"的人，审理内容和过程并没有平等和司法公正，司法权沦为了政治统治工具。直到 1988 年，这类法院被取消，一般法庭恢复受理各类案件，但参与公众游行者仍交由政治法庭审理，该法庭不在司法体系内部而是归于内政部管理，有宣判上至 6 个月监禁的司法权力，但却不能为受审者提供任何程序和权利救济性保障。②此外，在玻利维亚③和哥伦比亚④也成立了特殊法院，用于反对毒品运输的专项司法工作。又如尼加拉瓜 1986 年以前以及 1987 年以前的萨尔瓦多，也存在类似的司法权力缺失问题。中美洲国家实施《中美洲和平协定》（*Peace Agreement of Central America*），逐渐实现司法权的恢复和国家的民主和平过渡。这一决议由法官、律师、公证人员和司法人员等完成。

司法体系内部独立行使司法权应遵循合法的基本原则，履行相应职级与司法域内的自由裁量权。在法治国家内，还应实现的司法独立是司法人员的责任独立，包括对其行为的监督。

拉美司法体系内部的独立司法发展，深受欧洲和美国影响。司法权独立过程在欧洲各国逐渐发展，1963 年，61% 的受访者认为英国法官完全独立于政治权，仅有 9% 的受访者对法国司法独立持有相同看法。1975年（34% 的受访者认为法国法官"相对"独立，另有 34% 的受访者认为

---

① Jorge Armando Núñez Alfaro, "El Poder Judiicial en la Operatividad de la Planeación Urbana en el Estado de Michoacán al Inicio del Sigol XXI（Caso de Conurbación Sahuayo, Jiquilpan, venustiano Carranza）", *Insitituto Politécnico Nacional*, 2011, México. ROSENN, pp. 24 – 27.

② *Report of the Amnesty International Missions to the Republic of Nicaragua*, August 1979, January 1980 and August 1980, 1982 y An Americas Watch Report, Human Rights in Nicaragua, August 1987 to August 1988, August 1988.

③ 1988 年 7 月，玻利维亚议会通过《古柯与古柯物质管控法规》，由此授予政党对国家所辖领土实质管理政党权。

④ 根据 1986 年颁布《第 30 法》（《国家麻醉性物质章程》）规定，政府代表、行政长官、特派员或波哥大市长，有权设立机构，完成政府秘书处官员职能，成立机构办事处。Edgar Escobar Lopez, "Las contravenciones: naturaleza, competencia y procedimiento", *en Comentarios. Estatuto Nacional de Estupefacientes*, Medellín, Señal Editora, 1986.

并非"完全"独立)。在西班牙，1988 年 11% 的受访者认为本国法官独立（其中，30% 认为"基本"独立，31% 不认为"非常独立"，14% 认为是"非常有限的独立"）。法国和西班牙的调查结果相对悲观，民众多认为政府存在对司法权力的控制，认为法官作为国家公务人员，法院是国家机器的组成部分。① 美国法官是社会上调节私人和公共领域的关键机制。其职能不仅包括对法律进行宪法性解释，也包括对公共权力部门政策的引导。甚至有人将美国称为"法官政府"，意指最高法院享有的广泛权力，在北美司法体系中，还存在对上述法院的自我审查，实现国家最高利益间的必要制衡，是长期民主路径和最大限度公民社会实现的保障。②

相较罗马法系国家，拉美法官"一般"对行政行为和决议没有管理权，主要由行政法院或专门法院执行（如法国的国家委员会或西班牙的宪法法院）。部分拉美国家法官职能更接近英美法系国家。地区司法权独立性主要受到行政权干预，具体问题是：

（1）长期行政机关独裁和主导传统；

（2）地区国家政治不稳定；

（3）法律行政在执行时，尤其受到教条主义影响，同时法官传统智能，仅限于对法律规定职责的基本执行，并不关心对法律与权利的创建；

（4）复杂的司法结构；

（5）在立法和行政权力行为中缺乏对宪法性精神的实践；

（6）最高法院和司法体系总体缺乏民众基础；

（7）任命、晋升和任免法官和检察官制度；

---

① José Juan Toharia, "Cuarto Barómetro de opinión del Consejo General del Poder Judicial", *Poder Judicial*, diciembre 1988; del mismo autor, Introducción a la cultura legal española, Madrid, CIS y Siglo XXI, 1987. En este mismo orden de ideas, POUILLE estima que si en los Estados Unidos el Poder Judicial y en especial la Corte Suprema-son tan populares, ello se debe a que simboliza un poder único y fuerte, capaz de censurar con energía y sin temor al Poder Ejecutivo, por poderoso que éste sea; en cambio, la impresión del ciudadano francés es que la Justicia no puede imponer límites al Gobierno (p. 51).

② 转引自 José Ma. Rico y Luis Salas, "Independencia Judicial En America Latina: Replanteamiento De Un Tema Tradicional", Centro para la Administración de Justicia. 多篇论文 "Essays on the Supreme Court Appointment Process", en *Harvard Law Review*, Vol. 101, No. 6, April 1988。

（8）宪法、法律机制理论上受到司法机关（独立 200 年来，拉美国家总共颁布了 200 余部宪法，也就是该地区平均每个国家拥有 13.4 部宪法）保护，但宪法订立时间与稳定性不足；

（9）地区司法体系受腐败问题困扰。[①]

判例法国家和欧洲大陆法系国家都影响了拉美司法体系建设。[②] 两种法律体系下，都包含了司法独立的内容。英国 1701 年就开始了对法官地位的立法保护，得益于意义深远的《王位继承法》（Act of Settlement）的颁布。法国 1789 年大革命彻底废除了此前施行的将所有国家权力集中于国王一人之手的旧体制体系，司法权由此过渡到司法部门，司法独立过程是从其他权力间的剥离过程。拉美不曾经历司法领域的重大改革，仅以温和的改革不断提升司法独立性，受到地区政治进程影响较深，司法独立的环境保障不足。

四　拉美地区司法部门法律监督权的有效性分析

拉美地区对司法部门法律监督有效性的分析，多从其与政治关系入手。据一项对 1900—2009 年拉美 17 国[③]最高司法部门（最高法院和宪法法院）研究指出，在较长时间里对司法部门的研究分析多集中在政治学

---

① 参见 Verner, pp. 483 - 506 y ROSENN, pp. 32 - 35. Refiriéndose a la carrera judicial, un autor dominicano opina que su establecimiento está condicionado por intereses políticos partidistas derivados del centralismo político, del presidencialismo, de la debilidad de las instituciones políticas (en particular el Parlamento y d Organo Judicial), de la excesiva intervención reguladora del Estado y de la corrupción (Raymundo Amaro Guzman, "Las carreras judicial y administrativa en el contexto judicial dominicano", en Manuel Berces Chupani y otros, Las carreras judicial y administrativas: una búsqueda de institucionalización, SantoDomingo, ONAP, 19B3, pp. 51 - 73, en especial p. 61). Cf. asimismo Carlos José Cutierrez, "La Constitución norte-americana como ley importada", Revista de Ciencias Jurídicas, No. 61, setiembre-diciembre 1988, pp. 11 - 61。

② 参见 Dieter Simon, "La independencia del juez, Barcelona, Ariel", 1986, 及 Shimon Shetreet, *Judge on Trail. A Study of the Appointment and Accountability of the English Judiciary*, London, North-Holland Publishing Company, 1976 y Shimon Shetreet y Jules Deschenes, *Judicial Independence. The Contemporary Debate*, Boston, Martinus Nijhoff, 1985。

③ 17 个拉美国家包括：阿根廷、玻利维亚、巴西、智利、哥伦比亚、哥斯达黎加、厄瓜多尔、萨尔瓦多、危地马拉、洪都拉斯、墨西哥、尼加拉瓜、巴拿马、巴拉圭、秘鲁、乌拉圭、委内瑞拉。所采用数据均为原始数据，分析内容是基于宪法中所有涉及国家司法权力主要机构条款。

领域，多关注制度性建设。① 在政治学文章中有一系列研究成果。此类研究中缺乏从宪法有关司法权力涉及演变的长期分析。同时，也缺乏对制度性规则变化及其对民主影响的更深刻理解。对司法部门分析，主要包含三个方面内容：

（1）通过一定数量的文献梳理，了解法院和检察院职能相关的制度设计，对 20 世纪初至 2009 年上述国家的司法主要职能进行梳理。包括宪法司法控制中，宪法机构的权限、规模和构成，法官任期、参与法官任命人员等。分析上述条款后，关于制度设计对法官及其职能稳定性影响进行分析。

（2）对在职法官稳定性在何种措施下能满足制度规定设计，实现司法体系规范进行分析。通过方法构建和基础数据分析，评估可行性。

（3）分析制度框架稳定性与专门司法内容，如何保障在职法官稳定。一些制度设计有利于法官稳定，但应当注意政治博弈对司法权力的影响与控制。

通过上述分析认为：拉美地区司法权缺乏长期的独立性，地区国家司法权发展受到其他国家权力影响较多。民主化发展至今，拉美仍未摆脱这一问题。② 如玻利维亚宪法法院未能完成任期（依新宪法建立，新宪法获得全民公投通过，并由选举法院颁布的国家宪法）；尼加拉瓜时任总统对判决结果提出质疑等。这些地区司法事件都是司法权力与其他权力关系紧张的体现。而解决问题的关键是，政府成员不影响法官判决，国家法律执行中明确政府权力分工。③

宪法设立的初衷是约束政治权力滥用、保护公民权。这也是司法部

---

① 此类文章如 Negretto（2009），Jon Elster（1995）等，文章分析了欧洲和美国宪法改革浪潮特点，但对于地区的民主强化过程则设计较少，对亚洲、非洲及拉美地区的分析文章不足。

② Chavez，2004；Helmke，2005；Iaryczower et al.，2002；Magaloni y Sánchez，2006；Pérez-Liñán y Castagnola，2009；Prillaman，2000；Ríos-Figueroa，2007；Scribner，2004；Verner，1984.

③ 参见 Fiss，Owen M.，"The Right Degree of Independence"，en I. P. Stotzky（comp.），*Transition to Democracy in Latin America：The Role of the Judiciary*，San Francisco，Westview Press，2005。

门的主要机构职能，是依宪法确立的。① 如果宪法被用于保护执政者，那么制度设计者应当对滥用机构制衡机制进行调整。分权和宪法控制是有效控制政府特殊利益的机制。在这一规则下，司法机构是民主稳定和政府权力自治的保障。但拉美地区宪法一定程度上被用于满足特殊执政者利益，引发了一系列宪法改革。道格拉斯·诺斯（Douglass North）认为，如果政治力量有能力实施宪法改革战略，进行机构改革，将会是向着有利于政治或个人利益方向发展。同时，拉美学者艾尔内斯托·卡尔松·瓦尔德斯（Ernesto Garzón Valdés）教授认为，现行宪法改革多数有着消极影响，是在法律领域满足某种总统政治目标的行为。1994 年阿根廷宪法改革的推动者主要意在修改总统连任内容。此后 20 年拉美多位总统均进行过类似的修宪动议。

司法部门虽然获得了宪法的赋权，但在历次宪法改革中，并未实现司法权的进步，实际中的司法权力受到改革等制度变化的波及。从制度层面和战略层面，宪法有着双重内涵，既是制度的保障，也是政府利益的政治选择。合作或分配理论下的宪法改革，区别已不再明显。而在立法部门对涉及司法权力制度进行修改时，拉美国家究竟是增强还是削弱了最高法院权力？

拉美司法权曾面临程序性规定过多的问题。20 世纪初期，拉美国家对司法控制权进行了烦琐的规定。到 20 世纪末，大多数国家都已集中监督模式，通过法庭、法院或专门法院实现监督权。② 20 世纪初，阿根廷、玻利维亚、哥伦比亚、洪都拉斯、墨西哥、尼加拉瓜和委内瑞拉等拉美地区代议制国家将宪法中的宪法控制司法权授予最高法院。而 1900 年时，仅有 44% 的宪法规定监督权力曾予执行。一个世纪以来，巴西、智利、哥斯达黎加、厄瓜多尔、萨尔瓦多、危地马拉、巴拿马、巴拉圭、秘鲁和乌拉圭等地区国家逐渐建立这一体制。

---

① 参见 Ginsburg, Tom, *Judicial Review in New Democracies*, Cambridge, Cambridge University Press, 2003.

② 参见 Brinks, Daniel y Abby Blass, "The Role of Diffusion and Domestic Politics in Judicial Design: A Theoretical Framework and Preliminary Results", ponencia presentada en Latin American Studies Association, Toronto, 6 – 9 de octubre, 2010。

　　拉美地区宪法控制司法权的最主要特点是缺乏统一模式。① 20 世纪初，地区主要有三类宪法控制模式在拉美 7 个国家实行。分别是：（1）提供特殊途径，政府提供宪法保障，保障在受到立法侵犯或政府行为违反宪法时使用（如 1900—1906 年实行的洪都拉斯宪法）。也就是说，这类机构的建立并非为了保障所有宪法条款，而是保护宪法建立的部分个人基本权利条款，尤其是受到侵害的法条。（2）构建一个机制，就立法行为中宪法性或非宪法性内容进行确认（此前，需经过合宪性审查），非宪法性内容由政府执行（如 1900—1905 年哥伦比亚宪法）。这一机制也是就违背宪法内容的法律适用，没建立宪法全部内容的监督机制。（3）最高法院就联邦或地方法、政府行为或国家与次国家等机构间冲突进行合宪性评估，是对宪法条文的一体化保护（如 1900—1949 年阿根廷宪法、1900—1938 年玻利维亚宪法、1900—1917 年墨西哥宪法和 1900—1901 年委内瑞拉宪法）。这一模式建立了有效、一体化的宪法执行与监督机制，寻求对现有政治权力机构行为的评估，并不仅仅是政府机构（第一种模式仅对政府部门进行监督），也包括其他行政机关。这是地区宪法的监督机制的初期发展。

　　20 世纪初至 20 世纪 60 年代，拉美地区进行了宪法修改，将最高法院权力作为独立权力：1904 年巴拿马宪法，1925 年智利宪法，1929 年厄瓜多尔宪法，1933 年秘鲁宪法，1934 年巴西和乌拉圭宪法，1939 年萨尔瓦多宪法，1945 年危地马拉宪法，1949 年哥斯达黎加宪法以及 1967 年巴拉圭宪法。

　　同时，20 世纪以来汉斯·凯尔森（Hans Kelsen）提出的纯粹法理论（Pure Theory of Law）、基础规范研究对拉美地区司法实践有着深远影响，

---

　　① Clark, David S., "Judicial Protection of the Constitution in Latin America", *Hastings Constitutional Law Quarterly*, Vol. 2; Navia, Patricio y Julio Ríos-Figueroa, "The Constitutional Adjudication Mosaic of Latin America", *Comparative Political Studies*, Vol. 38, No. 2; Ríos-Figueroa, Julio, "Judicial Independence: Definition, Measurement, and it's Effects on Corruption. An Analysis of Latin America", tesis doctoral, Nueva York, New York University, 2006.

因此产生了第四类宪法监督模式：集中控制①（一些拉美国家通过宪法指定了最高法院专门法庭，如1989年以来哥斯达黎加，1983年以来萨尔瓦多，1993—2005年尼加拉瓜，1992年以来的巴拉圭和1999年以来的萨尔瓦多，另一些国家则是通过建立宪法法庭或宪法法院实现这一目标）。凯尔森的理论也对地区城市规划的司法权发展产生深远影响。

第二节　拉美及加勒比地区国家城市规划主要司法案件类型

一　司法案件类型

由于城市规划立法并未以具体的法典形式出现。目前，拉美地区对城市规划立法的研究，以城市规划法、城市土地管理法为主体，同时包含其他法律中涉及城市规划。主要的司法案件类型包括：涉及行政规划地方法律合宪性审查、地方城市规划设立中的市民权益保护、城市规划执行的执行办法合法性、居民行为违反城市规划内容或规划法内容。

（一）司法监督机制涉及的城市规划法律机制有关农业问题的城市规划司法机制

拉美地区曾出现过对农业、农村用地的保护及司法机制建设，如墨西哥建立了农业法院，体现了1910年《宪法》对农业的重视，但这一司法保护相对滞后，保护农业用地的农业法院1992年建立，是司法权力直接对农村土地及相关权益的管理，保护社会特殊群体减少因新自由主义带来的冲击。通过这一法院，司法在短时间通过直接福利方式给予农民权益保护，对农业生产用途土地的所有者以保障，他们长期没有获得司法救济。农业法院的建立对城市规划也相当重要，城市规划新增用地很多都源自农村地区的村社用地，是城市规划增长的主要来源。同时也是农业部门过程管理的重要部分。

---

① 实际司法制度建设中，仅少数国家（智利、哥斯达黎加、萨尔瓦多和乌拉圭）采用了集中控制专门体系。阿根廷是唯一完全保留广泛控制传统的国家。其余拉美国家现已采用宪法控制混合模式。

（二）涉及的商业性诉讼

涉及商业的城市规划司法机制，是保障地区城市规划发展条件和司法条件，也用于规范商业行为与正当商业利益。以墨西哥米却肯州（Michocán）为例，州城市规划发展条例实施中，包含商诉法律内容。如取得实效，非诉讼证据及其有效性，不合理不动产的占有证明，共有财产划分和共享的公正性规定。①

行政或商业纠纷通常由司法部门解决，途径包括诉讼、仲裁、调解等。司法部门直接参与审理公司获得大量收益的行为中，基本保持中立的立场。很多时候，司法判决或调解结果多是有利于此类公司盈利意图的。司法部门参与的城市规划法律调解结果相对公正，不会威胁城市规划发展客观条件，也一定程度上有助于规划内城市建设。通过合法程序获得利益，尤其是司法部门参与的过程，主要以非直接方式，获得法院城市规划相关司法性结果。

（三）非正规行为法律"规范化"项目中的司法作用

由于过去几十年社会的不平等和相关政策未能实现提供居民适当住宅等原因，导致拉美地区居住在不同类型非正规地区人口规模的不断增长。20世纪90年代，拉美国家政府陆续开展了住房系列政策调整，对以前过于注重提升城市环境的政策导向而造成的非正规住宅现象进行反思，寻求改善和解决的措施。因此，许多相关土地使用、城市规划等合法化项目、各种计划，以及少数预防性政策相继出台。在这种情况下，规范化项目效果与实施目标的评估和分析十分必要。其中一些项目的实施从数字上减少了贫困率，但也有些项目在城市范围产生了消极影响。比如，占地行为更严重，引发配套设施跟不上或动荡不定；还有通过非法手段占地后，造成严重的城市环境问题。

规范项目的实施，最早是以"合理化"为目标的，希望贫困人口能进入城市规划与合法市场，而非针对非正规市场产生的原因。这样

---

① Jorge Armando Núñez Alfaro, "El Poder Judiicial en la Operatividad de la Planeación Urbana en el Estado de Michoacán al Inicio del Sigol XXI (Caso de Conurbación Sahuayo, Jiquilpan, venustiano Carranza)", *Insitituto Politécnico Nacional*, 2011, MéXIco.

"规范化"政策的实施离不开地区公共政策的协调，规划条款和城市地区管理战略等都对回归城市规划进程而被排斥的那部分原本应受保护居民应有的帮助，实现规范化项目为了促进土地和住宅可获性的民主化进程。①

司法部门对非正规用地的解决，不仅包含规划，更包括环保、所有权合法化等。由于前文提到的非正规用地合法化项目，大都在公有土地领域执行，私人土地占有的合法化政策很难进行。一方面由于国家在私有土地使用和占有合法化过程中，执行难，执行方式有限；另一方面，私人土地还存在一定自行开发或非报批、超过土地用途的开发行为。

(四) 城市规划环境问题的司法监督 (司法坚持预防原则)

自然环境保护，作为城市规划立法内容，日益受到拉美各国行政部门重视。这一法律行政过程及具体政策制定，需要司法部门监督机制，保障可持续城市规划实施，主要依据是拉美各国宪法。如哥伦比亚《宪法》多个条款提到：第8条 (保护国家文化和自然财富的责任)；第49条 (关注环境健康与卫生)；第58条 (所有权中的生态职责)；第79条 (拥有一个健康环境和民主参与有关环境决议的权利)；第80条 (规划、管理和利用自然资源)；第226条 (生态关系在国内的相互关系建设)；第268条第7段 (对自然资源与环境的监督)；第277条第4段 (保护环境是检察官的职责)；第289条 (边界区域环境保护的合作和一体化项目)；第331条 (玛格达莱纳大河合作与环境保护)；第334条 (国家保护自然资源与健康环境权)；第339条 (国家发展规划中的环境政策)；第366条 (作为国家利益的环境健康与可饮用水必要解决办法) 等。此外，在国家层面其他法律规范 (如哥伦比亚1993年的第99号法等) 中，也有预防原则的具体规定，是对《宪法》内容的补充，可为改善城市规划的环境条款提供法律保护依据。

---

① Fernandes, E., "Programas de Regularización de la Tenencia de la Tierra Urbana y Pobreza Urbana en Latinoamérica", *Revista Vivienda Popular*, Facultad de Arquitectura, Montevideo, Agosto de 2003.

二　国别司法案例：哥伦比亚司法体系对城市规划中环境保护的有效性

有关城市规划问题，主要涉及实施监督职能的两大国家最高机构：国家议会和宪法法院。宪法法院具有监督职能，复查城市规划立法行为。实现行政公诉（acción popular）、政党（de grupo）和执行性（cumplimiento）行为，主要通过行政诉讼司法程序实现。所有这些行为统称为宪法行为或监督行为，受到国家法律规定保护。

司法部门通过判决与法院意见等，依据宪法规定执行对健康环境权及其他城市规划法程序的司法和法条的司法解释。涉及城市规划的司法判决中，包括民主、政党或执行行为。

判决涉及类型的内容不同，涉及领域为宪法规定的城市建设过程中的环境保护，各类数量不同。除判决结果外，另外值得关注的是是否为合理行为。司法机关和行政机关，作为司法机关和判决的影响部门，也是研究的目标。一些相关诉讼中包含上诉权（interponer），并合理地提出上诉，保护健康环境权。另一些因为理由不当不予受理。

（一）司法机关案例结果——以哥伦比亚为例

（1）判决第 AP - 781 号（2003 年 1 月 16 日），就麦德林市（Medellín）阿尔梅利亚街区（la Almería）公共空间噪声污染和垃圾污染，对麦德林市级相关部门的诉讼。

评论：诉讼目的是保护公民享有公共空间和健康环境权利。诉讼中认为，有关集体权受到威胁的保护，有三项事实为依据：一是要求公司所有的公共汽车避免对环境的污染，尤其是在启动和熄火时。二是车辆产生的噪声超过了规定所允许的最高分贝限额，造成了噪声污染。三是公司员工和一些专门人员在公共道路清洗车辆，造成了区域的不整洁和垃圾管理问题。

因此，安蒂奥基亚省（Antioquia）行政法院 2002 年 9 月 3 日公布 2 号判决结果如下：要求麦德林市在公布判决结果后 48 小时内，采取适当措施，改善麦德林市阿尔梅利亚街区公共环境中的垃圾问题。此前，2001 年 9 月 3 日，安蒂奥基亚省行政法院，还要求鲍布拉多 - 拉乌莱拉斯（Poblado-Laureles）汽车有限公司，积极有效配合麦德林市，寻求上述阿尔梅利亚街区问题的解决办法。

（2）日期为 2003 年 11 月 27 日，第 AG - 3182，麦德林市巴萨尔·德·罗斯 - 布恩戴斯（Bazar de Los Puentes）市场建设中的违反城市规划的问题。被告为安蒂奥基亚省麦德林市政府。判决结果为：被告应因违反城市规划环保相关规定而出现违约行为，应对相应市场商户予以赔偿。

评论：原告认为麦德林市政府因不符合城市规划环境保护相关条款，而未能对原告市场商户履行市场建设行为，造成原告经济损失，要求赔偿。被告变更了位于麦德林市巴萨尔·德·罗斯 - 布恩戴斯市场建设设计和技术条件。被告列举了因该商业中心建造及技术变更遭受的经济损失。麦德林市政府并未完成对商户承诺的商业工程交工，因为建设被判定为不符合城市规划环境标准。这造成了施工与合同承诺不符，为解决建设巴萨尔·德·罗斯 - 布恩戴斯商业中心对环境造成的污染，首先，政府未能完成合同要求完成承诺给商户的相应建设；其次，没有完成法律规定的社会职能。在对该商业中心建设的合法城市规划审查行政程序中，相关部门认为该工程存在对城市环境的污染问题，被告方的权益损害，则由于政府依法执行该行政命令产生，即市政府无法按合同规定履行合同内容。但是，政府与市场商户订立的合同合法有效。判决认为，政府不应是只关注单一领域权利的适用机制，对造成其他的合同违约行为。判定应依法予以补偿，避免出现司法救济问题。

（3）哥伦比亚行政公诉登记第 AP - 01229 号，日期为 2006 年 7 月 27 日，有关固体废弃物问题。被告为内瓦市（Municipio de Neiva）公共服务公司。诉讼法律依据为《宪法》第 79 条。诉讼描述与诉讼请求：环境权，废弃物、垃圾污染环境，有关清理的公共服务的法律规定；对废弃物或固体废品的一体化废弃物管理规划或固体废品一体化管理计划中的责任归属；回收期的确立。

评论：判决认为，一方面，根据《宪法》第 79 条和第 80 条对国家责任的规定，通过不同行政实体实施相应职能，保护环境多样化和整体性，预防和控制环境退化因素。如上行政责任与所有公民享有健康权相关，有第 79 条予以保护。另一方面，根据 1974 年第 2811 号法第 8 条规定，该法为"可再生自然资源和环境保护国家法规"，认为，造成环境退

化的因素为积累和不当安排废弃物、垃圾、废品和残渣。同时，在第 36
条中规定：对于垃圾的防止或最终处理过程使用，最优先遵循原则为避
免环境退化和避免威胁人类健康。判决结果：判决支持被告。

（4）哥伦比亚行政公诉登记第 9696/07/19 号，关于公共空间和军事
演习对田产影响。大西洋省。被裁定为不合理诉讼。判决不合理理由为：
民主行动就公共空间活动进行管理。认为军事演习产生的影响，在任何
地区都有，并没有证据证明有不安全问题，对于造成的事实存在危险无
修复需要，但法院给出了一些建议性措施。

评论：原告方在这次诉讼中并未以公共利益或有相应法律地役关系。
如果能约束所有人在其地产上的特殊个人行为，很大原因在于国家做出
军事部署，更多是以保障国土安全为目标的。

（5）哥伦比亚行政公诉登记第 00060691 号，日期为 2001 年 12 月 18
日。布卡拉曼加地区自治机构去除污染预先规划，启用人民行动并不适
用于当公共工程由相关机构按照事先规划执行问题。环境权，在地方自
治机构开展长期去除污染规划时，不存在危害行为。卫生规划，该规划
期限为十年，因此，对布卡拉曼加地区自治机构的诉讼理由被认定为不
恰当。而由布卡拉曼加地区自治机构开展的工程，还在工期中，但施工
过程并未导致相应危害性结果，因此认为诉讼理由不当。

评论：布卡拉曼加保护地区自治机构，作为下水道体系行政实体，
并负责可再生自然资源管理。在符合相关标准前提下，具有施工权限。①

（6）行政公诉登记第 059 号，日期为 2000 年 7 月 6 日。有关在托利
马省伊巴盖市迷你足球场地问题。法院判决认为对被告的指控中，市政
府决定占用迷你足球场地进行重建行为不合法。法律根据为 1998 年第
472 号法第 4 条、1974 年第 2811 号法第 1 条。

评论：原告确认了土地信贷所交付给伊巴盖市政府，位于 Jordán No-
vena Etapa 城市规划中绿地区域，其中，包括一块绿地，原规划目标为进
行植树造林。但在未得到任何授权或公共行政程序情况下，擅自变为一

---

① Miguel Patiño Posse, "El Régimen Jurídico del Ordenamiento Ambiental y Urbano en Colombi-
a", 参见 http：//www.ua.es/，Universidad de Alicante。

块足球场地，并未获得市政府授权，这对环境造成了巨大伤害，也侵害了该地区城市化进程中的周边居民健康权。根据被告的事实行为以及相关检测结果，审判庭据此认为，为保护公民享受健康环境权利，作为集体权利和利益的一部分，根据 1998 年第 472 号法第 4 条规定，作为伊巴盖市所有的绿地地区，属 Jordán Novena Etapa 城市规划中地区之一，在其规划指出，并未有影响集体权的规划性行为。但在规划执行过程中，市政府实际规划建设行为侵犯了集体利益中的环境权，而作为市县行政机构，本应承担对城市规划地区的环境保护的职责，但实际规划行政执行过程却带来了对环境的消极性影响，并造成了噪声污染，因此有必要采取对法律保护利益受到损害的必要补救措施，保障该地区居民享有集体权中规定的健康环境。该判决结果详见宪法法院 1992 年第 T415 号判决。

（7）行政公诉登记第 00059713 号。日期为 2000 年 11 月 1 日。对安蒂奥基亚省贝尤市城市规划公共工程建设发放环境许可。案件描述：民主行动，为保护环境，认为该项城市规划工程建设，不利于环境保护。

评论：法院给予对环境影响的判定，认为工程应当有相应管理，在工程动工、开始和结束时应有相应环境评估。环境许可作为最基本法律规定内容，是保护集体权的方式，避免集体权在危急情况下受到伤害。相反，该许可的发放，不应作为"环境机关职能"。法官认为，授予如上许可行为应当经过必要环境评估。法院认定，基于现在的环境状况，应当取消上述工程的环境许可，在建基础设施工程项目的执行，造成了对享有健康环境集体权的危害，同时也威胁到生态平衡以及自然资源的管理和利用，同时，应当保障贝尤市居民的公共财产权。[①]

（二）宪法法院的司法监督——哥伦比亚有关授权行为的判例

虽然哥伦比亚宪法法院涉及该领域案例不多，但是司法对环境健康权的关注日渐提升。司法行为集中于宪法法院，就该权利给出司法解释，健康环境权主要适用于城市范围。有关该问题的判决数量不高，关于执行城市规划条款的司法判决有 92 件，其中：1960—1990 年，涉及最高法

---

① 参见 Miguel Patiño Posse, "El Régimen Jurídico del Ordenamiento Ambiental y Urbano en Colombia", http：//www. ua. es/, Universidad de Alicante, 2009。

院 5 件，国会 51 件，行政法院 34 件。在如上司法案例中，包含：授权行为第 3837 号，1996 年 6 月 20 日。有关燃料分配管理争议。原审法院为 Tolima 地方行政法院。原告为救护车销售工会和 Tolima 站 estacionario。决定，支持原法院判决。根据第 99 号法第 77 条和第 75 条，第 9 号法第 5 条、第 6 条、第 7 条、第 8 条和《民法典》第 1005 条以及第 2303 号法第 88 条和第 118 条。

三　司法案件的审判结果

拉美国家对城市规划的司法审批案例，多需经历较为复杂的诉讼过程。对城市规划立法和行政的监督较为有限。且在不同政府执政时期，其判决执行性各异。部分政府行政权力影响司法判决的执行。

以下仅以哥伦比亚的规划立法判决为例，以管窥豹，分析拉美城市规划的司法审判结果。

哥伦比亚地方行政法院司法判决保护规划立法条例的强制性（obligatoriedad），由于市县和区行政部门缺乏对环境部门相关法律内容的尊重，引发了哥伦比亚司法关系紧张。法院有责任发布和维护环境规定的强制性。这方面的问题，已出现过地方行政法院的司法判决。

哥伦比亚金迪奥省（Quindío）行政法院于 2001 年 8 月 15 日宣布如下判决结果：判决卡拉尔卡市（Calarcá）委员会 2000 年第 015 号决议（Acuerdo 015 de octubre 31 de 2000）中，第 24 条和第 46 条内容部分无效，主要判决意见如下：金迪奥省行政长官要求法院就 2000 年 10 月 31 日第 015 号决议有效性做出裁决。理由是，据此通过的卡拉尔卡土地管理规划存在过程性违法行为。在该规划完成过程中，并未完成与金迪奥省地区自治机构达成统一。该市土地规划最终决议由市议会审议通过并于 2000 年 10 月 27 日开始执行。根据该规划卡拉尔卡市进行了城市周边改造，对于其中由金迪奥省地区自治机构最初统一的规划内容，进行了将决议开始通过的工业园擅自变更该区域后来的使用用途。行政法院金迪奥省分院由此认为，根据 2000 年 10 月 24 日第 00751 号决议规定并明确：土地管理规划中涉及环境事务部分，其决定过程须经金迪奥省地区自治机构确认，在第 00751 号决议第 2 条中规定，如果市县议会希望就具体规划中涉及环境内容进行修订，该规划应重新经地区自治机构确认。根据如上理由，金迪奥省行政法院判定，卡拉尔卡市议会发展规划委员会行为、2000 年 10 月 31 日第 076 号执行决议，以及发布的第 015 号决议与金迪奥省地区自治机构最初确定区域的城市规划条款内容不符，事实上超出了最初协定规划，变更计划中原定工业园的实施区域使用目的，变更过程缺乏相应环境机构的行政参与。①另外，审判庭认为卡拉尔卡市议会以及相应市执行部门，所行使的相应行政职权并非法律规定内容。因此，判定行政法法院判定 2000 年 10 月 31 日第 015 号决议第 24 条和第 46 条内容部分无效。

该行政行为缺失的判决案例，有助于确立环境立法的法律权威，重申了公共个性条款中有关环境规定是其中重要组成部分，是需强制性完成性条款。"还需强调的是，在金迪奥省法院审判中，法官做出的判决的依据是市县土地自治执行原则，属土地管理的规则。"

总之，上述判例可见，作为城市规划法律自身的法律机制，土地管理规划是环境保护和管控机制，根据 1997 年第 388 号法的规定，市县和区行政机构，应当依照对土地用途与采取的环境和自然资源保护与利用性条款进行规范，这些规范性条款具有较高法律位阶，尤其是国家环境体系（SINA）②中所属机构和实体发布的法规。

四　司法案件对城市规划的推动作用——以哥伦比亚国务司法委员会决议的价值为例

根据哥伦比亚法律规定，当存在侵犯或损害集体权迹象时（在本案中是生命权、健康权和环境健康权）预防原则强制执行；相反，如果能够完全证明权利受侵犯或损害，则不具备预防原则使用前提。

---

①　Miguel Patiño Posse，"El Régimen Jurídico del Ordenamiento Ambiental y Urbano en Colombia"，www. ua. es/，Universidad de Alicante，2009.

②　Según la ley 99，El Sistema Nacional Ambiental（SINA）es el conjunto de orientaciones，normas，actividades，recursos，programas e instituciones que permiten la puesta en marcha de los principios generales ambientales contenidos en ella. 参见 http：//www. uniderecho. com/leer_articulo_Derecho-Ambiental_6_1476. html.

根据上述原因（存在迹象），在初审判决中，提出保护集体健康、公共卫生和享受健康环境的集体权，发现被告机构在"进行地区性喷洒行为（及其产生的影响），即对非法种植使用草甘膦除草剂及其表面活性剂与辅助制剂时，被告机构被认为威胁了上述集体权"。这是认定上述机构，因为在喷洒区域施用草甘膦除草剂消除非法中之行为中，所产生的影响是不可避免的，造成了对人类健康的威胁，由于急性和慢性有毒物质；所有的农业化肥包括农药，都应保证环境健康；而由于草甘膦除草剂及其相关辅助剂在喷洒过程中滴落至其他非目标植物情况，有可能进入水系，造成水质富营养化（且不断增加），造成水生动物种群消失及植被的死亡（草、种植物等），土地裸露并以同样方式影响微生物体系等当地的生态基础，草甘膦除草剂的效用递减在初期要明显快于后期，也就是说该化学物质可长期留存于植物植株中，同时也会因这些受喷洒植物被动物作为食物而进入区域内或路过的动物体内；由喷洒含有草甘膦除草剂、高效清洗剂、表面活性剂造成，对具有重要生物意义地区，威胁生活水源、动植物多样性等世界性资源，伤害了印第安人及当地农民种植的木薯、芭蕉、玉米和水果树等，造成鱼类和禽类的死亡。①

上述判决的影响不仅涉及案件双方，更重要的司法判决意义有三点：首先，推动了行政行为的司法监督；其次，提升了民众对司法保护城市规划内权利的信任；最后，有助于城市规划法律行为的宪法理念实施。

第三节 拉美城市规划法的司法能动性

一 触发机制与特点

城市规划司法需要一定的触发机制。以墨西哥为例：最高法院宪法厅对地方城市规划权给出的司法解释是司法部门从宪法角度对城市规划

---

① Miguel Patiño Posse, "El Régimen Jurídico del Ordenamiento Ambiental y Urbano en Colombia", www. ua. es/, Universidad de Alicante, 2009.

进行监督，承担协调国家和地方政府间规划行政权的职能。[①]也有部分拉美宪法法院对城市规划法（包括城市所有权，城市规划行为限制，对相关职责的非处罚性规定，以及特殊情况下所有权规定等）给予明确的司法解释。目前，拉美国家对城市规划司法解释中的地方城市规划权的特别保护存在较大争议。核心争议在于预防、维护市级自治权的公正合法性与必要性间的博弈。部分宪法解释明确国家将规划权划归地方，宪法法院是其司法保护机制。

拉美地区的反对观点则认为：现代法学发展进程中，城市规划不应被视为是地方的绝对权力，地区国家的发展历史已证明，简单地将其列为地方权力不可行。城市规划毫无疑问是多学科的，是国家或者相应州的利益，是城市公权力的利益。一些地方政府将规划权视为地方分权的方式，主张将其绝对地方化。包括对垃圾处理、环境保护，以及地下水源保护、含水层保护、保护区、公共交通、公路网、历史、建筑、考古和文化遗产保护以及公共住宅等。但是，上述问题难以通过单一地方政府独立解决，因而城市规划行政行为往往是多个行政部门行为和职能，在同一领域协同工作。同时，中央政府和地方政府之间，各自拥有相应的绝对权力、共有权力或分享权力，它并非地方绝对权力，行政部门间协调是避免面对共生和涉及多层级利益问题产生司法或管辖权纠纷的办法，尤其是在城市规划与土地管理相关问题上，司法部门既有案例和解释主张应当实现国家、地区和地方三级行政职能共存。[②]

拉美司法部门还尝试解决"地方城市规划发展过猛"问题，其主要办法之一是推动城市规划职权分散在公共行政部门。如墨西哥国家住宅与城市化研究所（Instituto Nacional de Vivienda y Urbanismo，INVU）。一体化城市规划应当经过多个市级政府协调。地方自治权法律内涵需要司

---

① Ernesto Jinesta L., "Planificación Urbanística Local en la Jurisprudencia Constitucional", Ponencia presentada en el Congreso Internacional de Derecho Urbanístico organizado por Universidad Guadalajara, IIJ Unam y AIDA, 15 – 17, mayo 2008.

② Fernanadez Gùel, J., "Planificación estratégica de ciudades: emergencia, evolución y futuro". In *I Jornadas de estrategias sobre desarrollo económico y social*, Melilla, 2006 (Fernandez tomas ramonop cit), p. 40.

法部门提供解释。根据墨西哥《宪法》第 170 条的内容,市级自治权应当严格遵守地方法规以及对地方政府行政职能规定。同时,国家规划的制订与执行也不涉及地方专项职权,而是涉及国家和地方两级政府行政权。

总的来看,拉美国家司法部门参与城市规划主要以司法解释形式居多。有助于促进中央和地方权力的划分、维护城市公共利益。但在具体案例中,独立司法仍面临诸多因素挑战。

二 城市规划司法机制的不健全

(一) 拉美社会对司法部门不健全的分析

国家的司法部门完善职能,满足新社会需求和司法透明。同样,对于司法过程,拉美公民希望能够有合理的部门战略改革,提高司法部门在三权分立中的地位,实现国家司法部门独立性。城市规划作为社会发展的新产物,为当前司法职能带来如下挑战:

1. 司法权力如何实现保障国家社会、文化和经济发展的基本支持作用

(1) 司法稳定性,对于同一内容审理结果的多样性,造成拉美民众认为司法部门缺乏稳定性与保障性;

(2) 司法领域在实际执行中缺乏有效性;

(3) 在很多领域司法权力执行缺乏专业性;

(4) 司法独立性不足;

(5) 缺乏总体司法执行的协调;

(6) 缺乏部门法执行范例。

2. 应当进行司法职能执行和程序性改革,实现司法灵活和无障碍,促进更好的司法技术性实施以及司法监管有效性

司法程序有效性不足。

3. 司法权力部门应当提高社会参与和交流

(1) 缺乏有效的参与和信息发布政策;

(2) 司法透明实效不足。

4. 对弱势群体提供司法保护不足

应当提升对弱势群体保护。

（二）司法领域内部对本部门监督权无力的分析

除了上述民众对司法部门的意见外，部门内部对于公务员职业体系不合理提出了意见，在任命、提升、奖励和评级制度等组织法上有关司法部门职能规定不足，是上述司法领域问题出现的原因之一。由于缺乏必要的司法规范，程序缺乏。由于缺乏参与和司法部门的政策指导，使司法人员难以实现对公民司法保障。

（三）法学家对上述司法领域诉求的学术分析

司法问题的解决应该从多角度、多学科出发，需要司法与立法等多部门协调。

拉美国家普遍认同以三项司法职能为优先的理念：重视共同立法权（colegislador），对任何争议的批判立场（crítica），存在立法结构不合理造成的不当权力执行的可能性。国家体系职能协调中，立法者有责任推动良法的订立，通过立法授予司法部门未完成法律和宪法使用的解释执行权，或在条款修改中提供意见，推动法律修改，完善为公民提供的司法服务。作为主要推动者、结构调整者和解决办法执行者的法官，有责任实现法律公正原则。对法官的专业性与司法能力的培训，一方面，应关注司法与城市发展的协调性；另一方面，应当提升司法部门在国家三权中的独立性和与其他两权的地位平等性。司法部门不同于国有大型企业，并不以实现经济进步、资源有效利用或合理收益获得为评估标准。但在长期的地区现代国家发展历程中，行政权力借助政府对资源、贸易进出口以及经济发展的控制而获得了更多的国家影响力，加之地区政治左右"钟摆式"发展，利益集团和军人干政等因素，都让司法部门扮演了从属于权力的角色。国家对司法部门资金与职能执行的保障不足，影响发展。

法律结构和新的司法权执行方式仍在发展，无论是司法改革或是司法部门战略性规划的制定与实施都不是司法部门的唯一发展路径。社会生活的不断发展会不断挑战现有司法能力，而对于司法部门来说，实现公正与更多的社会认可，保障国家权力有效执行是最大的目标。

在 2013 年拉美国家司法峰会成果性文件中指出：拉美国家准备在司

法领域继续司法改革，并进行战略规划设计，解决司法形式、结构、程序和有效性与透明性等诸多问题。最大的实际挑战来自司法可获性与公民司法权途径的保障。对于诉讼过程的实效与合理性，在很多国家仍不尽如人意，难以实现法律和公正的过程保障。因此，司法改革的重点从"获得规范和稳定的程序"转变为"不断变化中谋求司法稳定"。

第六章

结　论

一　拉美城市规划法律规制发展的成功之处

（一）城市规划立法程序取得了一定成就

拉美国家较早将城市规划、土地管理、环境保护、历史文化保护等城市规划相关内容纳入宪法，依据宪法精神建立了城市规划法，地方规划立法初具成效。城市规划专门立法对城市规划长期、中期和短期形成法律约束。尽管目前尚无综合涵盖所有领域的城市规划法典，一些具体内容分散在多部专项立法中，并强调法律的修改和调整，而不是盲目改立新法。重视修改与政策及配套行政手段，灵活地面对城市问题与社会矛盾，尝试不同规划行政手段（专项计划等），增强立法适用性。

面对 21 世纪城市发展新问题，拉美国家采取了政策调整先行，立法补充的形式。城市人口过快增长和非正规住宅的增加，政府采取新规划或行政措施引导，如墨西哥首都，开展了周边卫星城规划，以良好的基础设施及配套公共服务规划，实现控制城市中心人口，缓解城市环境、交通，协调非正规住宅合法化等项目，减少了城市非法住宅面积，保障规划有效性，提升居民生活水平。[1]

（二）城市规划法制部分实现了公众参与机制

拉美国家立法中较好实现了公民参与评估，但在行政权领域的城市规划实施，承担主体责任的机构各国不同，政府及依法设立的专门机构

---

[1] 参见 Natalie Rosales Pérez, "Nuevos desafíos de la planeación urbana: pautas para la instrumentación de los principios de sostenibilidad y su aplicación al programa de desarrollo urbano de la Ciudad de México", Universidad Complutence de Madrid。

或承担规划职责的国家、地方部门构成了复杂的行政主体。一方面，有利于规划的多领域实施与专业化实施，增加了规划立法的执行性；另一方面，造成多部门、多层级政府间权力竞合，增加了公共行政成本，降低了执行有效性并对行政监督造成困扰，难以确定责任承担主体，而规划立法中的一些专业性规定，科学上如何衡量违法具体标准，判定城市规划合理性还是合法化等都是拉美学者讨论颇多的新兴问题。

（三）拉美地区国家城市规划执行的具体收获

（1）拉美地区土地管理立法先行，取得一定成效。

（2）在规范地方土地使用和所有权规范方面，以行政方式建立了城市、都市、市县、省和次地区的规范。

（3）确立了对自然资源可持续利用和环境保护的环保管理政策。

（4）通过环境管理实现了避免和减少自然现象和社会自然现象引起的灾难发生。

（5）推动了土地可持续发展及其与环境的和谐共生，实现了积极行政的政府职能。

同时，拉美地区城市规划面临着诸多困境。如城市无序、区划不清、对多级行政机关共管中的职权划分不明以及由此产生的城市环境恶化、不可持续等问题，甚至加剧了城市隔离。例如，土地利用未规范地区的管理困难，高度城市化中的非正规住宅，仍需增强城市规划预防和应对自然灾害能力。

（四）促进了地方立法、行政与司法监督权力的发展

国家层面的规划立法，制度上形成了自下而上对规划立法的限定。拉美一些国家因缺乏地方层面立法，采取了跨行政层级的规划委员会机制，弥补首都等重要城市规划地方立法的不足。这一机制的执行过程中，注重对规划所在地市的地方性规划发展职能及发展方向的支持与规划特色。机制拥有超过地方政府层级的规划执行权。这弥补了地方立法权的不足，符合城市发展需求，增加了地方行政有效性与合法性。但由于地方城市规划立法缺失，地区下位法及规章与上位法出现冲突时，国家层面难以根据现有城市规划地方法制定国家总体城市规划立法。此外，地方城市规划立法受到行政、政党与地方利益集团干预，很难完全根据

"责任"立法，地方立法公正性与监督机制局限明显，而根本原因在于缺失中央层面程序法规范，城市规划仍需地方与中央全面法治建设。

（五）地区城市规划的监督与评估机制初步形成，但仍需进一步推动城市规划司法权发展

在拉美地区，根据现有议会专门委员会行使规划监督权、地方行政法院以及宪法法院行使违宪审查权的判例可见，行政权与其他非司法因素干预审查结果的现象依然存在，说明地区的行政权力约束机制仍显不足。规划程序不合法、规划程序可能导致的规划内容不合法、规划订立或政府行为违法等相关问题，还多限于对西班牙等发达国家文献分析，地区行政监督与司法救济。虽有立法规定，但实际司法救济执行还需进一步探索。公民在城市管理过程中，司法救济渠道包括：申请全民公投、提交议案等方式。此外，对于公共服务私有化的地区，城市基础服务提供问题引发的公民基本权利受损，公民通过集会和起诉等形式提出救济性请求，要求保护公民基本权利。例如，避免"供水的私有化"等造成对生命权的危害过程中，救济性机制实施严重不足，造成了司法部门公信力下降、游行及暴力性冲突频发。进入诉讼程序后，行政法院与宪法法院做出的司法判断，依法应基于对公权力约束和保护公民基本权利。对城市规划合法性与公正性，法官具有一定自由裁量权，审判结果接受公众监督。进入司法程序的过程受行政、经济等其他因素干扰，成功获得司法救济过程漫长，国会及政党的影响因素如影随形，这一问题在各地区中普遍存在。

（六）历史文化保护立法及执行经验值得借鉴学习

（1）城市规划中有关历史文化保护的立法，拉美国家（古巴、墨西哥、玻利维亚、厄瓜多尔、乌拉圭等）采取立法与行政的核心原则并非仅进行"保护"，而是注重"平衡"。"平衡"的内涵有如下几方面：历史文化中心居民权保障与城市历史建筑的国家利益保护间的平衡；政府公共支出（修缮及公共服务提供）与提升国家软实力的平衡；遗产所在地地方政府管理与中央政府职能平衡；市民参与权与行政主体权力的平衡。

（2）历史文化法律机制组成逐渐多元化，机制具有参与者广泛、参与方背景多样的特点。拉美地区自 1492 年哥伦布到达美洲后即一步步开

始了近代城市发展，规模逐渐扩大。加之免受殖民者破坏的城市周边和哥伦布前时期遗产，地区历史悠久且遗产丰富。保存至今的城市建筑完好程度令无数国际游客惊叹。这不仅是遗产所在城市政府行政行为的结果，也有背后相关城市规划法规的作用。拉美的城市遗产参与者包括：国家、地方立法、行政司法机关、专属历史保护机构、非政府组织、国际组织、老城和文化遗产所在社区、当地居民、欧洲及本地规划师、设计师、建筑师、考古学家等专业人才、政府的财政部门等。分别负责立法、政策制定、讨论、修改、发布、实施、居民听证、专家审议、讨论及公民监督等。哈瓦那老城区的保护已有几十年历史，在哈瓦那历史办公室的总协调下，开展交通、建筑、文化宣传和旅游发展等多方位规划设计与执行。在形成了以老城区为目的地的旅游区后，哈瓦那市责成各区公共规划部开展了区内老建筑保护与重修；资金来源为国家、市、区三级政府；负责机构为规划办公室；参与人包括办公室规划师（承担地区进度、单一街区、单一建筑物的规划设计与修改）；设计过程接受听证会及国际专家的咨询与帮助。在重修过程中，还采取了政府负责施工材料，居民参与施工和具体施工修改及验收的方式。第一，实现了文物保护的"修旧如旧"；第二，保障了工程质量；第三，建立了良好的基层行政专门部门与公民的参与渠道，实现了公民参与权与政府行政信息的公开；第四，提高了行政效率并避免了行政行为引起的法律诉讼；第五，增加了城市就业率，降低了政策实施可持续性与资金来源。

（3）历史遗产保护立法与执行对土地规划及环境保护法提出了更高要求。拉美地区城市内建设普遍重修缮和保护，而轻重建或新建。相当数量城市居民仍居住在殖民时期建筑中，保存了殖民时期以来的拉美文化特质，也形成了长期已有规划的基础性与稳定性。这一方面有助于政府着重周边地区规划政策；另一方面，保存了城市文化精神内核的传承。历史遗产的保护，并非立法保护建筑物或街区的原有风貌，更重在保护街区或建筑物内居住居民的文化传统与城市特质，即通过居民城市基本权立法与城市基础设施规范立法，实现遗产所在地居民的生活、交通、住宅等方面条件的现代化，留住历史地区居民。比如布宜诺斯艾利斯和蒙特维迪亚，注重城市港口地区街区保护，一方面维护港口原有设施，另一方面改善地区综合管理，提升居民安全、教育等条件，留住地区居民，打造城市历史遗产港口及传统街区习俗。港口居民的传统探戈、黑人元素文化因此在街区保留。提升了地区旅游资源，随之增加了地区土地价值，为城市土地管理部门带来了更多行政管理资源，地区环境保护规划同时得到了较好执行。

（4）城市规划与历史遗产保护相辅相成。规划并非以拆除古迹为前提，同样遗产保护也并非阻碍城市规划。拉美国家首都多为国家政治、文化、经济和历史中心，有些还同时兼具港口城市功能，可谓集多种职能于一身。但现代化飞速发展的拉美城市依旧留存了大量欧洲16—18世纪建筑遗产。政府对遗迹的保护并非以单一旅游开发和考古学研究为目的，属于私人或公共财产的历史建筑依旧承载着居住、博物馆、文化中心、图书馆等各类现代的城市职能，不仅减少了新建住宅可能带来的环境破坏与城市面积增长，同时也实现了文物保护，让兼具电影院、文化中心等不同公共服务职能的场所，承载历史保护功能。

（5）城市历史文化保护立法与城区发展规划立法结合。拉美地区无论是狭长的首都基多、港口首都哈瓦那，还是高原加盆地的首都墨西哥城，历史城市遗留都位于新建城市当中，政府规划中依旧按原有殖民时期城市规划，将历史街区进行专门修缮，并保留城市功能，而不是将其变为没有居民的建筑群。对这些地区功能限制仅限于车辆和工业发展，优先保障公共服务及商业、旅游业发展，辅之以建立保护当地居民利益的优惠性所得税制度。可以降低地区居民的流动性，维护了地区安全；亦可实现政府区划行为的合理性，在历史地区周边地区施划注重区域间交通，建筑物间协调以及现代与历史旅游等资源的互补性。

二 拉美大城市规划法治进程中的不足与挑战

（一）城市规划机制面临的挑战

拉美城市规划是伴随地区发展而逐步成型的法治化过程，虽然借鉴了相关西方国家的经验和历史传统，可在自身的规划实践中还是不断面临各种挑战。城市规划法自身体系的构建不仅是法律的问题，还要处理与社会政治经济的关系和担负对历史文化传统的传承。

1. 如何建立健全城市规划法规体系总则

综合有效的城市规划法应该自成体系，又与相关法律和国家政策相互协调。然而真正做到是非常困难的。比如巴西的城市规划体系，作为联邦制国家，由于各州内部行政权立法差异，虽然多数城市规划是由于市级和州级政府实施决定权，州级立法机关负责监督。但是，有一些州（如 Comec 和 Seam/Assomec）城市规划组织没有决定权。这造成了州之间城市发展差异，同时也增加了国家层面的城市规划总法的订立困难。

2. 如何完善专项领域或新增领域的城市规划立法

多数拉美国家的法律、公共政策以及司法解释均强调个人产权，这一由来已久的法律文化，由于过分强调土地所有者私有权利的优先权，而忽略了他们因为产权应承担的社会、环境和文化义务。这种法学传统进一步导致了城市发展过程中的社会分离、社会堕落以及非正规用地的无序发展。因此，从立法角度去探索解决这些问题依然是拉美国家需要关注的问题。

3. 公众参与对城市规划积极作用有待评估

民主化浪潮不仅推动拉美政治进步，更在城市规划立法领域有着积极影响，诸多需要加强法律的干预的领域都因立法程序民主化而增强了法律可执行性。如今一些国家已经开启了法律改革，在哥伦比亚和委内瑞拉，土地正规化已经在宪法中体现，并成为获得适足住房这一社会权利的一个重要因素，民众可以参与这一进程并发表建议。1988 年的《巴西联邦宪法》（Brazilian Federal Constitution）规定，凡是在非正规城市定居点居住时间 5 年以上的居民均有权利获得其所居住土地的合法拥有权（最多不超过 250 平方米）。2000 年，获得适足住房这一社会权利在巴西被写入宪法中；2001 年，《城市法规》（City Statute）将宪法条款进行了具体化规定，建立了土地正规化、立法、升级改造和其他相关城市规划政策相结合的一系列举措，这些成就均有公众参与的作用。[①]另外，上述立法发展过程虽取得了长足发展，在执行层面，却面临诸多社会现实，

①　Edésio Fernandes，"Regularization of informal settlements in Latin America"，*Policy Focus Report*，Lincoln Institute of Land Policy，2011.

比如非正规住宅面积的快速增长，民众认为土地合法化的成本过高等。公众参与程序成为承载立法与行政性政策质疑声音的媒介，影响了政策推进的同时，也阻碍了积极参与行为，程序稳定性与有效性仍待进一步分析和总结。

4. 如何通过法律促进有效的城市规划体系发展

法律的规范和滞后等特点，相对城市化迅速地开展，自然出现了对城市规划的立法效率和结果的质疑。特别是城市规划法形成过程中与城市化过程中出现的各种问题会加剧这方面的质疑。仅以哥伦比亚为例，半个世纪以来，哥伦比亚在城市规划中的基础设施建设方面成绩卓越，这主要应归功于这个国家在 20 世纪 70 年代颁布的《国家自然资源法》（National Code of Natural Resources）。之后在 90 年代，他们又建立了现代化国家环境管理体系。但是，哥伦比亚的某些基础设施项目仍缺乏效率，环境意识也尚未有机地融入到城市的基础设施体系中。①

（二）拉美国家城市规划法律机制现存问题

1. 缺乏大城市的权威

在拉美没有一个管理整个城市的权威部门。多数城市分成诸多行政区，虽然各自都有城市管理，但是进行协调与合作属于"分外"之事，普遍缺乏愿望和动力。这样的情况以巴西的圣保罗市区最为典型，该市由 39 个城区组成。圣保罗建有行政管理网络，却没有意向和能力与城市的快速扩张、不断吞并周围的小城镇的快速发展步伐相匹配。同样分散多区的圣地亚哥则有所不同，圣地亚哥由 34 个区组成，及时意识到了城市内部规划的协调与合作问题，并在 1982 年改革这种"巴尔干化"（互相敌对）的行政管理，以便各区政府在市政管理方面承担更多的责任，结果令人满意。

都市行政管理的复杂性来源于各个城市都有各自独立的高级别的行政单位管理。例如，墨西哥城由联邦地区和墨西哥政府管理（the Federal

①　参见 UN. Are we building competitive and liveable cities? Guidelines for developing eco-ef ficient and socially inclusive infrastructure. United Nations publication，ST/ESCAP/ – ISBN 978 – 974 – 680 – 291 – 8. Copyright United Nations 2011. Clung Wicha Press Co.，Ltd. Thailand。

District and the State of MeXIco）。布宜诺斯艾利斯市管理也是由联邦首都和布市双重管理。波哥大也是在联邦首都和昆迪纳马卡省的双重管理。加拉加斯市则是由联邦区和米兰州共管。只有少数城市，如利马、里约热内卢和圣保罗等，是由单一行政部门管理。

不同行政部门的权力交叉使双重管理经常导致冲突。例如，墨西哥城，墨西哥州州长可能来自不同政党或者是同一政党中的不同派别，受到总统任命管理联邦区。结果在州长负责的墨西哥州与市长负责的联邦地区间的管理经常发生冲突，难以协调和统筹。①

城市政府的多样性汇聚了不同行政机构也使得大城市管理的协调工作非常困难。目前，拉美城市管理的协调主要有三种途径：一是权力最大的一方，如布宜诺斯艾利斯，联邦首都的行政地区最高，因为管辖27%的城市人口，对中央政府的影响力远超过其他的市政部门。联邦首都还在政府内阁中拥有席位，形成事实上的中央政府对该市的管理。在墨西哥城，联邦地区的市长拥有内阁席位，所以比墨西哥州的州长政治影响更大。二是来源于协商组织的协调，至少理论上是这样。在上述城市中都已经建立旨在改善不同行政管理单位之间的沟通渠道。然而，实际情况是这些协商组织功效不大，因为他们的管理威胁到了各行政管理领域的已经形成的权力架构。所以，这些组织常常是仅发挥了标签作用。三是偶尔发生的协调功能，即大城市一些政府控制的要害部门，尽管它们常被要求私有化。例如，墨西哥城的所有电力供应是联邦机构控制；利马所有城市的供水和供电都由两个公共部门（SEDAPAL 和 ElectroLima）管理。

2. 强市长弱委员会

在拉美国家的多数大城市，地方政府的共同特性是相对立法机构的强势行政权力。很多问题源自市政委员会的弱势，而不像市长不是在国家内阁中拥有席位就是有很大的个人影响力，市政委员会地位有限。

市政委员会通常只有名义上的权力。在墨西哥联邦区，虽然通过改

---

① 参见 Alan Gilbert, "The mega-city in Latin America", *Unieted Nations University Press*（Tokyo-NewYork-Paris），1996, http：//archive. unu. edu/unupress/unupbooks/uu23me/uu23me00. htm。

革提高议会代表的地位，将其从磋商机构变为立法机构，但其地位依然低下。在阿根廷联邦首都委员会的地位也是类似的。上述两个城市的市长却都是主宰，受命于国家总统。即使市政委员会取得了更多的责任，还是无法与市长的权力相比。市长任命主要部门的主管。即使市政委员会有权监督这些主管的机构也是形同虚设。因此，城市规划的实施缺乏对城市主要行政负责人的有效制约，虽有依法行政要求，却缺乏对相关最高行政权力的限制与监督。

3. 党派的主导作用依旧明显

在拉美，政党资格非常重要，甚至超过当选人的个人水平和工作能力。行政主管一般由高层的政治当局任命。当然，政党的提名无可厚非。可就大城市的管理来说，公民素质越来越重要。与此同时，随着地方民主化的传播和选民更加认真参与，政治大佬们需要挑选具有诚信和能力的候选人来从事工作。此外，市民觉悟的提高，对透明度和可信度的要求也随之提高。这在拉美大城市管理问题上出现了以政党为背景决策与非党派要求合理行政之间的矛盾，并不断激化。个人素质和有效管理、平衡社会政治、经济，以及政治集团能力是当选的个人和政党的重要因素。如何减少政治党派对规划连贯性的影响与规划制定的合法性与实际执行力，依旧是城市行政法执行有待完善的内容。

4. 重叠而不是互相干预

影响拉美城市有效管理的主要障碍之一是缺乏全面的规划权力单位来协调不同机构的功能，造成功能平行、部门间的互相忽视，更有甚者，形成彼此的竞争。部门之间相互竞争过程中，为实现各自的目标使用了各种手段。分散的机构造成它们独自行动，很少合作。例如，在波哥大，国家住房机构要建房的地区往往是地区计划和服务部门不希望建房的地区。住房机构要在城市边缘开发廉价土地，但是公共部门不愿意在该地区提供基础设施。最极端的例子是一家房产公司开发住房，然而市政公司3年拒绝供水。

5. 私有化还是市政化

改善低效管理的一种途径是国有机构的私有化，因为私有化可以把公共部门从昂贵的基础设施投资、服务网络的建设和维护责任中解放出来，还为政府提供了减少预算赤字的机会。所以，过去 20 年中，私有化在拉美非常吃香。私有化可以通过合同、供给和全面私有化几种形式实现。

拉美一些大城市已经或者正在私有化一些公共管理部门。布宜诺斯艾利斯出售了煤气公司，电力和电话公司也已经掌握在私人手中，供水和卫生系统也有条件地私有化了；部分城市公共交通也进行了私有化，利马电话公司、供水供电公司的私有化。加拉加斯私有化了电力和电话公司。圣地亚哥的电力、电话、清洁都由私人管理。

同时，私有化公共服务在墨西哥城、里约热内卢和圣保罗却进展得相当缓慢，实际上是向另一方向发展。保持公有部门的同时设立私有部门通过竞争提高效率，而不是私有化。但无论是保持公有公共服务，还是私有化，或两者并行，都需要将立法内容贯彻到行政中，并进行必要的信息公开，保障行政合法性，接受公众参与必要行政监督。

6. 财政责任：花销大来源少

拉美所有大城市都依靠中央政府或者地方政府获得资金来源。有时这些资金占了必要支出的大部分。此外，城市管理机构还要寻求联邦政府为特别项目提供帮助，尤其是城市基础设施投资项目。

城市政府还向诸如世界银行的机构申请贷款，尽管这样会提高负债率，影响城市预算。不同城市也有各种独立的收入，例如，收费、税收、罚款、预付款等。通常最重要的收入是各种财产的税收。但这些独立的收入在总收入中的比例不高。有些城市因此提高了税收。

拉美的政府意识到需要削减开支以减少补贴。多数政府减少了交通、基础设施、服务等领域的补贴。这导致交通的私有化，公共交通也提高价格，水电的收费也在不断提高。

7. 在城市管理中使公共部门边缘化

政府的公共参与在拉美相对有限。主要的行政和立法部门成员由选举产生，然而相关民主则受制于地方政府有限的权力。一些城市对下一层次的委员会有安排，但作用都不大。居民协会对决策没有什么影响。如何引导非政府组织和社会活动网络向市民参与政府管理过程发展还没有清晰的意识和路径。目前，拉美国家还不愿意让市民在城市管理中享有更大的权力。

8. 现有立法内容缺乏协调性

对非正规住宅问题，缺乏国家与地方的立法、行政协调，对私法领域所有权的义务性规定发展缓慢。由于缺乏阻止非正规住宅建设的根本法，解决的办法只能是依靠相应对策性行政手段。与部分领域立法缺失相比，有些领域虽建立了标准化立法程序，但实际立法过程因缺乏公众参与而将相当一部分人口排斥在项目外，或沦为某些既得利益集团的"客户政治"工具。

9. 立法程序繁杂难以应对快速发展城市现状

立法迟缓的问题在拉美地区普遍存在。以墨西哥为例，城市规划立法面临立法时间久、立法步骤较烦琐等问题。地方规划的实施由于过长的审批而不及临时专项计划的实施效果。因此，还需协调实现简化手续与保护城市集体规划利益间的矛盾；完善州、市两级的城市发展法律规范，不仅关注州内及其土地管理法律规范，同时发展城市中心及城市内部的城市发展法律发展。地方城市立法建设，应关注专门化立法细节，通过辅助部门制订规划，在组织法、规章或相关条例中，也应明确规定市级分管行政内容，明晰职权划分。

10. 拉美国家立法解决城市问题能力一直受到诟病

尽管法律建设较早，专项规划与地方立法也在不断发展。交通、环保、非法住宅等问题未能以立法途径解决。[①] 虽然近20年拉美城市中心地区人口有所减少，但城市人口过载问题还未完全解决，城市发展与社会、地区和可持续发展等问题的矛盾已严重威胁地区长期发展，城市人口过载造成的环境不可逆污染与大规模非正规住宅，制约城市发展。

11. 立法内容还需进一步本土化，减少实际存在的差异性

拉美国家虽注重引进了欧美发达国家的成功律制，立法研究紧随

---

① Corral Y. Becker, C., *Lineamientos de Diseño Urbano*, Ed. Trillas, México, 2008, p. 12.

"北方"国家。在如何尊重本国国情（私人利益服从公共秩序原则替代私有权至上的立法发展过程缓慢）基础上，实现符合"为了所有人的城市"的可持续发展立法目标。阿尔曼多·格拉纳德斯（Armando Granados）的《比较城市法》（*Derecho Urbanístico Comparado*）一书中，肯定了哥伦比亚和秘鲁，通过城市立法及监督土地所有权调整积极推动城市发展。《行政法和财产》（*Derecho Administrativo y Propiedad*）一书中，豪尔赫·埃里亚斯（Jorge Alías）在"对私有财产的行政干预"中讨论了建造权（ius aedeficandi）在地区不同地方立法中的不同定义，认为它们对城市立法框架有积极的作用。拉美国家将城市发展作为权利纳入地方立法，赋予地方部门监管职能。理查德·张（Richard Zhang）的《从平民的产权观念到城市观念的必然演进》（*De la Concepción Civilista del Derechode Propiedad Predial a la Concepción Urbanística, una Necesaria Evolución*）中，对改变规范城市发展的立法范式、改变法律适用的理论条件进行了分析，认为国家为地方创造条件修改立法，让位于城市规划法的适用，是有必要的。拉蒙·切哈德（Ramón Chehade）在《城市化在创造更多机会和提高我们的生活质量方面的贡献：2021 年城市挑战》一文中，回顾了构成改善城市规划立法条件的议程的各种概念。① 上述经验及论述均值得中国进一步在规划立法发展中追踪研究。截至 2020 年 8 月，中国享有地方立法权的设区的市、自治州共 322 个，包括 289 个设区的市、30 个自治州和 3 个不设区的地级市。② 《立法法》的修改，加快了地方精准立法的进程。如何使用三项立法权，如何避免盲目立法、分头立法，避免拉美地区规划立法的分割局面，都应借鉴这些发展中国家的成功经验。如何结合城市建设本身，以城市规划、城市间关系、开放性体系等规划体系入手，关注城市历史文化、区域建设、环境保护与城市管理等内容，有效履行城市立法权是今后城市规划纳入法制轨道的关键。

---

① 参见 https：//urbanismoyeconomia. com/2018/04/09/brevisima-biblioteca-de-derecho-urbanistico-peruano/。

② 《5 年新赋予 273 个设区的市地方立法权　提高立法精细化》，2020 – 11 – 10，法制网（https：//legal. gmw. cn/2020 – 11/10/content_34354096. htm）。

12. 拉美现行规划立法与法律执行中存在着不一致性

体系化和精心设计的城市规划法与行政管理时有脱节状态。[①] 此外，现行城市规划行政机构资源利用率较低，一方面由于法律浮于行政之上，不利于该法律领域合理获得行政资源，部门利益的制约造成了机构对城市规划工作的关注，甚至带来国际影响。例如，2016 年奥运会举办城市——巴西里约热内卢，规划场馆与城市交通建设受困于依靠立法、行政乃至安全等多部门解决无果的城市贫民窟占地，政府的强拆令背后是机制运转的有效性缺失，而贫民窟大量市民的流离失所与城市发展的不协调则是未来地区立法的难题。因此，对拉美地区规划立法有效性分析还有待进一步研究和实践。

13. 城市规划监督机制还有待发展

目前，地区多数拉美国家虽就城市规划的法律救济机制进行了基本规定，包括行政体系内部监督以及司法部门监督等。但所提供的司法救济途径、法律保障机制都不甚完善。保障城市居民基本权益的救济途径有限，相关司法实践较少。

三　拉美国家城市规划法治化的发展趋势

（1）增加非专家的参与（社会各界）和增强在规划执行中的公众参与。城市规划不仅需要立法保障、专业建筑学与规划学专家或规划部门人员参与立法、设立规划并实施，同时需要增加公众监督与基于技术文件的既有模式相异，寻求参与式执行模式，强调参与对行政的监督与影响。

（2）增强行政部门执行法律中对法律的创新性实践，为立法部门及时提供法律修改建议。

---

① 参见 María Soledad y Guevara Tomás，"Los sectores populares y el Derecho a la Ciudad. Entre lo legitimo y lo legalz" del proyecto de investigación "The Rehabilitation of Consolidated Irregular Settlements in Latin American Cities：Towards a 'Third Generation' of Public Policy Analysis and Development" dirigida por el Dr. Peter Ward y coordinada en Argentina por la Dra. Mercedes Di Virgilio，http：//jornadasjovenesiigg. sociales. uba. ar/wp-content/uploads/sites/107/2015/04/Ponencia _ Soledad _ Arqueros_Tomas_Guevara. pdf。

（3）明确行政权力在横向和纵向间的划分，优先考虑地方分权在城市规划实施领域的具体规定，优先地区和地方政府职权。

（4）增加对城市规划标准的制定。规划部门宣布标准，让开放性战略更灵活。结合立法部门，确立战略修改程序的法定化。

（5）关注国际城市规划新行政方法，承认并重视全球变革，将地方进程融入到全球的大背景内。

（6）环境领域要求具体化、指标化，纳入土地管理、城市规划条例。

（7）在以传统的土地管理为城市规划战略基础的同时，结合地方实际情况，实现规划行政地方化特色。

（8）立法中，地区国家将规划制定权与实施权的地方分权化，希望实现规划的具体实施与适应不同城市发展。基于地区土地管理的立法经验，由于地方差异的高度复杂性与地方政府活力，加之规划需要多个领域、部门间合作。因此，地方特色化规划立法实施，增加新理念和方法，才能有助于相关规划的真正实施。

（9）拉美大城市多数情况下能通过积极的竞争和民主开放的政府使得公共管理更加有效。但是，僵化和笨重的官僚体制仍然缺乏不同行政部门间的协调。多数拉美的大城市都需要更大的财政和政治权力，需要更大自由度不受来自上级政府部门的干预而管理城市。

（10）还应该建立城市管理机构，负责城市战略功能规划，例如，社会经济发展计划、交通运输和基础服务等。该机构应该类似过去英国的城市委员会。当然，大城市的政府应该在政党之下。无政党管理的城市在美国有，但不适于拉美。城市政府在拉美要在政党政治中发挥更大作用而不是相反。然而一旦当选，党的代表要展示资源分配的均衡，尽量减少政党色彩。政党和政府要有区分，这样城市规划管理才能成功。

四 基于拉美及加勒比地区经验对中国城市规划法治化的思考

拉美城市规划法治化进程是以合法规划与不合法发展并存为特点的。这是探讨拉美经验为我所用的基础性判断。

基于拉美地区国家近似性特点，作为较早出现大规模城市化的发展中国家聚集区，城市规划立法总体性经验具有发展中国家相关立法代表性。同时，作为由 33 国组成的地区，各国规划立法与执行的广泛性问题也值得中国学界深入讨论。无论是城市农村二元矛盾、城市周边贫民窟现象抑或是城市交通拥堵与大城市污染治理等，拉美地区都较早进行了法律机制建构。[①] 今天，任何城市的发展都不仅是规划或发展问题，依法依规划发展城市是实现现代国家经济、社会发展的根本保障，对于发展中国家尤其重要。相较于发达国家，拉美地区国家有限的经济和综合实力，以及不同的国家历史、文化背景，都是发展中国家探寻各自城市规划法治化进程的依据。有选择地借鉴、引入发达国家经验的同时，更应结合自身的国情。因此，简单地用"城市病""贫民窟""过度城市化"评价拉美城市是草率的，很多拉美成功立法内容仍待中国学界深入研究。未来城市发展不再以贸易或人口居住为单一动力，因此复杂的城市良性发展不仅需要城市规划相关立法，社会、个人乃至经济、环保等部门力量的协调，公众参与的不断深化等综合实力才能促进城市真正发展。同时，还可以避免盲目追求与发达国家一致的城市建设，亦是简单以好、坏判定城市发展的替代分析路径。

　　由于早期行政行为缺失等历史性问题，规划外的城市土地扩张与人口增长成为今天拉美城市规划行政的巨大挑战。烦冗的合法城市建设让开发商选择建设后补办合法手续；高昂的城市住宅税与公共服务费用让大批居民选择城郊非正规住宅区（甚至一些非正规住宅合法化项目受益市民又选择离开已合法化住宅区而选择其他非法住宅区居住，以避免负担高昂城市公共服务费用）；很多城市人口所住的住宅没有基本保障、不卫生甚至不安全。不同的数据显示，这些城市用地的形式，数量庞大，40%—70% 的发展中国家大城市人口[②]处于此种不合法状态中。这也是拉美城市发展的主要方式，即没有通过城市规划来加以引导。拉美对非正规住宅问题的解决途径是多方面的，立法上主要通过保障所有权，实现

---

　　① Gobierno Del Distrito Federal, *Programa General de Desarrollo del Distrito Federal* 2007 – 2012, Gaceta Oficial del Distrito Federal-Gobierno del Distrito Federal, México, 2007.

　　② 参见 Patricia Clarke Annez and Robert M. Buckley, "Urbanization and Growth setting the Context", http://siteresources.worldbank.org/EXTPREMNET/Resources/489960 – 1338997241035/Growth_Commission_Vol1_Urbanization_Growth_Ch1_Urbanization_Growth_Setting_Context.pdf。

合法城市规划发展目标。

不合法行为（如在城市非法建立住宅），在政治和市场经济发展过程中，敦促着制度转变，成为立法发展的积极变量，对城市相关法律的制定影响尤其深远。由于非正规经济的影响，城市中各类非规划增长持续，加剧了社会排斥进程，在发展中国家经济高速发展与快速城市化中，引发城市空间隔离、贫困加剧等衍生性问题和挑战。

城市规划立法是综合性立法行为，对拉美及加勒比地区国家城市规划立法、行政与司法的分析，证明规划行为法治化发展是未来中国城市发展的关键一步。规划立法应注重综合性与全面性，避免为立法而立法的片面行为。具体步骤应以确定城市规划涉及的具体内容、需要规范的规划行为、规划程序及负责规划实施部门职责等为基础；同时，明确对规划的行政监督与司法监督过程，完善部门及公众监督机制，以有效监督促进城市规划中对行政相对人权益的保护，因为城市规划的目标之一是提高城市居民生活水平。此外，还应增加专业性人员在立法过程与机制建设中的参与，保障国家及不同区域、层级的规划立法（包括地方）合理性与专业性。拉美经验表明，城市规划立法应注重对规划长效性的保障，避免行政负责人变更造成的规划频繁变更，减少因规划变更造成的城市发展性基础设施投资浪费。

拉美地区国家普遍具有行政国家的特质，与更信任私人民事诉讼实现公共价值的美国不同，城市规划管理更趋向于行政规制路径为主，司法控制路径为辅。因此，拉美是中国探索两种规制路径合作发展的可借鉴地区。公共规制理论在发展中国家的发展，是中国新规制理论前进的动力。与拉美不同，中国的城市规制更为有力，快速实现了中短期城市现代化等规划目标。但规划实施却在一些城市以文化遗产流失为代价。反观拉美，城市文化遗产保护成就了无数拉美"欧式"城市原貌保护，对外部装饰、建筑材料、建筑物功能与内部修缮以及工程执行标准等有严格规定，参与保护性规划执行人员包括行政、专业（大量西班牙、意大利、德国等文化相关国家专家在联合国或欧洲政府性资助项目下来到拉美，参与城市规划执行①）、监督等几类，在哈瓦那老旧街区改造中，中央政府注重保护性国际条约的签订与执行、国家与地方政府立法相结合，法律执行较好，多数原欧洲殖民地城市都有专门的城市遗产委员会，实现规划职能协调与保护措施并举。通过"申遗"增加城市建筑法律保护。目前拉美地区拥有哈瓦那、墨西哥城、基多、蒙得维的亚、巴西利亚（始建于 1956 年，因"人造城市"而成为最年轻的世界文化遗产名城）等 50 余座世界文化遗产名城。

城市昨天的物质与非物质遗产，承载着规划立法的传承与发展；今天的规划行为决定着明天城市的发展与居民权利的实现；未来城市功能的实现则是过去、现在城市规划资源合理、依法运用的成果。缺乏城市公共资源供给立法的城市，难以保证居民用水用电甚至日常出行中的基本人权。没有专家和市民参与的城市环境规划同样难以保障城市可持续发展。相反，过度规划的城市会失去城市文化特质，现代社会的发展与高速国际化进程不断同化着各国城市面貌，而城市历史文化则是城市软实力的体现与城市共同体与居民认同感的根基，城市代表着国家的未来，同样决定着地区的经济发展，仅有便利的现代化条件并非当今社会对城市的唯一要求。立法着眼点并不是为了解决当前城市问题，棘手的城市病应通过法律框架下制定的政策与规划实现城市发展方向的调整，而非为了解决城市问题而进行单一行政行为。任何城市问题的解决都并非一个政策。如拉美国家采取的土地与城市非法建筑所有权合法化政策；几十年的土地"合法化"执行经验表明，只有不断调整的政策与适当的法律条文调整、必要的司法部门参与才能共同实现这一合法化城市土地的目标。与此同时，城市政府依旧面临问题难以根治（新增非规划土地）及合法化项目衍生问题（所有权、新规划制定、规划财政困难、合法化项目所有权认定违法甚至违宪）。

拉美值得借鉴的规划法经验之一，关于城市历史建筑的保护，则不仅

---

① 中国在城市规划执行中，是否也可借鉴相关立法与项目经验，增加有关规划的外部开放性规定，让建筑风格原籍地区专家、国际建筑规划师，参与城市规划遗产保护项目中。通过行政规制与司法控制增强中国城市文化遗产保护执行。

是立法本身的成功，更是对公民集体权、国家利益的双重保护，是公权力与个人权利协调统一的关键。因此，规划立法目的不仅是为了规范规划行为，规范对象也不仅是行政行为主体，立法内容也不仅是土地管理、环境规划、历史文化保护或城市区划等内容，而规划法治的实现更不仅仅依靠单一行政或司法部门。规划法治发展，关乎公民基本权利，决定着产权制度的发展，影响着国家行政机构职能发展，更推动着国家法律体系的进步。

提升对规划立法的重视，不仅是中国法治化进步的表现，更是中国城市发展的关键所在。让规划成为综合性规划，应以坚持综合性规划法律体系建设为中心，增加对规划法律体系建设相关人才的培养，让法学工作者与规划师、建筑师、行政规划部门共同完成。城市居民是规划行为的行政相对人，也是规划结果的直接受益人或利益受侵害方。减少个人利益由于规划行为造成的损失是政府行政的职能。中国规划行为以政府为主导，规划主体及专家团体基于丰富的专业知识设计的规划满足了行政管理部门的中短期城市治理需要，提升了城市景观、城市公共服务和城市发展建设；但某些地方政府在规划过程中也可能导致一些规划侵害行政相对人（拆迁居民、地区工商业法人、房屋所有人等）权益，一些行政性强制行为有可能会引发社会冲突；行政行为缺乏市民听证与监督等法定参与程序，以及修改与救济性程序。加之，有时危害历史文化保护、大规模居民迁移驱散了城市传统生活、盲目扩大城市面积，破坏了城市周边原有都市农业发展等问题。中国一些大城市也出现了周边地区的非正规住宅增加，农村宅基地保护也遇到各种挑战。如何避免如上问题，拉美城市化的"教训"和城市规划法治化经验已给出了部分参考答案。因此，法治化城市规划的成功在于不断发展。中国的法律发展离不开对本国法律史和法律文化的传承与发展，离不开中国特色社会主义立法精神的指导，离不开中国人民民主专政宪法理念的推动。同时，深入理解其他国家（尤其是发展中国家）法律规制的发展，并予以借鉴也是重要的环节。拉美经验并非一概而论，任何国家的发展道路都是独一无二的，是否保障本国公民权益是评判的重要依据之一。一国之良法非世界各国之良法，而中国之良法必定是基于中国特色社会主义之根本，取拉美地区国家之长而借鉴，是实现中国城市规划法治化发展的重要途径。

参考文献

中文参考文献：

［美］莱斯利·贝瑟尔：《剑桥拉丁美洲史（中文版)》第 8 卷，当代世界出版社 1998 年版。

［美］约翰·M. 利维：《现代城市规划》（第五版），张景秋等译，中国人民大学出版社 2003 年版。

《世界各国宪法》编委会：《世界各国宪法——美洲大洋洲卷》，中国检察出版社 2012 年版。

程洪、陈朝娟：《论 20 世纪拉美城市化进程及其对中国的启示》，《拉丁美洲研究》2006 年第 2 期。

程晶：《城市化进程中拉美国家城市环保的经验及教训》，《世界历史》2007 年第 6 期。

程晶：《论巴西圣保罗市的城市贫困现状及其原因》，《湖北大学学报》（哲学社会科学版）2010 年第 5 期。

驰骋：《墨西哥的非正规经济》，《拉丁美洲研究》2001 年第 5 期。

韩琦：《拉丁美洲的城市发展和城市化问题》，《拉丁美洲研究》1999 年第 2 期。

何渊：《我国区域协调发展的法制困境与解决路径》，《南京社会科学》2009 年第 11 期。

李牧：《城市圈架构下的立法主体模式探究》，《商法研究》2009 年第 5 期。

李煜兴：《区域行政法初论》，《行政法学研究》2009 年第 4 期。

李志明、徐悦：《城市中低收入者住房保障：巴西经验及启示》，《学术论坛》2012 年第 3 期。

联合国人居署：《贫民窟的挑战——全球人类住区报告 2003》，中国建筑工业出版社 2006 年版。

梁鹤年：《开发管理和表性规划》，《城市规划》2000 年第 3 期。

梁慧星、陈华彬：《物权法》（第二版），法律出版社 2003 年版。

林拓、焦苗：《里约热内卢：柔性治理与城市包容性发展》，《深圳特区报》2012 年 7 月 17 日。

刘莉莉、陈寅：《三项"减肥手术"帮墨西哥城瘦身》，《经济参考报》2011 年 8 月 2 日。

刘学东：《墨西哥城市化进程与土地制度革新 1992—2010》，《中国名城》2013 年第 2 期。

刘岩：《巴西生态城市建设的启示》，《生产力研究》2006 年第 12 期。

吕斌、余高红：《城市规划生态化探讨——论生态规划与城市规划的融合》，《城乡规划学刊》2006 年第 4 期。

吕银春：《巴西的贫困和两极分化浅析》，《拉丁美洲研究》1996 年第 6 期。

罗豪才：《现代行政法的发展趋势》，法律出版社 2001 年版。

牧川：《拉美历史之鉴——私有化与国有化执政党实质是国家主权之争》，《中国经济史论坛》，http：//economy. guoxue. com/？ p＝9324。

穆祥纯：《考察巴西城市建设及相关启示》（下），《特种结构》2008 年第 4 期。

宁越敏：《中国城市化特点、问题及治理》，《南京社会科学》2012 年第 10 期。

宁越敏、李健：《让城市化进程与经济社会发展相协调——国外的经验与启示》，《求是》2005 年第 6 期。

上海市决策咨询委员会考察组：《从巴西"贫民窟"现象反思城市流动人口管理》，《决策咨询通讯》2007 年第 5 期。

世界银行：《世界发展指标》，2014 年 5 月 25 日，http：//databank. shihang. org/data/views/reports/tableview. aspx。

宋方青、朱志昊：《论我国区域立法合作》，《政治与法律》2009 年第
　11 期。

宋芳：《依法加强城乡规划管理　促进城乡经济社会全面协调可持续发
　展》，2007 年，http：//www. npc. gov. cn。

苏力：《法治及其本土资源》，北京大学出版社 2015 年版。

苏力：《制度是如何形成的》，北京大学出版社 2007 年版。

苏振兴：《拉丁美洲的经济发展》，经济管理出版社 2000 年版。

谭纵波：《日本的城市规划法规体系》，《国外城市规划》2000 年第 1 期。

王春业：《构建区域共同规章：区域行政立法一体化的模式选择》，《西部
　法学评论》2009 年第 5 期。

王春业：《区域行政立法模式研究——以区域经济一体化为背景》，法律
　出版社 2009 年版。

王克稳：《经济行政法论》，北京大学出版社 2004 年版。

王腊生：《地方立法协作若干重大问题探讨》，《法治论丛》2008 年第
　3 期。

王郁：《美英日城市规划立法模式比较研究》，《城市问题》2009 年第
　6 期。

肖楠等：《当代拉丁美洲政治思潮》，东方出版社 1988 年版。

谢文泽：《拉美的非正规经济》，《拉丁美洲研究》2001 年第 5 期。

新华社：《习近平在中央城镇化工作会议上发表重要讲话》（2003 年 12 月
　14 日），2015 年 4 月 25 日，http：//news. xinhuanet. com/politics/2013 -
　12/14/c_125859827. htm。

徐世澄：《拉丁美洲现代思潮》，当代世界出版社 2010 年版。

徐世澄：《浅谈拉美国家的立法制度》，《拉丁美洲研究》2000 年第 3 期，
　2015 年 4 月 25 日，http：//www. cnik. com. cn。

姚昭晖：《从目前的问题谈规划管理体制改革》，《城市规划》2004 年第
　7 期。

叶必丰：《长三角经济一体化背景下的法制协调》，《上海交通大学学报》
　（哲学社会科学版）2004 年第 6 期。

叶必丰：《我国区域经济一体化背景下的行政协议》，《法学研究》2006

年第 2 期。

易凌、王琳:《长三角区域法规政策冲突与协调研究——基于法经济学的
视角》,《浙江社会科学》2007 年第 6 期。

殷洁:《区域经济法的学理解析及其体系架构》,《社会科学》2008 年第
7 期。

应良波:《生态城市规划立法的理念与原则》,《城乡建设》2014 年第
8 期。

应松年、肖凤城:《制定我国行政程序法的若干问题》,载中国人民大学
宪法与行政法治中心《宪法与行政法治评论》,中国人民大学出版社
2004 年版。

于立:《后现代社会的城市规划:不确定性和多样性》,《国外城市规划》
2005 年第 2 期。

于立深:《区域协调发展的契约治理模式》,《浙江学刊》2006 年第 5 期。

岳世祯:《浅谈城市规划中的行政法》,《西部大开发》2011 年中旬刊。

曾万涛:《新型城市化研究综述》,《湖南文理学院学报》(社会科学版)
2008 年第 4 期。

湛中乐:《现代行政过程论》,载罗豪才《行政法论丛》(第七卷),法律
出版社 2004 年版。

张凡:《当代拉丁美洲政治研究》,当代世界出版社 2009 年版。

张刚:《公共管理学引论》,浙江大学出版社 2003 年版。

张贡生、杨柳:《城市群:一个关于文献的综述(一)》,《太原城市职业
技术学院学报》2008 年第 8 期。

张萍:《加强城市规划法规的程序性——对我国规划法规修订的思考》,
《城市规划》2000 年第 3 期。

赵涛:《巴西期待无暴力奥运会》,《文汇报》2009 年 11 月 7 日。

郑秉文:《拉丁美洲城市化:经验与教训》,当代世界出版社 2011 年版。

郑秉文:《拉美城市化的教训与中国城市化的问题——"过度城市化"与
"浅度城市化"的比较》,《国外理论动态》2011 年第 7 期。

郑秉文:《社会凝聚:拉丁美洲的启示》,当代世界出版社 2010 年版。

朱未易:《试论我国区域法制的系统性构建》,《社会科学》2010 年第

10 期。

外文文献：

《Emcyclopedia Britannica》，http：//www. britannica. com/search？query = urban + planning.

《Charter of Athens》，http：//ipce. mcu. es/pdfs/1931_Carta_Atenas. pdf.

Acosta Irreño，David Oscar，*El Derecho Urbanístico Como Mecanismo De Proteción Del Medio Ambiente*，Ed. U Externado de Colombia，2002.

Alan Gilbert，*The mega-city in Latin America*，United Nations University Press（Tokyo-New York-Paris），http：//archive. unu. edu/unupress/unupbooks/uu23me/uu23me00. htm.

Alfonsin，B. de M. Saindo Do Gueto，*A Regularização Fundiária Assumida Como Parte Da Política Urbana. Enseñando Mercados y Políticas de Tierra*，Cambridge，Massachussets，Lincoln Institute of Land Policy（LILP），26 a 30 de Noviembre，2001.

Aline Costa y Agustín Hernández，"Análisis de la situación actual de la regularización urbana en América Latina：La cuestión de la tenencia segura de los asentamientos informales en tres realidades distintas：Brasil，Colombia y Perú"，Revista INVI，Vol. 25，No. 68，2010，http：//revistainvi. uchile. cl.

Álvarez E.，*La sociedad civil en la Ciudad de México：actores sociales，oportunidades y esfera pública*，Centro de Investigaciones Interdisciplinarias de Ciencias y Humanidades-Universidad Nacional Autónoma de México. México：Plaza y Vald，2010.

Amaya Arias，*El Ordenamiento Ambiental：Política y Plan*，Fescol，DNP，publicación Cerec，Bogotá，Colombia，1998.

Andrés Davis，*Conceptos Básicos de Planeación y Ordenamiento Territorial en Planificación Ambiental y Ordenamiento Territorial*，Fescol，DNP，publicación Cerec，Bocotá，Colombia，1998.

Ángel Massiris Cabeza，*Políticas de ordenamiento territorial en América Latina：*

Examen comparado, Comunidad Andina, Lima, 2013.

Antonio Alfonso Pérez Andrés:《土地规划,规划职权的十字路口》,《公共行政管理杂志》第 147 期（1998 年 9—12 月）,马德里, Marcial Pons-García Oviedo 法律学院, 1998。

Antonio Alfonso Pérez Andrés:《自治国家的土地规划》,《公共行政管理杂志》第 147 期（1998 年 9—12 月）,马德里, Marcial Pons-García Oviedo 法律学院, 1998.

Antonio Azuela, Natalia Cosacov, *Transformaciones urbanas y reivindicaciones ambientales*: *En torno a la productividad social del conflicto por la construcción de edificios en la Ciudad de Buenos Aires*, Eure-revista Latino-americana De Estudios Urbano Regionales, 2013.

Antonio Carceller Fernández, *Derecho urbanístico sancionador*, Atelier Libros, S. A. , 2009.

Arturo Almandoz, *Urban planning and historiography in Latin America*, Progress in Planning 65 (2006) 81 – 123, http://www. elsevier. com/locate/pplann.

Brinks, Daniel y Abby Blass, *The Role of Diffusion and Domestic Politics in Judicial Design*: *A Theoretical Framework and Preliminary Results*, Latin American Studies Association, Toronto, 6 – 9 de octubre 2010.

Calderón J. , *Algunas consideraciones sobre los mercados ilegales e informales de suelo urbano en América Latina. Lincoln Institute Research Report*, Cambridge, Massachusetts, Lincoln Institute of Land Policy (LILP), 1999.

Calderón J. , *Después de la Formalización Qué Sigue? Notas acerca de la consolidación de los asentamientos humanos en áreas de Bajos Ingresos en Perú*, Washington, IV Simposio Urbano, Banco Mundial, 2007.

Calderón J. , *Políticas de Regularización y Mejoramiento Urbano en América Latina*, Cambridge, Massachusetts, Lincoln Institute of Land Policy (LILP), 2003.

Calderón J. , *Propiedad y Crédito. La formalización de la propiedad en el Perú Informe de Investigación*, Lima, Lincoln Institute of Land Policy

（LILP），2002.

Canto Chac，*Introducción a las políticas públicas*，Ciudadana y Políticas Públicas en el Municipio. Mé xi co：Movimiento Ciudadano por la Democracia，2002.

Canto Chac，*Las políticas públicas participativas，las organizaciones de base y la construcción de espacios públicos de concertación local*，http：//www. innovacionciudadana. cl/portal/imagen/File/canto. pdf.

Carbonell，Miguel，*constitución política de los Estados Unidos Me xi canos，comentada y concordada*，法学研究所，墨西哥，2004.

Carla Aceves Ávila，*Bases Fundamentales de Derecho Ambiental Me xi cano*，Mé xi co，Porrúa，2003.

Carolina Rojas，Joan Pino，Edilia Jaque，*Strategic Environmental Assessment in Latin America：A methodological proposal for urban planning in the Metropolitan Area of Concepción（Chile）*，Land Use Policy 30（2013）519 – 527. Elsevier Ltd. ，http：//www. elsevier. com/locate/landusepol.

Catenazzi Andrea，*Instrumentos urbanos y exclusión urbana. La aplicación de la normativa urbanística en la aglomeración del Gran Buenos Aires. 1977 – 2000*，Versión preliminar，2001.

Chiara，Magdalena，Di Virgilio，M. Mercedes，*Gestión social y municipios：de los escritorios del Banco Mundial a los barrios del Gran Buenos Aires*，UNGS，Prometeolibros，Buenos Aires，2005.

Choay，Franciose，*Lallégorie du patrimoine*，Paris：Seuil，1996.

Clara Irazábal，*Revisiting urban planning in Latin America and the Caribbean，Regional study prepared for revisiting urban planning：Global Report on Human Settlements 2009*，http：//www. unhabitat. org/grhs/2009.

Clark，David S. ，*Judicial Protection of the Constitution in Latin America*，Hastings Constitutional Law Quarterly，2，1975.

Claudia Acosta，*Trajetorias Da Regulação Urbanística À Luz Das Fases Do Desenvolvimento Na América Latina*，O documento da CEPAL denominado Urbanización en perspectiva，citado na bibliografia apresenta um amplo analise demográfico da trajetória da America Latina desde 1950 ate 2010. 2012, http：//www. publicadireito. com. br/artigos/？ cod = 259c22cfdc742412.

Clichevsky, Nora, *Informalidad y segregación urbana en América Latina. Una aproximación*, Comisión Económica para América Latina y el Caribe（CEPAL）. Naciones Unidas, Santiago de Chile, Chile, 2000.

Clichevsky, Nora, *Pobreza y acceso al suelo urbano. Algunas interrogantes sobre las políticas de regularización en América Latina*, Comisión Económica para América Latina y el Caribe（CEPAL）. Naciones Unidas, Santiago de Chile, Chile, 2003.

Clichevsky, Nora, *Regularizando la informalidad del suelo en América latina y el Caribe. Una evaluación sobre la base de 13 países y 71 programas*, Serie Manuales. Comisión Económica para América Latina y el Caribe（CEPAL）, Naciones Unidas, Santiago de Chile, Serie Manuales N. 50, 2006.

Cuesta, Rafael Entera, *La competencia municipal ámbitos más calificados*, Cuarto Congreso Hispanoamericano-Luso-Americano-Filipino de Municipios, Barcelona 1967. Citado por Zuccherino, Ricardo Miguel, Tratado de Derecho Federal, Estadual y Municipal, Tomo II, 2da. Edición, Ediciones Depalma, Buenos Aires, 2012.

David M. Trubek, *Law and the New Developmental State：Understanding Neo-Developmentalism in Latin America*, http：//ebooks. cambridge. org/chapter. jsf？ bid = CBO9781139381888&cid = CBO9781139381888A013.

Dromi, Roberto, *Derecho Urbanístico Argentino*, Instituto de Estudios de Administración Local（IEAL）, Madrid. 1987.

Edésio Fernandes, *Regularization of informal settlements in Latin America*, Policy Focus Report, Lincoln Institute of Land Policy, 2011.

Eduardo Cordero Quinzacara, "El Derecho Urbanístico, los Instrumentos de Planificación Territorial y el Régimen Jurídico de los Bienes Públicos", *Revista de Derecho de la Pontifícia Universidad Católica de Valparaíso, Chile*, 2007.

Ernesto Jinesta L. , *Planificación Urbanística Local en la Jurisprudencia Consti-*

tucional，Congreso Internacional de Derecho Urbanístico organizado por Universidad Guadalajara，IIJ Unvam y AIDA，15 – 17，mayo 2008.

Eulalia Moreno Trujillo，*La protección jurídico-privada del Medio Ambiente y la Responsabilidad por su deterioro*，José María Bosch Editor，S. A. Barcelona，1991.

Fernandes E. ，"Programas de Regularización de la Tenencia de la Tierra Urbana y Pobreza Urbana en Latinoamérica"，*Revista Vivienda Popular*，N. 12，Facultad de Arquitectura，Montevideo，Agosto de 2003.

GARCÍA DE ENTERRÍA. Eduardo-Parejo Alfonso，Luciano：《城市规划法课程（第 2 版）》，Civitas，1981.

George Ritzer，*Teoría Sociológica Moderna*，España，Edit. McGraw Hill，2002.

Gianfranco Bettin，*Los Sociólogos de la Ciudad*，España，Gustavo Gili，S. A. ，1982.

Gobierno del Distrito Federal，*Plan Verde. Acciones de alto impacto para una ciudad con futuro*，México，Gaceta Oficial del Distrito Federal-Gobierno del Distrito Federal，2007，http：//www. planverde. df. gob. mx.

Gobierno Del Distrito Federal，*Programa General de Desarrollo del Distrito Federal 2007 – 2012*，Gaceta Oficial del Distrito Federal-Gobierno del Distrito Federal，México，2007.

Gordon S. Ciudadanía y derechos sociales，"Una reflexión sobre México"，*México：Instituto de Investigaciones Sociales-Universidad Nacional Autónoma de México*，Revista Mexicana de Sociología. Año LXIII，núm. 3，julio-septiembre 2001.

Goytia，Cynthia y Sanguinetti，Pablo，"Desarrollo local en la Región metropolitana de Buenos Aires：la cooperación público-privada para la provisión de servicios en barrios informales"，in Seminario Internacional，*A reiventacao do futuro das grandes metropoles e a nova agenda de desenvolvimento economico e social da America Latina*，2007.

Guénola Capron，Jérome Monnet，*Una Retórica Progresista para un Urbanismo Conservador：la Protección de los Centros Históricos en América Latina*，Espacio Público y Reconstrucción de Ciudadanía, México D. F. https: // halshs. archives-ouvertes. fr/halshs-0.

Hernández de Soto, *El Misterio del Capital*, Buenos Aires, Editorial Sudamericana, 2003.

Hernández de Soto, *El Otro Sendero*, Buenos Aires, Editorial Sudamericana, 1987.

Ignacio Burgoa Orihuela, *Las garantía individualesa*, MéANGUINETTIco, Porrúa, 1997.

ILPES, *Economía y territorio en América latina y el Caribe. Desigualdades y políticas*, Instituto Latinoamericano y del Caribe, 2007.

Instituto Brasileiro De Administração Municipal (IBAM), *Estudo de Avaliação da Experiência Brasileira sobre Urbanização de Favelas e Regularização Fundiária*, Vol. 1, Vol. 2. 1, Vol. 2. 2. Rio de Janeiro, IBAM, 2002.

J. Grant, *New urbanism in theory and practice*, Londres, Ed. Routledge, 2005.

Jaime Orlando, *Santofimio Gamboa*, *Derecho Urbanístico*: *Legislación y jurisprudencia*, Bogotá: Universidad Externado de Colombia, 2004.

Jaramillo, Samuel, *Hacia una teoría de la renta del suelo urbano*, Bogotá: Uniandes, 1994.

Jorge Armando Núñez Alfaro, *El Poder Judiicial en la Operatividad de la Planeación Urbana en el Estado de Michoacán al Inicio del Sigol XXI (Caso de Conurbación Sahuayo, Jiquilpan, venustiano Carranza)*, México: Insitituto Politécnico Nacional, 2011.

Jorge Carpizo, Jose Francisco RuizMassieu, Clemente Valdes, *México Contemplado Por Los Juristas*, www. acervo. gaceta. unam. mx, 1979.

José Juan Toharia, *Cuarto Barómetro de opinión del Consejo General del Poder Judicial*, *Poder Judicial*, n. 12, Madrid: Introducción a la cultura legal española, CIS y Siglo XXI, diciembre 1988.

José Juan Toharia, *¡Pleitos tendrás!*, Madrid: Introducción a la cultura legal española, CIS y Siglo XXI, 1987.

José Pablo Martínez Gil, "El Derecho Urbanístico", in Jorge Fernández Ruiz,

Derecho Urbanístico, Coordinadores: Silvia Patricia López González, Méxi co, D. F. 2011.

La Guardía, *Conferencia dictada en la U. Extemado de Colombia*, ejemplar dactilográfico, 1993.

Libardo Rodríguez Rodríguez, *Panorama del Derecho Urbanístico colombiano*, Silvia Patricia López González y Jorge Fernández Ruiz, Derecho Urbanístico, México, 2011. www. juridicas. unam. mx.

López Ramon Fernando, *Introducción al Derecho Urbanístico*, Madrid: Editorial Marcial Pons Madrid, 2005.

Luis Salas, *Social Control and Deviance in Cuba*, New York, Praeger, 1979.

M. Mollá, *El crecimiento de los asentamientos irregulares en áreas protegidas*, Investigaciones Geográficas, Boletín del Instituto de Geografía, UNAM Núm. 60, 2006.

M. Roberts, *Técnicas del planeación urbano*, Buenos Aires: Ed. Troquel, 1980.

María Mercedes Maldonado Copello, *La Ley 388 De 1997 En Colombia: Algunos Puntos De Tensión En El Proceso De Su Implementación*, Arquitectura, Ciudad y Entorno, No. 7, junio 2008.

Mario Espinosa, "La Participación Ciudadana como una Relación Socio-Estatal Acotada por la Concepción de Democracia y Ciudadanía", *Revista Andamios*, Volumen 5, número 10, abril 2009.

Maude Barlow and Tony Clarke, *The Struggle for Latin America's Water*, North American Congress on Latin America, July 2004. https: //www. globalpolicy. org/component/content/article/215-global-public-goods/46052-the-struggle-for-latin-americas-water. html.

Merklen, Denis, *Asentamientos en La Matanza. La terquedad de lo nuestro*, Buenos Aires: Catálogos, 1991.

Miguel Carbonell, *Constitución Politica de los Estados Unidos Mexicanos, comentadad y concordada*, Méxi co, Porrúa: Insitituto de Investigaciones Jurídicas, 2004.

Miguel Patiño Posse, *El Régimen Jurídico del Ordenamiento Ambiental y Urbano en Colombia*, Colombia: Universidad de Alicante, 2009. www. eltallerdigital. com.

Molas, Isidro y Pitarch, Ismael, *Las Cortes Generales en el sisitema parlamentario de Gobierno*, Madrid: Tecnos, 1987.

Mollinelli, Guillermo; Palanza, etc, *Congreso, Presidencia y Justicia en Argentina*, Buenos Aires: Temas Grupo Editorial, 1999.

Monnet, Jérome, *Leurbanisme dans les Amériques. Modèles de ville et modèles de société*, Paris: Karthala, 2000.

Navia, Patricio y Julio Ríos-Figueroa, "The Constitutional Adjudication Mosaic of Latin America", *Comparative Political Studies*, Vol. 38, No. 2, 2005.

Nora Clichevsky, "Informalidad y Regularización del Suelo Urbano en América Latina", *Revista B. Estudios Urbanos e Regionais*, novembro, 2007.

Nora Clichevsky, *Regularizando la Informalidad del Suelo en América Latina y el Caribe. Una evaluación sobre la base de 13 países y 71 programas*, Santiago de Chile: Serie Manuales, CEPAL/ Naciones Unidas, 2006.

Óscar López Velarde Vega, *el Futuro de la Legislación Urbana en las Entidades Federativas de MéXico*, www. jurídicas. unam. mx.

Patricia Clarke Annez and Robert M. Buckley, *Urbanization and Growth setting the Context*, 2015. http: //siteresources. worldbank. org/EXTPREMNET/ Resources/489960 – 1338997241035/Growth_Commission_Vol1_Urbanization_Growth_Ch1_Urbanization_Growth_Setting_Context. pdf.

Payne, Mark J. , Zovatto, Daniel, *Carrillo Florez Fernado y Allamand Zavala Andrés: La política Importa. Democracia y Desarrollo en América Latina*, BID: Washington, 2003.

Pérez Nuño A. , *El Medio Ambiente en la Constitución*, Madrid, 1984.

Pevah Lacouture José A. , *Ciudad de MéXico: programa de revitalización*, Buenos Aires: Medio Ambiente y urbanización, 1992.

Pichardo Muñíz, Arlette, *Planificación y programación social. Bases para el diagnóstico y la formulación de programas y proyectos sociales*, Buenos Aires: Lumen Humanitas, 1997.

Puente Burgos, Carlos Arturo, *Génesis, evolución y consolidación de los asenta-mientos clandestinos. Tres casos en la ciudad de Bogotá*, Madrid: Universidad Politécnica de Madrid. Escuela Técnica Superior de Arquitectura, 2001.

R. López Rangel, *La planeación y la Ciudad de Mé xi co*, Mé xi co: E-d. Universidad Autónoma Metropolitana, Azcapotzalco, 1993.

Rebecca Leshinsky, *Knowing the social in planning law decision making*, University of Melbourne, Carlton Victoria 3010, 2009.

Rechard Ewing, *Human rights in Environmental U. of London*, London, 1990.

Ricardo Jordán, Johannes Rehner, Joseluis Samaniego, *Regional panorama Latin America: Megacities and sustainability*, Economic Commission for Latin America and the Caribbean (ECLAC) —Project Document Collection, Dec. 2010. II. Context and methodological.

Ríos-Figueroa, Julio, *Judicial Independence: Definition, Measurement, and it's Effects on Corruption. An Analysis of Latin America*, Nueva York, New York University. 2006.

Roberto Rodriguez, "The foundational process of cities in Spanish America: the law of Indies as a planning tool for urbanization in early colonial towns in Venezuela", *Focus*, Vol. 2, Issue 1, Article 13, 4 – 2005. http: //digital-commons. calpoly. edu/focus.

Rouillon, C. , *El impacto de la formalización en la propiedad urbana en la Economía Peruana*, Lima: mimeo, 2004.

Rubio Llorente Francisco, *Función legislativa, poder legislativo y garantía del procedimiento legislativo. En el Procedimiento Legislativo. V Jornadas de Derecho Parlamentario*, Madrid: Publicaciones del Congreso de los Diputados, 1994.

Ruiz Massieu, José Francisco, *Introducción al derecho me xi cano*, Derecho Urbanístico, Primera edición, México: UNAM, 1981.

Sabsay, Daniel A. , et al. , *Región Metropolitana de Buenos Aires. Aporte jurídico-institucional para su construcción en el marco del Proyecto "Hacia la construcción de una región Metropolitana Sustentable*, Capítulo III, Editorial

FARN, Buenos Aires. 2002 Disponible en: http: //www. farn. org. ar/ docs/p13. pdf.

Sánchez Gómez, *Derecho Urbano y derecho ambiental*, Porrúa, Méxịco, 2004.

Sermeño A. , *Ciudadanía y teoría democrática*, en Metapolítica, núm. 33, vol. 8. enero-febrero del 2004, Méxịco, 2004.

Smolka, M. , *Disfunciones y funciones del mercado del suelo en América Latina: retos y oportunidades*, Méxịco: DF, 1 Congreso de Suelo Urbano, 2005.

Souza, Marcelo Lopes, *Mudar a Cidade: uma introdução crítica ao Planejamento e à Gestão Urbanos*, Brasil: Editora Bertrand Brasil, Rio de Janeiro, 2003.

Svampa, Maristella, *Los que ganaron: la vida en los countries y barrios privados*, Editorial Biblos, Buenos Aires. 2008.

Tomás-Ramón Fernández, *Manual de derecho urbanístico*, 17 ed. , EL Consultor, Madrid, 2004.

Torres Horacio, "Transformaciones socioterritoriales recientes en una metrópoli latinoamericana. El caso de aglomeración Gran Buenos Aires", in *Buenos Aires: CD-ROM de los actos del Encuentro de Geógrafos de América Latina*, Territorios en redefinición, 1996.

Uribe Botero, *Medidas actuales y potenciales de carácter fiscal y no fiscal para la gestión ambiental en Colombia*, Fescol, Bogotá, 1996.

White Gómez, Elaine, *Soberanía parlamentaria:¿Ficción o realidad? Los partidos políticos en el Parlamento costarricense*, Contribuciones, 1997.

后　记

学术的路异常艰辛、漫长，但通向大洋彼岸的文化交流从不曾因距离而割裂。早有考古学证明亚洲人跨越冰川时期的白令海峡到达美洲，是与亚洲人种同宗的血缘关系。今天，近似的玻利维亚高原艺术文化仿佛是青藏高原审美的最佳作品。曾经认为拉丁美洲又穷又落后的国人，到了巴西、墨西哥、智利时，才哑然发现其实这片烙印着深刻欧洲印记的土地，曾经的经济与制度发展不逊于中国，只是早了几十年而已。

拉美是发展中国家中最早实现城市化的地区。大部分国家宪法已有200多年的历史。如此丰富的制度经验仍待中拉之间更为深入的学术交流。在"一带一路"倡议下，大洋两岸的学者将更为了解彼此，无论是中国式城市现代化还是扶贫经验，无论是拉美城市规划的法律经验还是教训，制度互信与人文交流都将推进中拉互联互通。

第一次读苏力教授的《法治及其本土资源》时，第一次用西语向拉美人翻译中国的法律制度发展时，第一次翻开拉美法律书籍时，无数个瞬间汇集成了学术积累与沉淀。有幸获得两位导师莫纪宏、张明杰教授的悉心指导，感恩在这漫长学术路上，遇到了法学界优秀的学者、教授们——李林老师、陈甦老师、周汉华老师等，他们真诚地鼓励我、督促我愈加努力地走下去。拉美哲学与思想文化学者白凤森和索飒老师，用他们谦卑、谨慎的治学精神感染着我。忘不了张凡、徐世澄、杨志敏、张勇等拉美学者的关心与鼓励。坚定地陪我走在学术求索道路上的知己们：杨萌、韩锋、路畅、胡瑛，难以一一道出对他们或有形或无限帮助的感谢。由衷致谢中国社会科学出版社领导及责编郭曼曼的悉心付出，为拙作增色不少。因每日赶稿时间紧迫，疏漏难免，恳请读者不吝赐教。

人生路有书为伴，何其幸也！若再得法学为伴，则平添无数乐趣！仅希望以此书，以飨远眺拉美的各位读者！

韩晗

2023 年 5 月于北京·东城段府